智能高铁
运营技术与运用

刘 鹏 曲思源 著

华南理工大学出版社
·广州·

内容简介

本书内容分为 5 章，从理论方法、技术手段与创新、案例分析、持续改进的角度出发，通过大量的工程实例给出解决智能高铁运营技术与应用的具体思路、应用技术和方法，组成智能高铁体系，具有普适性。本书文字严谨，论据充分，行文通俗易懂，内容涉及面广，集中体现了我国智能高铁建设方面的最新动态和发展趋势，可供铁路运输研究人员、管理人员、技术人员、作业人员以及开设交通运输专业的高等院校的相关人员学习、研究和参考，也可供社会上关心高速铁路发展的人士品读。

图书在版编目（CIP）数据

智能高铁运营技术与应用/刘鹏，曲思源著. —广州：华南理工大学出版社，2022.12
ISBN 978-7-5623-7256-1

Ⅰ.①智… Ⅱ.①刘… ②曲… Ⅲ.①高速铁路—运营管理 Ⅳ.①F532.3

中国版本图书馆 CIP 数据核字（2022）第 243150 号

ZHINENG GAOTIE YUNYING JISHU YU YINGYONG
智能高铁运营技术与应用
刘　鹏　曲思源　著

出 版 人：柯　宁
出版发行：华南理工大学出版社
（广州五山华南理工大学 17 号楼　邮编：510640）
http://hg.cb.scut.edu.cn　E-mail: scutc13@scut.edu.cn
营销部电话：020-87113487　87111048（传真）

策划编辑：吴翠微
责任编辑：李　璟　张　楚
责任校对：梁樱雯
印　刷　者：广州小明数码快印有限公司

开　　本：787mm×960mm　1/16　印张：14.75　字数：256 千
版　　次：2022 年 12 月第 1 版　印次：2022 年 12 月第 1 次印刷
定　　价：49.00 元

版权所有　盗版必究　印装差错　负责调换

序

高速铁路是以技术密集为标志的、高度集中化的现代交通工具。在"互联网+"、物联网、大数据的时代，数字化、网络化、智能化成为时代发展的主题，智能、绿色、创新、融合已经成为当前高速铁路发展的重要方向。其中，智能化已经成为世界铁路科技发展的重要趋势。智能高铁是深度融合了大数据、云计算、物联网、信息通信、北斗导航、人工智能等现代新技术的高速铁路系统，通过技术集成与创新驱动高铁运营管理智能化与系统运行效率提升，为公众提供快捷、高效、安全、舒适的出行服务。

我国的智能高铁应用场景非常丰富，但国内尚缺少全面分析和集成智能高铁技术的相关书籍。对智能高铁的实践应用进行系统分析并上升至理论高度，再应用理论进一步指导智能高铁实践，具有重要的理论意义与现实意义。

最近几年，由于工作需要，广东省政府每年召开参事咨询会之前，广东省政府参事室的参事们都会自选一些课题进行调研。本人长期在交通口工作，每年自选的一些课题都与交通有关。由于长期工作没离开过交通"水口"，对水运管理及研究比较熟悉，但考虑到综合交通运输体系的各种运输管理及发展都很重要，因此，本人近年来的调研选题扩展到综合交通运输的各个领域。随着人们对美好生活的向往不断增加，老百姓对广东省的快捷交通的需求也越来越高。为了加快广东省交通强省建设，满足人民群众出行模式和流通方式的最新需求，我聚焦广东省在综合交通建设与管理方面的重点、痛点问题来开展选题，有时所选的课题不免超出本人最熟悉以及能力所及的范围，如2022年所选的"推动粤港澳大湾区多层次轨道交通融合发展"的课题就是如此。为了做好这些课题，给省委、省政府提出科学可行的、有建设性和可操作性的建议，本人也借助"外脑"，邀请专家学者们参与调研，于是有幸认识了刘鹏同志。由于接触较多，也逐渐了解了刘鹏同志的学习、研究与工作经历，知道他在轨道交通运输组织方面有比较深入的研究；《智能高铁运营技术与应用》正是刘鹏近年来的重要研究成果。本书主要以珠三角、长三角等经济发达地区的智能高铁运营技术发展为基点，反映当代智能高铁运营技术现状与发展趋势的最新动态特征，具有前瞻性、理论性、技术性、实用性等特点并具有较强的研究参考价值。

我国智能高铁发展进程正在不断推进，希望有更多的研究和管理人员关注我国高速铁路事业的发展，努力探索高速铁路技术应用的科学规律，不断提高高速铁路建设和运营的管理水平。同时，更希望本书能够为研究和管理人员提供帮助，为我国智能高铁的发展贡献力量。

广东省政府参事室　梁建伟
2022 年 9 月

前 言

高速铁路作为一种快捷舒适、运载量大、低碳环保的运输方式,已成为世界交通运输业发展的重要方向。截至2021年底,我国铁路营业里程达到15万公里,其中高速铁路营业里程达到4万公里;在旅客运输方面,高速铁路以全国铁路约1/4的里程,承担了70%的旅客运量;即使在新冠疫情对交通行业造成严重冲击的情况下,2021年全年铁路旅客发送量仍达到25.3亿人次,恢复到疫情前(2019年)的72.9%。面对如此超大规模的旅客集散和中转运输任务,铁路车站的建设数量也在不断增多。目前,全国铁路已经开通运营的客运车站超过3200座,其中高铁客运车站超过2000座,高铁车站的运营管理对整体旅客运输作业起到了关键作用。

与普速铁路的运营管理相比,高铁在运营过程中面临的作业要求和服务质量要求更高,主要体现在:高铁旅客运输规模大、集散转运效率高;对于节假日高峰干线高铁车站,列车接发频次高,最短时间间隔仅4~5分钟;旅客在站内集散、换乘的规模较大。当前,诸多铁路车站的运营管理供给能力与人民日益增长的美好出行服务体验需求之间存在着一定的矛盾。特别是遇到突发事件时,如何快速、安全、高效地为旅客提供疏散、引导、救助等服务,成为高铁运营管理工作中的重点和难点。如2021年5月,京广高铁受大风影响,铁路供电中断导致部分列车晚点,大量旅客滞留在北京西站广场和检票口,现场工作人员在应急处理过程中,采用小喇叭进行局部旅客疏导,做了大量工作,但是大部分旅客由于现场混乱无法及时进站乘车,旅客的运营组织工作受到严重制约,反映了京广高铁的运营管理供给能力无法满足广大旅客的服务需求与防止安全事件的发生及演变。

随着我国高铁网络规模的扩大和车站数量的增多,越来越多的大型换乘站建成并投入使用,这些车站需要配置大量的设施设备和工作人员,复杂的客流时空分布特征和多样化的客流流线组成增加了高铁运营管理的难度;目前这方面的工作主要还是依据现场工作人员的管理经验,在方案的全局性、联动性和精细化管理等方面还存在较多的难题。其中比较突出的几个难题如下：

（1）针对各类设施设备的智能化需求和智能化管理模式还不明晰。随着现代新兴信息技术的发展，用于高铁车站运营管理的先进设施设备也逐渐增多；但从现状来看，目前各类设施设备大多还处于独立成系统的状态，系统之间的关联与互动还较弱。

（2）缺乏针对高铁车站运营设施设备的多源数据融合方法与模型。高铁车站智能化必然会产生海量的多源和异构大数据，需要研究设施设备状态和客流状态等多源数据的采集与预处理方法，尤其是多源数据融合的模型与方法。

（3）针对高铁车站客流时空特征的设施设备使用与维护方案的优化尚显不足。由于不同特殊日期（如节假日、大型活动等）与时段（如高峰期和平峰期）客流特征差异性较大，加上车站设施设备内部关系复杂和不同设备的维护策略多样，目前针对设施设备的使用与维护方案主要还是靠历史经验作出定性决策，缺乏有效的定量科学依据。

另外，经过十余年的快速建设与发展，中国高铁目前正处于一个新的发展阶段，面临一些新的特点与挑战，具体如下：

（1）目前中国高铁正由"四纵四横"向"八纵八横"迈进，实现由小网向大网的转变，中国高铁"由线到网"的网络化进程不断加快，给高铁运营管理带来了新的风险与挑战。

（2）中国高铁"由建向管"的高质量转型，对高铁车站管控与服务品质提出了新目标。高铁行业重心逐步由高强度建设向管理效能提升、运营可靠度提高、服务质量升级等方面过渡，呈现"以建为主"向"建管并举、品质提升"转型的发展态势。

（3）中国高铁"由粗向细"的精细化管理，对高铁资源精准调度能力提出了新要求。高速铁路具有涵盖范围广、建运周期长、包含专业多等特点，是一个复杂的巨型系统。在早期的线路式发展阶段，更多地采用较为粗犷的管理方式。而随着我国高铁网络化发展趋势的快速推进以及"由建向管"的转型，复杂网络的运转和管控品质的提升对高铁运营管理的精细化提出了更高的要求。

（4）"由经验到数据"的数字化转型，对高铁运营智能化管理模式提出了新的需求与挑战。高铁运营需向精细化管理方式转型的同时，还必须在管理工具手段方面强化数字化转型，将其作为高铁运营高质量管理的重要抓手。高铁运营智能化管理，实现从传统的"人工工具"的经验式运作向"人工数据智能"的数字化协同运作转型，是未来的新需求与挑战。

2019年，中共中央、国务院印发了《交通强国建设纲要》。该纲要明确指出，要强化前沿关键科技研发，瞄准新一代信息技术、人工智能、智能制造、新材料、新能源等世界科技前沿，加快对可能引发交通产业变革的前瞻性、颠覆性技术研究；要大力发展智慧交通，推动大数据、互联网、人工智能、区块链、超级计算机等新技术与交通行业深度融合；要完善科技创新机制，加快建设一批具有国际影响力的实验室、实验基地、技术创新中心等创新平台；同时，鼓励有条件的地方和企业、高校在交通强国建设中先行先试。

2020年8月，中国国家铁路集团有限公司发布《新时代交通强国铁路先行规划纲要》，以系统化顶层设计文件的形式明确了我国铁路未来30年的发展蓝图，首次提出到2035年将率先建成服务安全优质、保障坚强有力、实力国际领先的现代化铁路强国。2022年10月，党的二十大报告进一步强调，要加快建设交通强国、数字中国，推进形成新发展格局，推动经济社会高质量发展。

因此，在新基建和交通强国战略的背景下，以智能高铁运营技术与应用为研究对象，借助系统科学理论，对我国高铁运营管理的智能化与智慧化进行系统性、集成性、理论性与应用性探索研究，系统地进行现代新兴信息技术与高铁运营智慧化管理的结合应用研究，探索高铁运营在综合计划编制、调度、运维、客服等领域的智能化应用与智慧化管理，为促进我国高铁运营管理智慧化发展和交通强国建设方面探索一些富有价值的理论方法与应用实践，有着十分重要的理论意义与应用价值。

作者

2022年10月

目 录

第1章 智能高铁概述 ········· 1
1.1 高铁发展与智能高铁概念 ········· 1
- 1.1.1 高速铁路基本概念 ········· 1
- 1.1.2 我国高铁技术概况 ········· 2
- 1.1.3 智能高铁概念 ········· 4
- 1.1.4 智能高铁目标与特征 ········· 4
- 1.1.5 智能高铁带来的管理变革 ········· 5

1.2 国外智能高铁理念和技术 ········· 6
- 1.2.1 德国 ········· 6
- 1.2.2 法国 ········· 9
- 1.2.3 日本 ········· 10
- 1.2.4 总体分析 ········· 12

1.3 我国智能高铁研究概述 ········· 14
- 1.3.1 智能高铁总体框架 ········· 14
- 1.3.2 智能高铁数据体系框架 ········· 14
- 1.3.3 智能高铁现状及发展 ········· 15

第2章 综合计划智能编制与智能决策支持系统 ········· 18
2.1 综合计划及智能化编制要求 ········· 18
- 2.1.1 综合计划概述 ········· 18
- 2.1.2 智能化编制要求 ········· 19

2.2 列车开行方案编制 ········· 21
- 2.2.1 编制原则 ········· 21
- 2.2.2 编制流程 ········· 22
- 2.2.3 优化与调整 ········· 23

2.2.4 方案评价 ·· 24
2.3 高速铁路列车运行图 ··· 27
　　2.3.1 基本概述 ·· 27
　　2.3.2 列车运行图的特点及编制关键 ·· 27
　　2.3.3 列车运行图编制原则与步骤 ·· 28
　　2.3.4 计算机编制列车运行图 ··· 30
　　2.3.5 列车运行图编制 ·· 35
　　2.3.6 列车运行图智能编制管理对策 ·· 38
　　2.3.7 施工天窗设置与施工组织方式 ·· 38
　　2.3.8 动车组列车办客股道智能化系统 ·· 43
2.4 动车组交路计划 ·· 47
　　2.4.1 概述 ··· 47
　　2.4.2 动车组运用计划 ·· 49
　　2.4.3 动车组运用计划编制方法 ··· 50
　　2.4.4 动车组运用计划的调整 ··· 52
　　2.4.5 动车组运用数量的确定 ··· 52
2.5 智能乘务 ··· 55
　　2.5.1 概念分析 ··· 55
　　2.5.2 高铁客运"智能乘务"平台 ··· 56
　　2.5.3 高速铁路客运乘务计划智能化 ·· 58
2.6 高铁运营智能决策支持系统 ··· 64
　　2.6.1 高铁运营智能决策支持系统功能需求分析 ·· 64
　　2.6.2 高铁客运产品内涵与设计 ··· 67
　　2.6.3 高铁客运管理信息化与大数据应用拓展 ·· 73
2.7 高铁运营智能决策支持系统的构建 ·· 87

第3章 智能调度 ·· 99
3.1 高铁调度指挥管理体系 ··· 99
　　3.1.1 调度指挥系统概述 ·· 99
　　3.1.2 调度指挥设备及运用特征 ··· 102

	3.1.3	智能调度功能需求分析	104
	3.1.4	智能调度探索实践：京张高铁智能调度指挥技术	108
	3.1.5	高铁智能调度未来发展趋势	109
3.2	高铁调度日班综合计划编制与实施		111
	3.2.1	业务范围	111
	3.2.2	业务流程	112
	3.2.3	调度日班综合计划协同与实施	113
3.3	铁路调度应急指挥平台的构建		117
	3.3.1	铁路调度应急指挥业务范围	117
	3.3.2	铁路调度应急指挥应急联动流程	118
	3.3.3	铁路调度应急指挥系统总体架构和功能架构	118
	3.3.4	铁路调度指挥应急处置方面存在的制约因素	121
	3.3.5	铁路调度应急辅助决策系统	123
	3.3.6	应急处置仿真系统	131
3.4	案例分析		137
	3.4.1	上海西站 CTC 3.0 综合控制系统的应用	137
	3.4.2	上海虹桥站晚点列车股道占用智能调整系统的构建	141

第 4 章 智能运维 150

4.1	高铁设备运维智能化系统设计		150
	4.1.1	我国高铁运维现状及存在的问题	150
	4.1.2	智能设备运维系统的设计方案	152
4.2	工务设备养护维修		154
	4.2.1	创建综合维修生产管理信息系统	155
	4.2.2	探索工务设备维修规律	156
	4.2.3	丰富与完善检测手段	157
	4.2.4	有序开展日常维修作业	158
4.3	电务设备养护维修		166
	4.3.1	电务运维目标	166
	4.3.2	智能电务建设工作措施	166

4.4 供电设备养护维修 ··· 167
4.4.1 智能运行检修管理系统 ··· 167
4.4.2 供电设备维修管理 ·· 168
4.4.3 供电设备生产组织优化 ··· 172
4.4.4 案例分析：供电接触网智能化检修 ······································ 174
4.5 动车组运用维修 ··· 180
4.5.1 动车组修程修制现状 ··· 180
4.5.2 动车组修程修制面临的主要问题 ·· 181
4.5.3 构建动车组预警预测及健康管理体系 ··································· 182
4.5.4 检测机器人助力动车组检修智能化发展 ································ 188

第5章 智能客服 ··· 194
5.1 智能客站 ··· 194
5.1.1 智能客站的功能 ··· 194
5.1.2 客站设备智能管理平台 ··· 195
5.1.3 客运车站网格化管理系统 ·· 196
5.1.4 客站应急指挥中心 ·· 200
5.2 电子客票 ··· 201
5.2.1 基本概述 ·· 201
5.2.2 电子客票系统架构与关键技术 ··· 201
5.3 智能出行 ··· 205
5.3.1 售票组织 ·· 206
5.3.2 站务组织 ·· 207
5.3.3 "12306" 服务 ·· 212
5.3.4 其他服务 ·· 215
5.4 案例分析：上海局集团公司智能客户服务体系构建 ······················· 216

参考文献 ··· 222

第1章 智能高铁概述

1.1 高铁发展与智能高铁概念

1.1.1 高速铁路基本概念

作为一种安全可靠、快捷舒适、运载量大、低碳环保的运输方式，高速铁路（简称"高铁"）已成为世界交通运输业发展的重要趋势，其可集中反映一个国家在铁路线路结构、列车牵引动力、高速运行控制、高速运营组织与管理等方面的技术进步，也可体现一个国家的科技和工业水平。高速铁路可促进地区经济的发展，推进城镇化进程，对经济发达、人口稠密地区的经济效益和社会效益作出的贡献尤为突出。

高速铁路的概念是一个具有国际性的概念，对高速铁路的界定是一个动态的过程，并随着时代的发展而更新。国际铁路联盟（UIC）将高速铁路定义为：新建铁路的设计速度达到 250 km/h 及以上，经升级改造的铁路设计速度达到 200 km/h，称为高速铁路。高速铁路是一个系统，具有系统复杂性、多样性的特点。随着科技的进步，高速铁路"高速"的水平还会逐步提高。

在高速铁路定义的基础上，目前形成了被广泛接受的世界铁路等级划分标准：120 km/h 以下为常速、120～160 km/h 为中速、160～200 km/h 为快速或准高速、200～400 km/h 为高速、400 km/h 以上为超高速，如图 1.1 所示。

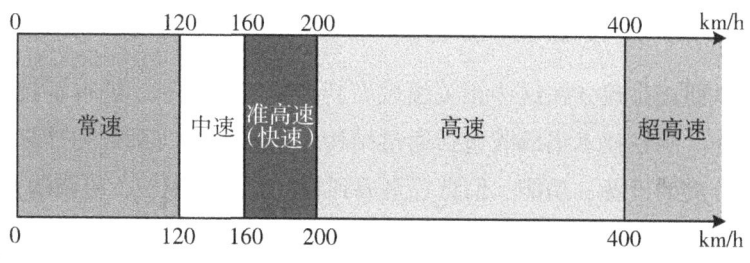

图 1.1 世界铁路速度等级图

1.1.2 我国高铁技术概述

我国在借鉴国外高速铁路先进技术的基础上,逐步形成了具有中国特色的高速铁路技术体系。我国高速铁路坚持原始创新、集成创新和引进消化吸收再创新相结合的原则,经过十多年的发展,列车从最初使用引进国外技术、联合设计生产的和谐号动车组,已经蝶变到如今全部采用具有完全自主知识产权的标准化、系列化、简统化复兴号系列动车组。我国已成为世界上高速铁路建设里程最长、运行速度最高、运营场景最丰富、对自然环境适应性最强的国家。以"复兴号"中国标准动车组在京沪高铁实现350 km/h商业运营为标志,我国铁路在勘察设计、工程建造、高速动车组、列车控制、牵引供电、运营管理、安全保障等领域取得了一系列自主创新成果,总体技术水平迈入世界先进行列,部分技术处于世界领先水平。

1. 高速铁路运营系统概述

高速铁路是复杂的系统工程,融合了信息技术、自动控制和新材料、新工艺等多种前沿科学技术的创新和集成。高速铁路是由土建、轨道、车辆、供电、通信、信号、控制、运营等多个子系统构成的复杂系统。高速铁路最大的特点是高速度、高安全性、高密度、高舒适性,围绕这些特点,高速铁路运营系统主要由六大核心系统构成,分别是工务工程、牵引供电、通信信号、动车组、智能运输(运营调度与客运服务系统等)、养护维修,各系统之间既相互关联,又自成体系,并集中体现各自的巨大技术进步。

2. 高速铁路六大系统的关系

高速铁路各系统之间既自成体系,又相互关联、相互影响、相互匹配、协调运转,各系统围绕整体统一的经营管理目标,彼此兼容,完整结合在高速铁路运营组织与管理中,并发挥着关键作用。高速铁路六大系统关系如图1.2所示。

高速铁路正是建立在这些相关领域高新技术基础之上,进行了技术集成与进一步创新。高铁技术集成既包括通过结构化的综合布线系统和计算机网络技术将各个分离的设备、功能、信息等集成到相互关联、统一、协调的系统之中,使资源达到充分共享,实现集中、高效、便利的管理,也包括解决各类设备和子系统间的接口、协议、系统平台、应用软件等与子系统、建筑环境、施工配

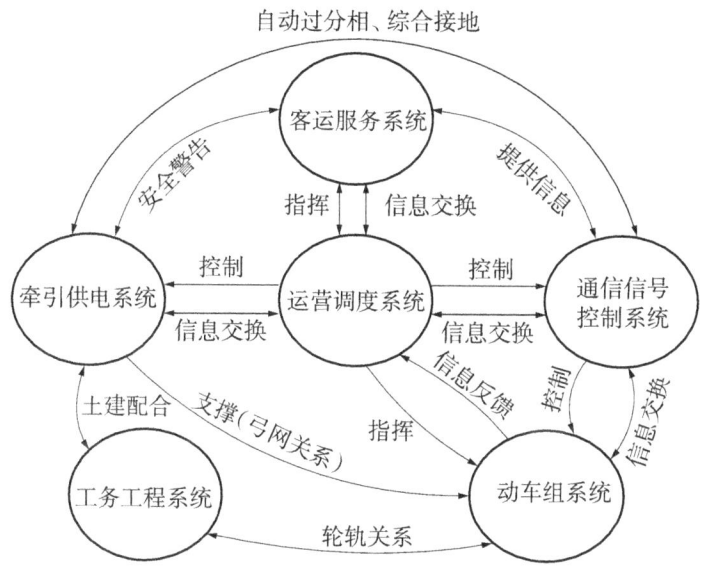

图 1.2 高速铁路系统关系图

合、组织管理和人员配备相关的一切面向集成的问题；还包括协调匹配高速铁路土建工程、牵引供电、列车运行控制、高速列车、运营调度及客运服务等不同子系统，保证各子系统间标准匹配协调、接口设计协调、固定和移动设施匹配兼容，实现系统优化和目标功能。

  随着列车运行速度的提高，不同功能的各个子系统之间的联系愈加紧密，高速铁路已经成为庞大复杂的现代化系统工程。它既要依靠各个学科、各项专业技术的进步和发展，由此提高各子系统的技术水平，又依赖于各个子系统间的协调、配合、集成创新。高速铁路系统需要高可靠性和高性能的高速列车，高质量和高稳定性的铁路基础设施，高安全性、高可靠性和先进性的列车运行控制系统，高可靠性的大功率牵引供电系统，高效的运输组织与运营管理系统。速度的提高使子系统间的相互作用发生了质的变化，各个子系统相互制约、相互依赖，只有共同的集成创新合力提高，才能保证高速铁路大系统高水平运转。高速铁路子系统之间的关系远比普速铁路复杂，在筹划高铁之初，就必须从整体上认真研究并协调各子系统主要技术参数变异的合理范围，重视新系统的强耦联特性。高速铁路从可行性研究、规划、设计、施工、建造到运营管理，都要超前、系统地进行研究才能付诸实施。铁路实现"高速"梦想的背后，是一次从基础理论到铁路行业各系统及其相互关系的质变。

1.1.3 智能高铁概念

智能高铁是广泛应用云计算、大数据、物联网、移动互联、人工智能、北斗导航、BIM（建筑信息模型）、5G（第 5 代移动通信技术）等新一代信息技术，综合高效利用资源，实现高铁移动装备、固定基础设施及内外部环境间信息的全面感知、泛在互联、融合处理、主动学习和科学决策，实现全生命周期一体化管理的智能化高速铁路系统。

智能高铁是落实国家交通强国战略、推进大数据、人工智能、区块链等新一代信息技术与铁路运输深度融合发展的重要举措，是提升铁路运输服务质量、保障运输安全、增强经营管理效率的重要手段，能够实现客运需求化、经营市场化、管理一体化，是引领高速铁路发展的重要战略方向。

智能高铁不是先进智能技术与控制技术在高铁各专业独立应用的简单叠加，而是通过不同业务领域、面向高铁生命周期不同阶段信息系统的集成融合，使物理设备与数字技术协同融合，共同构建智能高铁。智能高铁可概括为"一核三翼"，实现"智能高铁大脑平台"这一核心与智能建造、智能装备、智能运营 3 个"翅膀"以及铁路现场各子系统之间的智能联接，是实现高铁移动装备、固定基础设施及内外部环境信息的全面感知、泛在互联、融合处理的基础和关键。

智能高铁的建设是一项长期性、持续性、渐进性的复杂工程，必须分期、分阶段有序推进与落实可持续发展。

1.1.4 智能高铁目标与特征

1. 目标

（1）更加安全可靠。通过高速铁路固定设施、移动设备、运输过程及自然环境等的状态感知，实现设备故障、行车事故的预测、预警，突出超前防范，整体提升铁路运行安全保障能力。

（2）更加经济高效。通过高速铁路运输组织的智能优化，提高运输效率；通过铁路设备设施全寿命周期管理，实现"计划修"向"状态修"转变，降低养护维修成本；通过铁路经营管理精益化，提高经营效益。

（3）更加温馨舒适。高速铁路列车、车站采用大量人性化设计，为旅客提供全方位、全过程出行服务，满足旅客多样化和个性化的服务要求，改善旅客出行体验。

（4）更加方便快捷。通过高速铁路的网络化，为旅客提供全程舒适的过程体验，实现运营信息透明化。

（5）更加节能环保。优化动车组列车动力结构和运行控制方式，实现各环节用电在线监测、智能分析和节能控制，降低铁路能源消耗。优化建筑结构、设备性能，降低环境、噪声污染，促进铁路绿色发展和可持续发展。

2．特征

（1）全面感知。对高速铁路运输系统中的移动设备、固定设施、自然环境及其他相关要素等进行全面透彻的信息感知。

（2）泛在互联。对高速铁路运输系统中的各类信息进行广泛、深度、安全可信的交互，实现信息共享。

（3）融合处理。充分利用不同时间与空间的多源、异构传感器数据资源，解决数据不一致、不完整问题，为综合决策提供充足的依据。

（4）主动学习。积累大量数据和知识，不断迭代，适应铁路外部市场和环境的变化。

（5）科学决策。基于大数据分析、知识推理等方法，从海量数据中提出决策信息，辅助运营管理和经营决策。

1.1.5 智能高铁带来的管理变革

智能铁路不仅是技术上的智能，还体现了建立在智能化系统基础上的现代化管理与运营，既要体现智能铁路子系统的高度集成，又要在此基础上实现人机互动、互相协同、相互可替代的高效率管理，包含的内容是基于人机平台的智能决策、计划、组织和控制。只有当技术与管理的智能在整体系统上达到有机统一，才能真正发挥出智能系统的效益。智能高铁在管理上的功效主要体现在以下两方面。

（1）引导高铁管理体制创新。智能高铁感知、识别、监测、预警和决策的功能，对管理体制产生了本质上的影响，管理体制会逐渐从传统的科层式的组织结构，逐步转向点对点以及全局式平台的多渠道、多方式沟通。智能高铁中的人工手动业务将逐步减少，智能高铁技术将部分代替原来的人工劳动，降低岗位劳动强度，提升安全性和劳动保护程度。同时，通过智能体系中的信息的高效率传递、物联网的实时响应，各种资源将获得及时管理。其管理跨度因互联网、移动网络和智能铁路管理平台得以扩张，更有效率和活力。

（2）促进高铁组织效率提升。智能制造、BIM智能工程、电子客票、机器巡检、大数据、智能维修和区块链技术将大幅度提升铁路产业组织效率。通过数据中心平台，可实现设定清晰的目标、手段和路径选择，集合辅助决策的策略，迅速测算风险评价、人员组合、成本与能源的耗损，这一切程序都将在瞬间完成深算和精算，实现快速决策。通过传感器和机器视觉形成的机器网络，可精准地对车辆、车站、设备、人员进行在线监控，实现预防性安检、预知性维修和应急管理，降低了铁路管理的运维成本、人力成本、安全成本。

1.2　国外智能高铁理念和技术

智能高铁已是世界铁路发展的重要方向。德国、法国和日本等国家工业和科技基础深厚，高度重视科技创新，铁路科技原创能力突出，通过大力发展自主原创的基础理论、应用技术和前瞻技术，铁路关键技术自主化率很高，拥有与智能高铁建设、运营、运维相关的先进完备技术及专利，在不同专业领域引领世界铁路技术发展。近年来，德国、法国、日本等世界主要高速铁路国家顺应全球科技发展趋势，积极探索最新信息技术在铁路领域的融合发展，围绕高速列车自动驾驶、基础设施智能运维、位移即服务等关键技术开展了攻关研究，效果显著。德国、法国、日本等国家制定了战略或规划，谋划新一轮高标准铁路技术设施建设，着重建设发展更高时速的轮轨高速铁路系统，加强前沿技术研发和关键共性技术突破，确保继续保持作为高速铁路原创国的战略领先优势。同时，欧洲部分发达国家及日本等注重铁路发展与其工业化发展相适应，纷纷提出铁路数字化、智能化发展战略和实施路径，推动传统基础设施升级，利用大数据、人工智能等现代技术推动铁路向更高速度、更安全、更智能方向发展，抢抓新一轮技术特别是颠覆性技术的突破点和制高点。

1.2.1　德国

2015年，德国铁路股份公司（简称德铁，DB）制定了包括"运输4.0"

"基础设施4.0""物流4.0"和"工作岗位4.0"在内的数字化发展战略。2016年，德国铁路公司与德国联邦交通部、德国铁路工业联合会联合签署"铁路数字化战略"（铁路4.0）合作协议。这是以提升乘客满意度为目标，深入到生产、运营、维修养护、客户交互等铁路系统各环节的技术变革，全面支撑德国运输4.0计划，德国铁路发展展望如图1.3所示。

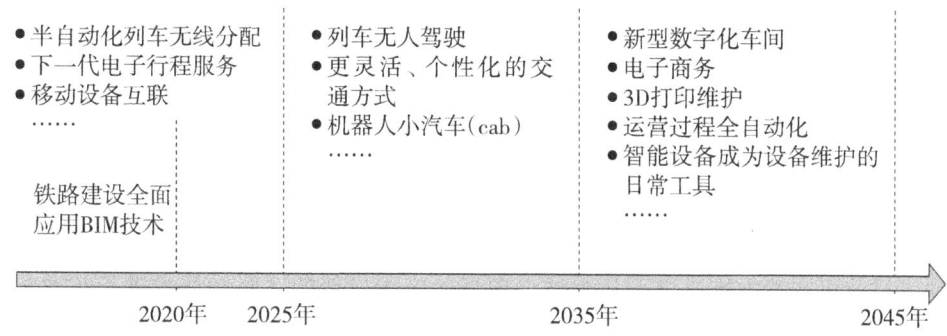

图1.3 德国铁路发展展望

在大数据迅速发展的背景下，大数据技术已经在德铁的分析与预测、决策支撑及自动化应用方面取得了一定进展。德铁通过规划建设统一的数据中心平台，实现了对经营状况、设备故障等进行精确分析的功能在内的数据综合应用平台建设，并开展了以下四个方面的数据分析工作：设备故障对运输效率影响情况分析、关键设备故障分析及优先级识别、设备状态可视化展示、检修成本优化分析。根据德铁统计，开展以上四方面的数据分析工作后，在经营管理方面的提升有：对机车故障的预测时间提前6小时；机车核心部件故障率预测的精准度由之前的15%提升到86%；通过燃油使用量的数据分析，优化个别司机驾驶习惯。

2018年，德铁首次在集团公司设置了数字化和技术部，此举进一步促进了数字化战略在德铁各个业务部门的迅速发展。新成立的数字化和技术部致力于开发包括传感器、互联互通、机器人、数据湖、区块链、云计算以及人工智能在内的数字化技术，推动智能铁路的发展。为达到上述目标，德铁在企业内部建立了覆盖各业务部门、跨学科的创新网络，同时加强与国内外其他企业的合作。德铁加强了与东日本铁路公司、瑞士联邦铁路公司、瑞典铁路以及法国铁路的合作，一同发现和探索新技术；同时，积极参与欧盟铁路Shift2Rail研究项目，并与装备制造商、研究机构、大学等保持良好的伙伴关系。目前，德铁的数字化战略在以下方面取得了初步成果。

（1）信息化技术。通过数字化技术将列车与列车、列车与信号机或列车与道岔连接起来；进一步提高车站 Wi-Fi 连接质量，重点是对移动网络的无缝连接进行测试，即乘客上下车后无需再次登陆；开发更多的区块链应用，2018 年德铁已设立了 28 个区块链团队。

（2）数字化信号技术。制定了"德国数字铁路项目"，计划通过广泛应用欧洲列车控制系统（ETCS）将现有路网通过能力提升 20%，目前 ETCS 已成功应用于 2017 年底开通运营的慕尼黑—柏林高速线路。德铁在 ETCS 系统技术领域起步较晚，现正努力追赶其他国家的发展速度。

（3）自动驾驶技术。计划最迟到 2023 年，在部分路网上实现完全自动驾驶，目前正在着力推进以下几个试点项目：应用最新的互联网技术进一步改进驾驶辅助系统"Fassi 4.0"的功能，率先在矿山铁路实现无人驾驶；开发能自动识别障碍和自动驾驶的干线机车，制造和测试首台样机；研发能自动驾驶的驼峰调车机；制造德国首列在市郊铁路上实现自动驾驶的列车。

（4）"数据湖"技术。发展数字化战略的挑战主要是如何充分利用现有数据。为此，德铁与谷歌、脸书等科技巨头合作，共同发展"数据湖"技术。数据湖的存储理念与传统数据库截然不同，传统数据库必须预先设定数据库结构，且设定后很难变更；数据湖技术可实现先收集数据，后确定数据库结构和使用目的，同一个数据湖的数据可用于多个应用。德铁开发数据湖技术，就是要以原始形式存储和整合地理数据、车辆维修数据及其他数据，后期根据不同的应用灵活处理和使用数据。

另外，在安全管控方面，德国的高速铁路不同于日本、法国，属于客货混跑，采用以列车运行控制系统（LZB）为核心的列车自动控制系统，系统安全由两级组成，第一级为安全硬件保障系统，第二级是安全预防程序包（阻止事故发生的措施、降低事故严重性或防止事故后果扩大的措施、容易进行自救或降低自救难度的措施、降低外部救援难度的措施）。德国铁路还制定了非常严格有效的防范措施。例如禁止无加固和无防护措施的货物列车或装有危险货物的列车驶入险道；尽可能减少客、货列车在隧道内交会，并要求限速运行。同时，德国高速铁路隧道约占线路长度的 1/3，因此隧道内的行车安全成为德国高速铁路安全保障的重点。此外，在高速线上采用新型防灾报警系统，除可监测线路装备的运用状况外，还可识别和及时报告环境对行车安全的影响，以及移动设备发生损坏的情况。德国铁路公司为提高行车安全性，还加大了在全路范围建设铁路险情报告设备的投资力度，在高速线、新建线和改造的既有线安装险情探测设备。这些设备用于监测、识别和报告机车车辆的异常情况，并负责识别和及时报告沿线环境对列车的影响程度。德铁监视环境和铁路基础设施的报告设备有热轴和热轮报警设备、水位测量设备、大风和狂风暴强度测量报警设备、落石塌方报警设备等。

1.2.2 法国

2011年以来，法国公共数据开放得到了稳步发展，无论从参与公共数据开放的机构数目、已开放的数据集总量，还是从根据开放数据开发的应用项目来看，法国已成为全球公共数据开放领域领先的国家之一。法国国铁集团（简称法铁，SNCF）以创新的合作伙伴网络为旅客日常生活提供新服务为宗旨，面向开发者推出了数据开放。

2015年，法铁提出数字化法铁战略，通过加强工业互联网建设，构建连通列车、路网和站房三大区域网络，一方面，实现对安全运输、生产效率、能源经济、工作质量等的追求；另一方面，满足旅客对准点率和舒适度的需求。其预期在2031—2040年为客户建立一个有竞争力、便捷、可持续、与未来运输紧密结合的铁路系统。法国铁路发展展望如图1.4所示。

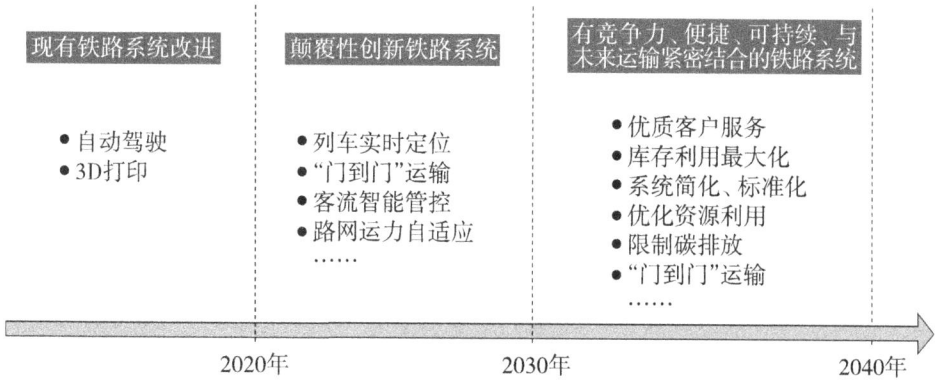

图1.4 法国铁路发展展望

在检修管理应用方面,法铁与美国 IBM 公司签订协议,利用该公司的 IBM Watson 物联网平台、大数据云计算技术以及自主开发的专用工业传感器,对列车以及铁路基础设施进行远程监控并为预测性维护创造条件。当前,巴黎通勤列车装备 2000 个传感器,每月可传输 70 000 个数据点的信息,使得法铁的技术人员可在同一时间对 200 列列车的状态进行远程监测,以便及时发现潜在问题,包括诸如空调设备和车门等故障问题,省去了列车段的人工检查,也能避免服务中断以及更昂贵的维修工作。

2020 年 10 月,法铁董事会发布了面向 2030 年的集团战略规划《共同的法铁》(*Tous SNCF*),其中在创新及数字化方面提出:大数据作为重要的战略资产将在客户服务和生产流程中(预测性维护、自动列车等)发挥更重要的作用。

1.2.3 日本

日本是一个高度信息化的国家,自 20 世纪 50 年代以来就以信息化立国,随着信息化和物联网的发展,大数据技术在铁路行业得到广泛应用。

1. JR 东日本公司发展规划

在物联网、大数据、人工智能等高新技术快速发展的背景下,为实现铁路技术创新和引领,JR 东日本公司研究制定了《技术创新中长期规划》,规划的主要目标是采用人工智能技术对公司全部业务数据进行创新应用,进而实现确保运输安全、提升服务质量、优化运用与维护技术、促进节能环保等四个方面目标。

(1)确保运输安全。JR 东日本公司正处于铁路系统更新、专业细分不断深入、员工快速新老交替的时期。一方面,为解决"提高运输安全水平及正点率"的首要难题,需要积极推进技术改造和设备更新研发,以及安全教育培训技术的研发;另一方面,为跟踪安全技术的发展水平,需要建立一套安全辅助系统,可通过利用物联网、大数据、人工智能等技术,捕捉事故的预兆,挖掘难以预知的风险,以便事先采取对策。

(2)提升服务质量。未来的旅客服务系统,除可提供客流和车辆设备信息之外,还可实时提供公交车、出租车等其他交通工具的信息,以及气象信息等多种数据。基于这种数据链,可根据不同需求,为旅客定制有助于缩短旅行时间的信息服务。研发分为两个阶段推进:提供铁路以及其他交通工具的实时信息,提升旅客出行的便利性和舒适性;提供根据运量需求变化的临时运行图信息,实现与其他交通工具高度结合的无缝运输服务。

(3) 优化运用与维护技术。目前,JR 东日本公司正在以山手线的 E235 系车辆为平台,逐步推进"状态修"体系的实用化,同时推进自动驾驶技术研发,以及利用智能机器人和人工智能的辅助技术研发。此外,该公司还将通过技术创新来改变运用和维修成本的结构,实现"人与系统"密切结合的工作模式,由"定期修"到"状态修"的转换、维修作业的智能机器人化等,一线技术工人也将大幅减员。JR 东日本铁路公司还提出"智能维护计划",推动日本铁路维修方式改革,该计划不是具体的维修养护方法,而是一种新的维修架构。

(4) 促进节能环保。JR 东日本公司拥有从发电到输变电和配电的全过程能源管理网络平台,并确立了综合利用可再生能源和节能蓄能技术,实现 2030 年铁路能耗降低 25%、二氧化碳排放量减少 40% 的管理目标(以 2013 年为基准)。

2. 2020—2025 年度科研发展规划

日本铁道综合技术研究所为实现"以技术创新贡献于铁路发展和社会进步"的愿景,制定了 2020—2025 年度科研发展规划,旨在通过科技创新,进一步提升铁路安全性,同时推进数字化技术在各专业领域的广泛应用,从而提升日本铁路技术的国际影响力。该规划制定的战略目标主要包括四个方面:提升安全性,实现全面应对严酷自然灾害的强韧化等;低成本,实现养修省力化等;提升环境友好性,实现电网的低碳化等;提升便利性,实现列车运行更加高速化等。日本铁道综研从三个方面制定了今后一段时期科技发展的重点任务:紧密围绕社会变化趋势和未来铁路发展需求,深入开展前瞻性技术研究;面向当前铁路运营实际需求,开展实用性技术创新;深化铁路基础性研究,开展气象灾害预测、车辆走行安全性、老化损伤机理与检查方法、摩擦磨耗与长寿命化等方面的研究。具体包括以下几个方面内容。

(1) 前瞻性研究重点任务。应对自然灾害强韧化;依据实时气象数据开展灾害风险评价,为列车运行提供辅助支持,提高铁路运输效率;构建强降雨灾害后符合边坡和路堤残余承载力的快速抢修施工作业方法。

(2) 列车运行自动化。开展基于卫星定位的列车实时位置监测技术研发,深化铁路路内和沿线异常监测技术创新,推进地面设备无线控制技术、车辆实时运行状态技术研究;同时,开展提高城市圈列车正点率、节能驾驶模式等运行控制关键技术研究。

（3）养护维修省力化。实施数字化养护维修，开展基于车上测试方式的线桥隧状态自动诊断技术研究，构建工电供设施设备数据综合分析平台，推进基于电网监视的高阻抗接地故障等早期异常检测监测技术研究。

（4）能源消耗低碳化。研究与外部电力协调控制技术，构建铁路用蓄电系统，开展高性能整流器等节能装置研发，推进列车节能驾驶模式研究，实现铁路电网低碳化。

（5）高速线路降噪化。利用低噪声列车模型走行试验台和高速弓网试验台，开展走行部气动力噪声和隧道微气压波的降噪技术研究，研发适应更高速度、具有高受流性能、低噪声性能的受电弓。

（6）试验仿真集成化。利用虚拟铁路试验线，开展车辆运动、弓网关系、轮轨滚动接触等耦合动力学仿真研究；研发受电弓离线拉弧时受流材料损耗状态评价仿真软件以及高速排雪走行车辆安全性评价仿真软件，开展新材料显微结构仿真技术研究，构建以数值计算来模拟大型低噪声风洞试验的数字化风洞系统。

1.2.4 总体分析

从国外铁路智能化发展趋势看，各国铁路的数字化和智能化发展战略内容设计呈现出如下发展趋势：①移动设备更加高速化和智能化。日本时速 400 km 新干线试验列车已下线，新干线最高运营时速计划从 320 km/h 提高到 360 km/h，并将列车控制智能化作为未来重点研究方向，欧盟也将智能列车纳入发展战略。②自动驾驶成为铁路智能化重要内容。新一代列车控制与调度系统得到多国铁路高度关注，法国、德国铁路等着力研发集中联锁、移动闭塞、ETCS（欧洲列车控制系统）、列车实时定位等新一代列车控制系统设备，以便实现装备智能化。③运营管理更加智能化、无人化。如德国铁路正在大力实施数字化战略，计划通过研发应用传感器、数据湖及人工智能等技术，实现列车无人监视和运行全过程自动化。④运输服务更加便利化、人性化。欧盟提出要建设多模式运输信息、管理和支付系统，实现不同运输方式的无缝跨境运输；法国铁路提出要采用 Wi-Fi 及卫星技术，提高高铁旅客服务体验。

从发达国家轨道交通发展趋势来看，高速、高效能、高能力保持、互联互通、低生命周期成本、高智能、绿色环保、系统安全等技术是轨道交通装备重要的发展方向。国际知名轨道交通装备制造企业、运营商纷纷提出并大力推广自己的智能交通解决方案，并取得了良好的应用成效。总体思路是以人为本、以高效为目标、以智能化为手段，并提出系统融合设计理念，采用车车通信或车地通信，提高车辆智能化水平，优化运营组织，提高运营效率。在全球市场占领方面，全自动驾驶车辆装备制造商庞巴迪、阿尔斯通和西门子的市场份额分别为23.6%、17.5%和16.8%，均具备GoA4等级（列车运行自动化等级最高级，即无人值守下的列车自动运行）设计能力，目前各公司的全自动驾驶车辆技术与平台均已具备走向国际的实力。为了达到更加先进的技术水平，需针对全自动驾驶车辆集成化、智能化、全生命周期管理、绿色环保、检修维护简便等方面进行深入研究。国外动车组技术发展有以下特点：高度重视新技术应用研究，积极开展永磁同步电机、涡流制动技术、转向架及车体轻量化技术、以太网列车控制技术、碳化硅功率器件、碳纤维材料、节能降噪技术等研究；各国动车组在安全监测与控制、旅客服务等方面越来越智能化，主要采用信息化手段，对动车组进行故障在线监测、状态评估、健康管理等，保证动车组安全运行，并为旅客提供智能化服务。

安全保障装备方面，德国依托数字化战略提出利用传感器实时监控铁轨、轨旁设施和架空线路等各项指标，同时将利用3D扫描技术高精度地描述轨道基础设施状态；日本提出了智能维修概念，通过开发线路自动检测系统，实时检测和分析线路状况和变化趋势，及时作出维修决策。

智能客站方面，欧洲车站是城市以及城市生活的一部分。世界范围内智能客站未来发展的关键词是"可持续性"，三个发展目标分别为：经济层面上创新枢纽服务并提供全新出行服务；社会层面上确保未来的铁路客站智能化，既要应对目前在安检、验证方面的程序要求，又要使铁路客站的运行更加高效便捷，给旅客更加方便的体验；同时做到简化管理成本、提高商业收益。铁路客站的舒适性及性能相关内容主要包括新技术与数字设备应用、旅客出行舒适度提高、智能机器人的发展与应用、车站的创新与可持续发展这四方面。如德国、法国铁路通过互联网销售的车票也可提供电子客票，大幅提升了旅客出行体验的同时，有效节省了运营成本，基于实名制的电子客票更为便捷的通行方式和精准营销服务奠定了基础。

1.3 我国智能高铁研究概述

1.3.1 智能高铁总体框架

中国铁道科学研究院有限公司研究表明,智能高铁总体组成可概括为"一核三翼",即以一个智能高铁大脑平台为核心,包含智能建造、智能装备、智能运营三大板块。智能高铁技术体系框架设计采用分类分层设计原则,自顶而下划分为板块、领域、方向、创新、支持平台五个层面,可概括为三大板块、十大领域、十七个方向、N项创新、一个平台。整个框架体系致力于实现铁路运输全业务流程、全价值链条、全生命周期、全生态体系的整体智能化。

智能铁路信息系统是智能铁路的外延,是智能铁路最终发挥效果、对外提供能力的载体。智能高铁大脑平台是实现智能建造、智能装备、智能运营三个复杂系统互联互通、协同互动、有机统一的神经中枢,基于智能建造、智能装备、智能运营系统感知获取的数据,开展数据的汇聚、治理,建成智能高铁大数据资源湖,支持开展跨专业、跨行业的多维智能分析,为智能诊断、智能预测、智能决策等提供支持。

十大领域指在三大板块框架下的勘察设计、工程施工、建设管理、移动装备、通信信号、牵引供电、检测监测、客运服务、运输组织、养护维修等领域。

十七个方向指在三大板块、十大领域框架下的基于 GIS(地理信息系统)工程勘察、基于 BIM(建筑信息模型)工程设计、桥隧路轨工程智能化施工、客运站工程智能化施工、四电工程智能化施工、基于 BIM + GIS 工程建设管理、智能动车组、智能综合检测车、信号、通信、智能牵引供电、智能检测监测、智能客运 CPS(信息物理系统)、智能票务、智能综合调度、智能行车调度、工电供一体化运维 PHM(故障预测与健康管理)等方向。

1.3.2 智能高铁数据体系框架

高铁数据体系架构自底向上分为数据汇编、存储处理和分析应用,细分如下。

1. 智能高铁数据资产内容

智能建造数据域，包括基于 GIS 工程勘察数据、基于 BIM 工程设计数据、桥隧路轨工程智能化施工数据、客运站工程智能化施工数据、四电工程智能化施工数据、基于 BIM + GIS 工程建设管理数据等内容。智能装备数据域包括智能动车组数据、智能综合检测车数据、信号数据、通信数据、智能牵引供电数据、基础设施检测监测数据、自然灾害监测与预警数据、周界入侵智能监测数据、环境智能监测数据等内容。智能运营数据域包括智能客运 CPS 数据、智能票务数据、智能综合调度数据、智能行车调度数据、工电供一体化运维 PHM 数据等内容。设备设施基础台账数据、外部环境数据贯穿铁路全生命周期的多个业务环节，为三大数据域共享。

2. 铁路数据服务平台

在中国铁路武清主数据中心，由智能建造数据、移动装备数据、运营服务数据构成的数据湖，可以提供基础数据管理、数据集成、数据治理、数据共享、数据分析等 5 个方面的服务，未来可在此基础上拓展人工智能分析等服务。基础数据管理实现了铁路主数据、地理信息及元数据等方面的规范化管理；数据集成实现了结构化数据、半结构化数据和非结构化数据的抽取、转换和导入；数据治理对数据标准、质量、安全等进行管理；数据共享实现了数据资产发布和数据授权；数据分析提供了模型算法和可视化等服务。

3. 智能高铁大数据应用

基于铁路数据服务平台，采用"平台 + 应用"模式，围绕工程建设、移动装备、基础设施、运输生产、运营安全、客运管理与服务、综合交通共享等领域，开展大数据典型应用，实现大数据技术与智能高铁核心业务的深度融合，构建铁路行业与社会协同的数据生态体系。

1.3.3 智能高铁现状及发展

1. 现状

我国较早开展了智能高速铁路的系统研究，率先提出"智能高铁"概念，制定了智能高速铁路体系架构和发展战略，并在京张高铁、京雄城际等工程中开展了探索和创新应用。近十年来，我国高速铁路实现了优质快速发展，2017 年开始进入智能化引领阶段，全面启动智能京张高铁建设。"复兴号"动车组在京沪高铁实现时速 350 km 运营，为我国高铁智能创新拉开了序幕。我国高铁的快速发展离不开铁路信息化、智能化建设的持续推进。

近年来，我国高速铁路智能化发展实践包括以下多个方面：①在信息化建设方面，构建了一体化信息基础平台，打造六大业务应用系统，不断健全网络安全和信息化治理体系；②在工程建设方面，积极推广应用新材料、新工艺、新技术；③在运输调度方面，通过线网"速度、密度、质量"并举，运输组织高效协同，实现多目标分治、优化；④在客运服务方面，构建了双中心、双活架构的"12306"客票系统，该系统已成为全球交易量最大的铁路票务系统；⑤在设施设备检修方面，推行了工务、电务、供电设备"三合一"养护检修体制；⑥在安全防护方面，构建了高速铁路设施设备安全检测监测闭环管理系统、自然灾害及异物侵限监测系统；⑦在供电系统方面，车辆将配备智能供电设备、智能供电调度、智能供电运行管理及通信网络组成的智能供电系统，实现智能故障诊断、预警、自愈重构等功能，形成供电系统健康评估体系；⑧在调度指挥系统方面，调度系统将构建基于人工智能的高速铁路智能调度指挥系统，实现智能动态调度、智能协同控制、智能换乘调度、智能故障诊断等功能，达到路网整体列车调度效率最优，提升系统应急决策和处置能力，提高运营效率和旅客满意度；⑨在服务方面，将完善"12306"网站及自助服务设施、支持多国语言和国外银行卡支付、拓展票种形式（定期票、联程票、常旅客票等）并可实现电子客票、刷脸进站及检票；⑩在旅客服务方面，提供行程规划及资讯服务，以及 Wi-Fi 全覆盖、站内导航服务，并可实现行李托运及同步安检，提供个性化及无障碍服务等。

依托智能京张、智能京雄等重大工程建设，我国智能铁路的系统性研究得以实施和验证。作为高速铁路的"大脑"与"神经中枢"，调度指挥系统的本质是复杂信息的管理与决策系统，因此信息获取的实时化、精细化与管控的精准化、高效化密不可分、相辅相成。预计到 2025 年，将形成智能高铁设计、建造到运营全产业链成套技术。

京雄城际铁路是我国继京张铁路后建设的又一条智能高铁，在多项智能关键技术上取得了新突破。在智能建造方面，大力推进 BIM 技术应用，首次实现设计、施工到运营三维数字化智能管理；广泛应用智能装配式建造技术，实现桥梁、房屋装配式结构设计和施工。在智能装备方面，运用先进的列车控制系统，采用智能控制、大数据、云计算等技术，广泛应用新一代移动通信、牵引供电等设备。在智能运营方面，建设智能高铁车站，实现旅客精准定位、路径规划、位置搜索等智能服务；高铁设备采用电子标签管理，实现智能运维；运用地震预警、综合视频一体化等智能技术，提升高铁防灾能力。在京雄城际全线有70多项创新技术，主要是基于智能杆件、物联网、云计算和大数据技术，将传统铁路运行中的工务、电务、供电等系统集聚到一个智能平台上，实现全程可视化操作。

2. 发展

2021—2025年，我国智能高铁要突破基于BIM的智能建造标准体系、自学习及自适应的谱系化智能动车组、全面感知的列车无人驾驶（DTO）、面向多种交通方式的智能综合协同指挥旅客无障碍出行服务体系等重大智能铁路理论与技术，全面掌握从设计、建造到运营的全产业链技术。预计到2025年，将形成智能高铁设计、建造到运营全产业链成套技术。2026—2035年，智能铁路应用由辅助协同向自主操控升级，智能建造技术广泛应用，研发自修复型智能动车组，探索全自动无人驾驶（UTO），突破极端复杂情况下高速铁路智能容错理论与技术，构建基于量子、区块链等新技术的智能安全体系，实现铁路运营全面自主操控、无人化。到2035年，智能高铁将由辅助支持向自主控制升级，实现全面自主控制。届时，基于物联网、互联网和智能体技术，铁路部门将构建旅客与高铁车站、列车的全连接，实现云计算和边缘计算的融合，形成高铁大数据资源库和智联网，构建基于信息物理系统（CPS）的智能高铁大脑。

2020年8月，中国国家铁路集团有限公司发布《新时代交通强国铁路先行规划纲要》，以系统化顶层设计文件的形式明确了我国铁路未来30年的发展蓝图。纲要首次提出到2035年将率先建成服务安全优质、保障坚强有力、实力国际领先的现代化铁路强国，其中提到：将利用北斗卫星导航技术、5G通信技术等构成空天地一体化的列控系统。利用北斗+5G，我国高铁将建"超级大脑"，通过采用北斗定位替代传统的轨道电路，利用5G技术研究实现列车与列车间的直接通信，定位更准，安全保障更强，使列车追踪间隔由目前的最短3分钟缩短到2分钟左右，提高线路运输能力30%以上。以京沪高铁为例，如果采用新型列控系统，动车组往返运行一次可节电9000度左右。该纲要还透露了未来动车的研究方向，即更高速度等级动车组、智能动车组、复兴号城际动车组和高铁快运动车组。

第 2 章　综合计划智能编制与智能决策支持系统

2.1　综合计划及智能化编制要求

2.1.1　综合计划概述

在我国高速铁路的运输管理和生产过程中，综合计划是核心产品竞争力的体现，是高速铁路运营调度管理的核心部分，也是确保高速铁路日常运输工作有序、高效运转的根本。综合计划包括列车开行方案、列车运行图、动车组运用计划、乘务计划、车站作业计划、票额分配计划以及给水、卸污作业计划等。

（1）列车开行方案。其作用是根据市场需求，考虑部分运输资源的运能约束，制定包括列车的运行区段、列车种类及开行对数等信息的列车开行计划。它是编制列车运行图的基础，是在空间维度上将客流需求转化为列车开行计划，给出运输资源利用方案的基本框架。

（2）列车运行图。其作用是在列车开行方案的基础上，紧密结合客流变化，从旅客旅行时间和运营效益最优化角度，严格遵守固定设施能力约束，规定各次列车占用区间的顺序，列车在每个车站的到达、出发或通过时刻，列车在区间的运行时间，列车在车站的停站时间等。它是运输资源约束下更详细的列车运行计划，也是编制动车组运用计划和乘务计划的基础。因此，列车运行图是对列车开行方案的细化，从时间维度确定列车开行计划以及确定固定运输资源（线路、车站）的使用计划。

（3）动车组运用计划。它为铺好的列车运行图分配动车组、安排动车组定期检修的动车组工作计划，主要对动车组在何时、何站以及担当哪次列车，在何时、何地进行哪种类型的检修做出具体安排，是实现动车组的合理周转和确保列车运行计划顺利实施的重要保证。显然，列车运行图是动车组运用计划的基础，当列车运行图调整时，动车组运用计划也将重新编制；同时，当动车组配置数量无法满足列车运行图需求时，则需要对列车运行图进行反馈调整。

（4）乘务计划。它是基于编制好的列车运行图和动车组运用计划，安排列车乘务员等工作人员担当列车车次和定期休息的工作计划，对乘务员（组）在何时、何地出乘，在何时担当哪一车次，在何时何地退乘等做出具体安排，是运行图顺利实施的基本保障。

（5）车站作业计划。它是规定高速列车在车站到发线等设施的使用计划，具体包括到发作业、调车作业、出入段作业等作业方案，是列车运行图和动车组运用计划的基本保障，需要与列车运行图和动车组运用计划协同编制。

（6）票额分配计划。它与列车开行方案相对应，用于优化资源配置，分车次建立票额运用档案，分线别、方向、阶段、时段制订列车票额席位共复用策略和票额运用方案，实现一车一策略，是提升列车开行方案科学性的必要措施。如上海局集团公司在票额智能预分的基础上，通过跟踪票额使用过程，在票额自动预分的基础上推行人工干预预分，实现票额精确分配。

（7）给水、卸污作业计划。它与列车开行方案相对应，为保证旅客旅行中生活需要，制定停站给水作业和卸污作业方案，是列车开行方案的补充。

2.1.2 智能化编制要求

智能客运是充分利用物联网、大数据分析、移动互联网、融合通信等新一代信息和通信技术手段，感测、分析、整合客运业务运行核心系统的各项关键信息，综合运用人工智能、知识挖掘、综合集成法、多源信息协同等理论与工具，以全面感知、深度融合、主动服务、科学决策为目标，对市场需求、营销、现场作业、运营、决策直至企业经营等全过程做出智能响应。通过智能客运建设，开展智慧出行、智慧车务、智慧站务、融合协同、辅助决策等主题化研究，可实现企业客运生产经营活动的运营自动化、管理网络化、决策智能化。智能客运的总体目标是以旅客智慧出行、车务乘务智慧作业、辅助决策融合协同智慧管理为重点，构架具有快速感知、智敏反应的智能客运体系，取得客运管理上的突破，实现客运生产要素、资源配置、数据资源内部共享和对外开放机制的完善，纵向做深，横向做宽，即生产、运营、保障、服务各个领域做到极致，在纵向做深基础上横向延伸，系统开放，信息互联互通。结合实际的组织结构，所确立的工程范围为：构建客运体系框架，建立业务流程视图，建设客运基础信息平台，搭建支持旅客智慧出行的服务系统，建设支撑车务、乘务智慧作业管理的作业系统，建设支持数字化决策和管理的智能化平台。

智能协同主要实现以下功能。

（1）数据集成共享平台。从客运运营角度出发，借助大数据、数据仓库、商业智能等技术，构建数据集成共享平台，为智慧出行、智能客站、智能乘务提供数据共享基础，实现与客运营销、动车运用、运行图、客票、调度指挥等相关业务系统的信息共享，支撑管理、决策、执行等应用系统的可靠、高效运行。

（2）客流需求分析与预测。通过对客票、智慧出行以及其他相关网络数据的挖掘、分析，实现客运市场需求的收集、整理、存储、统计和分析，在此基础上结合系统中的历史数据进行客流需求分析和预测，并对接其他业务系统，为运输产品、服务产品设计提供科学依据。

（3）客运产品设计与管理。在客流需求分析与预测的基础上，进行客车开行方案的编制和调整，进行列车盈亏测算以及客运运行图自动管理，通过内部反馈机制，实现客运产品设计、管理和优化。

（4）客票收益管理。根据收益管理的思想和方法，以收入最大化为目标，实现对售票组织策略、票价和存量的动态调整和控制。根据分步实施的原则，可以先构建涵盖票额智能预分、售票策略制订和调整、售票组织及票额预分预警等功能的子系统，然后再构建包括票价优惠策略制订、席位存量控制功能的收益管理子系统，并与客票系统对接，实现客票营销收益最大化。

（5）客运综合管理。以数据集成共享平台为支撑，实现客运任务管理、运行图日常调整、客运规章资料管理、客运安全管理、应急处置等业务的信息化、智能化，满足日常工作和应急工作的需要。

（6）应急管理。根据应急预案、案例知识库、现场状况以及应急资源，实时掌握车站、列车的人员、设备、作业状况，及时提供多种应急处理方案，并辅助应急实施、处理，提高应急处理效率，减轻突发事故对运输生产秩序和服务质量造成的影响。

2.2 列车开行方案编制

2.2.1 编制原则

高速铁路列车开行方案是编制列车运行方案的基础。提高列车经济效益和社会效益是编制和优化列车开行方案的基本原则,制定列车开行方案的市场依据是客流,而客流构成的四要素(流量、流向、流时、流程)以及客流性质(或目的),是确定列车开行方案的重要条件。列车运行区段与长短途比例、快慢比例与停站方案、编组辆数与开行对数等,都从不同角度反映了列车开行方案与实际需求的符合程度。

编制高速列车开行方案,需要在开行目的、开行方式上遵循一定的组织原则,主要包括主次原则、能量匹配原则、合理分工原则、均衡运输原则、直达优先原则等。综合考虑现有设施设备能力是开行方案编制和优化的基础;设施设备能力包括线路通过能力、车站到发能力、折返能力及车底数量等。需要在经济、合理地利用各种客运设备的基础上编制和优化高速列车开行方案。主要组织原则分述如下。

(1) 主次原则。以满足主要客流需要为核心,确定核心列车开行方案,有条件时尽量兼顾通勤、通学等需要。

(2) 能量匹配原则。其为运能与运量的基本匹配,包括列车开行数量与空间分布(含停站数量)两个方面,即按总体客流安排列车开行起讫点、对数,按车站客流大小匹配停站数量。客流是动态变化的,在时间分布上不均衡,固定的开行方案不可能匹配变化的客流。

具体方法:基本开行方案按平均客流量、波动规律相对固定,停站次数与发送量成正比的特征,确保基本方案的匹配与稳定,同时对紧张去向、客流高峰期(周末、小长假等)进行选择性运能补充,在客流淡季(每年3月、4月、11月、12月)适当减少运能,在满足旅客出行需要的同时提高开行方案的质量与效率。

(3) 合理分工原则。在客流旺盛地区的客运通道已有了多条线路,为发挥各线功能效应,线路的合理分工十分必要。在枢纽地区,在城市规划、线路布局等因素作用下,设置了多个大型车站并进行站场的合理分工,有利于减少线路交叉、缓解城市拥堵、方便旅客出行。

以沪宁通道为例,现有京沪线、沪宁高铁、京沪高铁3条线路。京沪线承担普速列车及少量夕发朝至动卧列车;沪宁高铁承担沪宁本线高速列车,作为沪汉蓉主要通道以及跨往宁安方向唯一通道,也开行少量沪昆高铁、宁安高铁的跨线列车;京沪高铁承担京沪高铁本线,以及跨往郑徐、胶济、东北方向的中长途高速列车,分担少量武汉方向列车,并开行部分跨往沪昆的高速列车。在上海枢纽,目前设有上海、上海南、上海虹桥3个主要客站,上海站为普速、高铁混合车站,承担京沪线到发列车,沪宁高铁本线大部分以及跨往宁安、合肥方向大部分高速列车,开行少量始发经沪昆高铁至杭州列车;上海南站为普速、动车组列车混合车站,承担沪昆线到发及跨往京沪线列车、金山铁路市郊列车;上海虹桥站为高铁车站,承担京沪、沪昆高铁列车,沪宁高铁部分本线列车,经沪宁高铁跨往汉蓉方向列车,以及沪宁高铁跨往沪昆高铁列车。

(4)均衡运输原则。开行方案的均衡运输,是指开行方案在时空上的均匀分布,包括整体均衡、方向性均衡、相对均衡。整体均衡即基本运输框架的均衡性,避免列车运行间隔过大;方向性均衡即按列车去向有序开行,避免同时段过密或长时间无车;相对均衡即按照客流高峰、低谷适应性调整密度。

(5)直达优先原则。组织直达运输有利于压缩旅客在途时间、改善旅客乘车体验,有利于加速车底周转、提高运输效率。在客流饱满地区,开行直达列车或者大站直达列车,方便旅客出行的同时,也会快速形成高铁品牌效应。但直达列车因照顾不到沿途客流,实践中不宜多开。

2.2.2 编制流程

高速铁路列车开行方案是在掌握客流计划、遵循铁路客运市场规律的基础上,在一定的运输能力限制下,采用基于OD间(出行起讫点间)客流量的编制办法,综合考虑各站点间的客流量,有效地组织不同编组动车组列车的开行,将客流分配到不同种类的列车上,既要充分满足市场需求,又能合理利用运输能力,最大限度地满足广大旅客需求。列车开行方案的优化编制流程如图2.1所示。

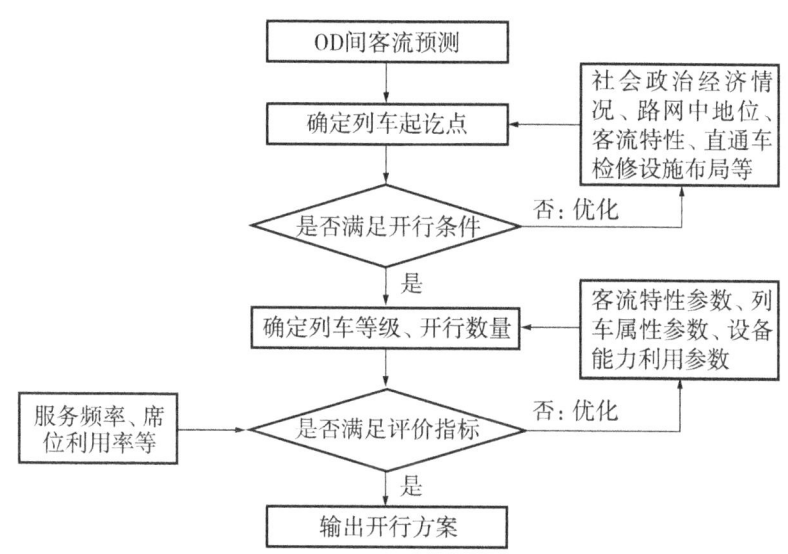

图 2.1　高铁列车开行方案优化编制流程

其编制步骤如下。

步骤 1：准备过程。根据客流增长和变化规律，选择适当的预测方法，对未来各 OD 点间客流进行合理的判断，实现按流开车。

步骤 2：方案编制。根据预测客流量，结合 OD 点间社会政治、经济情况确定列车起讫点，然后根据客流实际情况，进行客流调查，结合客流周期波动、列车编组及定员、列车种类、车站及区间能力等因素，以旅客乘车方便度最大化兼顾铁路运营效益等为目标，利用组合优化方法，求解列车开行数量、停站方案等开行方案内容，然后再根据实际情况对开行方案进行调整与优化，实现资源配置最优化与运输效益最大化的目标。

步骤 3：具体实施。根据列车开行方案编制列车运行图。

2.2.3　优化与调整

客运产品不可存储的特性，决定了必须把握客流波动规律，掌握节拍、依流配能，才能实现经营效益最大化。高铁列车开行应遵循"运力跟着客流走"的基本原则，按照客流周期性规律探索实践"一日一图"开车模式。

（1）提高开行方案编制科学性。按照"一次铺画、按需开行"思路，不断优化开行方案。针对日常与高峰客流特征，合理设计列车开行规律和编组规律，按照"基本、补强、打满"三套方案,编好日常图、周末图、高峰图。

(2) 注重"一日一图"高效性。完善以周为周期的运输组织模式,建立"一日一图"运力动态调配机制。

(3) 科学配置资源,实现系统集成最优。其主要反映在"点"资源、"线"资源以及"车"资源的配置上。

① "点"的资源配置。拓展动车组存车能力,研究增加客流较小城市车站动车组存放,并逐步向客流较大城市扩展,减少空送式开车数量;加快动车所的布局,缓解枢纽地区动车所检修存放能力不足,适应客流饱满地区开车需要,提高动车组运用效益;加强配套能力建设,在重要节点站增加上水、吸污设施,适应灵活开车需要。

② "线"的资源配置。如研究京沪高铁、沪宁高铁、沪昆高铁等繁忙干线、繁忙区段压缩追踪间隔的可行性,为进一步释放繁忙线路通过能力创造条件。对于能力趋于饱和的高铁区段,尽力采用大编组、大容量车型,用足用好线路通过能力。研究调整天窗基本计划,压缩客流高峰期天窗时间,有效延长可利用运营时间。

③ "车"的资源配置。通过年、季、周客流规律和用车需求交底,研究建立以客流波动规律为牵引的动车组用、检、修模型,做到高峰旺季多用车、低谷淡季多修车。充分发挥动车组网络网修范围逐步扩大的优势,提高动车组运用的灵活性。积极探索改进动车组一级修作业内容,压缩作业时间,适当增加白天维修数量,在提升高峰期有效供给的同时提高动车组综合利用率。协同运输等部门研究扩大站内动车组在线解编重联、在线替换,拓展整交路运力调整空间,实现用车需求和动车组检修的高度契合。

2.2.4 方案评价

列车方案包括列车开行方案和列车运行方案。建立高铁列车方案的评价体系,对方案的经济和服务效果进行评价,是市场条件下铁路客运组织的重要组成部分。评价体系不仅可以用来评价方案的优劣,而且还可以作为方案优化的依据。

列车方案的评价不仅要考虑移动设备的运用情况,还要考虑运能与运量匹配程度;不仅应考虑旅客出行的方便程度,还应考虑经济效益的评价。

因此，列车方案的评价是一个多维度评价，随着评价主体不同（国铁集团与运输企业）、评价目的不同，所采用的评价指标也有所不同。上海局集团公司高铁列车开行方案评价指标体系如表 2.1 所示。

表 2.1　高铁列车开行方案评价指标体系

类别	子类别	方案指标	类别	子类别	方案指标
技术评价	运营速度	平均技术速度	市场评价	客流指标	旅客运送人数
		平均旅行速度			旅客平均运程
		速度系数			旅客周转量
	输送能力	列车开行对数		满意度	旅客需求满意度
		列车定员		通达性	OD 直接通达率
		列车席位公里		服务频率	车站服务频率
	车底运用	动车组车底数			OD 服务频率
		车底平均走行公里		效益评价	列车运营总成本
	其他	方案相对稳定性			列车运营总收入
		客座利用率、分区段客座利用率		其他	……

列车方案主要包括技术评价、市场评价等方面。前者包括输送能力、运营速度、车底运用等，反映方案的技术水平；后者包括客流指标、满意度、通达性、服务频率、效益评价等，以下是对评价指标中的部分指标的介绍。

（1）平均旅行速度。其指的是方案中所有列车旅行速度的平均值。

（2）列车开行对数：方案中为完成预测的客运量而开行的列车对数，该指标值可由开行方案直接给出；列车定员：开行方案所能提供的席位数，即各次列车定员数之和；列车席位公里：所有列车席位周转量之和。

（3）动车组车底数。高铁动车组成本相对较高，合理的动车组数量，可以减少铁路运输企业的运营成本。确定动车组数量的相关因素众多，主要有动车组途中旅行时间与技术作业时间标准、运行图铺画方案、动车组套用方式等。制定开行方案时应协调好各影响因素之间的关系，选择合理的动车组运用方式，力争以较低的运营成本获得较高的运营效益和较好的服务质量。

（4）车底平均走行公里。其指的是平均每一车底在一昼夜内所走行的公里数。

(5) 方案相对稳定性。在系统理想状态且列车运行无偏离假定前提下，运行方案在不超过阈值条件下的系统敏感性和恢复力，称为方案相对稳定性。

(6) 客流指标。这一指标主要包括旅客运送人数、旅客平均运程和旅客周转量等子指标。旅客运送人数又称旅客运输量，指在一定时期内，全路或集团公司运送的旅客人数；旅客平均运程是指铁路运送的每一位旅客的平均运输距离；旅客周转量是指在一定时期内，一个集团公司或全路计划完成的旅客人公里数，以旅客运输量与旅行距离的乘积表示，单位为"人·km"。

(7) 服务频率：车站服务频率（S_i），指开行方案中，在车站i设置停站（含始发停站和终到停站）的列车数之和；OD服务频率（S_{ij}），指各车站间服务次数，即开行方案中，在车站i和车站j均设置停站（含始发停站和终到停站）的列车数之和。

(8) 列车运营总成本。列车运营总成本指开行方案中所有与列车开行相关的运营成本，主要包括基础设施和移动设备的维修费、折旧费、耗能、工资支出和其他养护费用等。各部分费用可根据相关规定和列车的技术数据计算得出，一般可由列车单位运营成本乘以列车总走行公里得出。

(9) 列车运营总收入。列车运营总收入包括客票收入和其他收入。客票收入的计算可依据票价、客座率和列车定员等数据计算而得。若无法准确计算运营收入和运营成本，可使用客座利用率近似表示运营收入和运营成本的对比关系，可从一定程度上反映开行方案的经济效益。例如，客座利用率为80%时，其经济效益显然比客座利用率为60%时要好。

其他的评价指标还有客座利用率、分区段客座利用率、通达性等。其中，客座利用率是指方案中所有列车运行区段的旅客周转量与其客座公里数比值的平均值；分区段客座利用率是指不同区段的客座利用率，通过此指标可以直观地观察到各个区段客座利用率的高低，以便进行优化调整，使之更加适应市场需求；通达性是指开行方案中所有直接通达列车的OD对数与所有OD对数的比值。

2.3 高速铁路列车运行图

2.3.1 基本概述

列车运行图表示列车在铁路区间运行以及在车站到发或通过的综合性技术文件，它规定了各次列车占用区间的程序。列车在区间和车站的占用时刻是时间变化的递推函数，因此列车运行线是随机序列。所谓随机序列就是随时间变化的，具有随机性，依时间次序排列而且前后相互关联的动态数据列。列车运行图的实质就是各种不同类别的列车运行线状态空间随时间变化的动态转移序列，编制高铁列车运行图就是要在双线的状态空间确定每一趟列车在各个车站的到、发或通过时刻这一变量。

高速铁路列车运行图一般铺画的都是速度在 200 km/h 以上的高速动车组列车，与客货混跑的既有铁路不同，运行图上铺画的都是旅客列车运行线，主要分布在符合人们出行习惯的 6:00～24:00 范围内，夜间主要是高速铁路综合维修的天窗时间。

2.3.2 列车运行图的特点及编制关键

高速铁路无论在技术装备、运输组织还是在运输服务上，都与普速铁路有着显著的差别。高速铁路通常是客运专线，旅客列车都具有基本相同的运输组织要求，如高速度、高密度、高正点率、高可靠性、高服务质量、高市场占有率及高社会经济效益，其行车组织及列车运行图的编制除了列车数量大、时间要求高外，与既有线相比，在技术上也有其特定的要求。

（1）高速铁路运行图的稳定性。旅客运输的安全、快速、准确、便捷、舒适，是高速铁路吸引客流的主要优势，要保证实现这些指标，除技术上需提供必要的保障外，列车运行图编制是否科学合理也极为重要。高速铁路列车速度高、密度大，列车之间联系紧密，一旦出现干扰，列车调整困难，特别是在高峰时段，此时列车开行密度大。因此，编制高速铁路列车运行图时，要在保证运输能力的基础上，合理安排各列车的到发时间，并在适当的时间与空间加入缓冲时间，使列车运行图具有较好的抗干扰性与自我恢复能力。

（2）不同列车运行线的协调优化。我国高速铁路目前大都采用共线运行模式，即多种速度列车，如最高速度为 300～350 km/h 的"G"字头列车和 200～250 km/h 的"D"字头列车共线运行，这些列车停站数量不等、旅行速度也不相同，具有列车折返时间短、接续时间紧密的特点，每列列车均要求高品质的运输服务。因此，一般不允许以牺牲部分列车的服务质量的方式来提高其他列车的服务质量。

我国铁路客流具有平均运距长、跨线客流比重大等特点，除了协调不同速度高速列车以减少列车间速差的运行干扰外，还要兼顾本线与跨线列车的运行组织，合理铺画不同种类列车的运行线，保证跨线列车的合理衔接，从而有效利用高速线和既有线的通过能力，缩短旅行时间、提高服务质量。

（3）列车运行与综合维修的协调优化。为了保障高速铁路的行车安全，需要开设较长时间的综合维修天窗。我国高速铁路采用矩形综合维修天窗，安排在 00:00～6:00 时段内，且天窗内禁止行车。天窗的开设不仅缩短了列车运行图中可供列车运行的时间，且人为地将列车运行图分割为两部分，存在较大的非运营无效时间，对高速铁路通过能力造成了较大影响。随着高速铁路逐渐成网，长途跨线高速列车开行数量将越来越多，如何有效组织高速列车利用夜间时段运行、充分利用高速铁路通过能力的问题日益凸显。因此，高速列车运行线的铺画应与综合维修天窗的开设进行综合优化。

（4）列车运行与动车组运用的协调优化。列车运行图是列车运行的综合计划，规定了各次列车的始发终到的车站及时间，而这些列车都必须由具体的动车组来实现，列车开行数量受动车组数量制约，同时，列车运行线的分布决定了动车组需承担的运输任务，单从动车组运用计划的优化问题着手，并不能从根本上解决动车组的运用数量问题，必须对运用计划与列车运行线铺画进行综合优化，才能从整体上提高动车组的运用效率和列车运行计划的质量。

2.3.3 列车运行图编制原则与步骤

列车运行图是铁路运输工作的综合计划和行车组织的基础，也是铁路客货运输的最主要依据，《铁路技术管理规程》中规定所有与列车运行相关的铁路各部门，都必须按照列车运行图的要求，组织本部门的各项工作，以保证按图行车。随着铁路改革的日益深化，客货运市场需求更加多样化，合理编制适应市场需求的列车运行图是铁路运输企业生存和不断向前发展的前提。

基于上述行车组织的特点，高速铁路列车运行图的编制应遵循如下原则。

（1）在严格遵守各种间隔及时间标准的基础上，尽可能压缩列车停站与折返作业时间，合理安排列车停站，以发挥列车技术速度、提高列车旅行速度，提高动车组运用效率。

（2）高速铁路列车运行图编制原则上纳入全路编图工作，先编制跨线列车运行图，后编制本线高速列车运行图，列车等级按速度等级划分，速度高的列车等级高于速度低的列车，低等级列车应尽量减少对高等级列车的影响，高等级列车可越行低等级列车。

（3）适应高速铁路客流特点，最大限度满足旅客出行需要，尽可能按不同时段、不同频率铺画列车运行线；同时，处理好列车密度、列车种类、到发时刻、动车组运用和综合维修天窗设置等方面的关系。

（4）协调好高速铁路与既有线的衔接，尽可能提高两线通过能力；兼顾均衡铺画的原则，充分利用线路和车站的通过能力，使高速列车运行与高速客运站的技术作业过程相协调，减少各种列车间的越行与避让，同时使列车运行图保持合理的弹性。

列车运行图的编制管理系统由国铁集团、铁路局集团公司、站段三级机构组成，每个机构的相关部门负责本级机构的技术管理业务。现阶段国铁集团每季度一次，定期召集各铁路局集团公司运输、客运、机务、车辆等相关部门专业管理人员，集中编制列车基本调整运行图，其中跨铁路局集团公司列车运行线由国铁集团组织各铁路局集团公司协同编制，铁路局集团公司管内列车运行线由铁路局集团公司负责编制。各铁路局集团公司编图人员统一在国铁集团的编图专用服务器上，完成跨铁路局集团公司和管内列车运行图的铺画及相关参数修改。在编图周期结束后，各铁路局集团公司将编制完成的客货列车运行图和相关技术资料、运输生产指标以及列车运行图数据库上报国铁集团核备。编图软件日常更新升级和系统数据维护由国铁集团编图中心完成。

因此，我国高速铁路列车运行图编制过程可分以下几步。

列车运行图编制主要包括预铺画、调整、定图3个步骤。按照设计原则及实际客流条件、设备条件、技术条件确立了初步列车方案后，为确保方案可行，一般通过预铺画进行检测验证。通过预铺画暴露出股道运用、进路交叉等方面存在的问题,其中部分问题可能导致开行方案不成立,反向要求列车开行方案进行调整适应,直至方案完全成立后,再进行定图铺画,确定交路、停站、编组、乘务方案。

2.3.4 计算机编制列车运行图

1. 计算机编制列车运行图的发展

我国铁路列车运行图编制系统研究的演变。我国列车运行图编制系统研究经历了由最初单纯强调研究开发计算机自动编图系统过渡到研究开发列车运行图编制信息系统,进而向着研究开发全国铁路列车运行图编制信息系统发展的历程。从技术上而言,我国计算机编图系统研究分为以下几个阶段。

(1) 早期的列车运行图编制自动化研究阶段。这一阶段研究的重点主要是解决列车运行图的自动化编制问题,实现列车运行图原始解的计算机自动生成。

(2) 实用化的列车运行图编制系统研究阶段。由于列车运行图的编制受各种错综复杂的因素的制约,属于半结构化问题,随着计算机编图研究工作的深入,人们逐渐认识到:仅仅依赖计算机自动编图很难满足列车运行图编制工作的需要,还需要进行大量的人机交互;而且,系统软件进行编图处理的区域大小也是衡量系统实用化水平的核心要素;另外,在实现列车运行图编制工作信息化的基础上,还需要进行信息的综合加工和充分运用。该阶段研究的重点主要是构建功能较完善的、以铁路局为整体的列车运行图编制系统,在列车运行图编制工作中实现以信息化方式代替传统人工劳动方式。

(3) 成熟健全的全路列车运行图信息系统研究阶段。由于我国铁路采用跨线运输组织模式,列车运行图是以全国铁路网为基础统一进行编制的,因此建立全国铁路列车运行图编制系统,实现全路列车运行图编制和管理的信息化是系统研究走向成熟的核心标志。这一阶段研究的重点主要是建立列车运行图及其相关计划的协同编制平台,基于全路各级部门人员群体协同工作,实现全路列车运行图及其相关作业计划的统一编制。

(4) 智能化的全路列车运行图编制信息系统研究阶段。铁路智能运输系统是铁路信息化建设高级阶段的体现形式,涉及的技术包括如何集成先进的信息网络技术、数据通信技术、智能控制技术等。以实现信息智能化采集、传输、处理和共享为基础,通过高效利用与铁路运输相关的所有移动、固定、空间、时间和人力资源，以较低的成本建设可保障安全、提高运输效率、改善经营管理和提高服务质量的新一代铁路运输系统，是铁路智能运输系统发展的根本目标。列车运行图编制系统是铁路信息化的重要建设内容，提高该系统的智能化水平，有利于促进铁路产品设计的质量和水平，构建智能化的全路列车运行图编制信息系统是铁路列车运行图编制系统建设的终极目标。

2. 计算机编制列车运行图系统功能设计

我国列车运行图的编制经历了人工手工铺画和计算机系统铺画两个阶段。20 世纪 90 年代初，原铁道部组织相关单位合作开发了相应的计算机编图软件，从此铁路运行图编制工作摆脱了原有的用铅笔橡皮铺画的费时耗力、周期长的窘境，进入了运行图网络化编制和管理的时代。经过 20 多年的不断完善，计算机编制运行图系统已经不断优化，并且广泛应用于铁路列车运行图编制工作中。计算机编制列车运行图兼顾了能源消耗最低、列车运行时间最少、列车运行成本最低等目标，采用最优化方法、启发式算法、智能算法进行求解。

列车运行图编制系统包含列车运行图计划、数据管理、技术资料管理、动车组交路计划、车辆分配计划、机车周转计划、车站作业计划、列车牵引计算、列车运行仿真、列车运行图信息共享与查询等功能。编图软件日常更新维护由国铁集团编图中心完成，列车运行图编制软件系统结构如图 2.2 所示。这一系统能够自动编制列车运行图及其相关作业计划，在编制过程的各环节提供人机交互手段，并提供计划校验、审批、下达、报表生成、图形绘制、指标统计等功能，具备较高的智能辅助决策水平，保证计划的可行性和合理性。

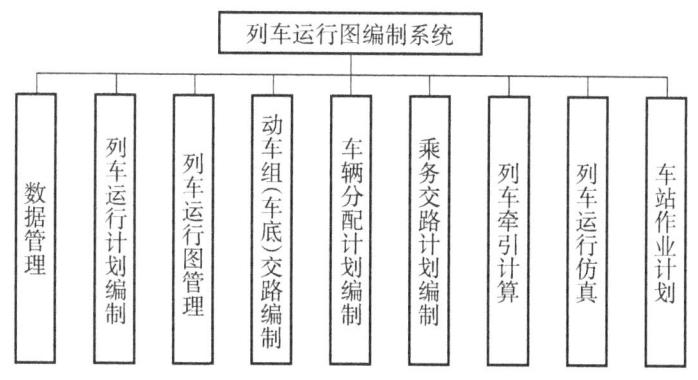

图 2.2　列车运行图编制系统主要功能结构图

（1）数据管理子系统。

数据管理子系统功能结构如图2.3所示。

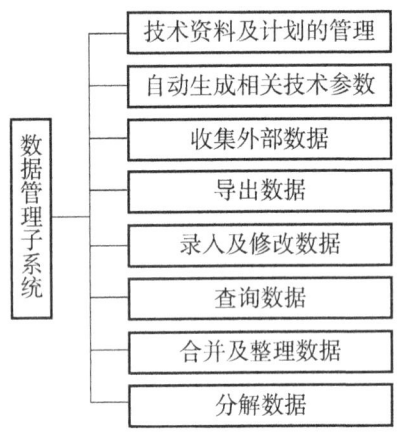

图2.3　数据管理子系统功能结构图

（2）列车运行计划编制子系统。

列车运行计划编制子系统功能结构如图2.4所示。

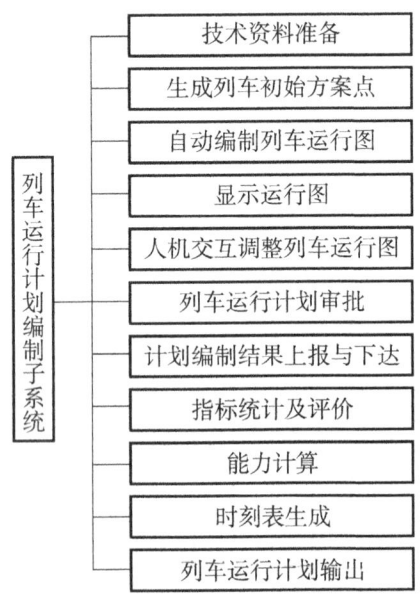

图2.4　列车运行计划编制子系统功能结构图

(3) 动车组(车底)交路图编制子系统。

动车组(车底)交路图编制子系统功能结构如图2.5所示。

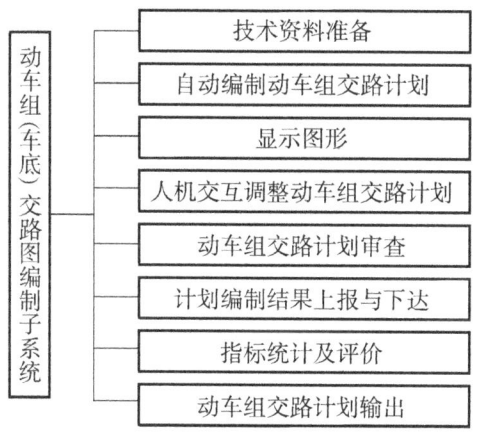

图2.5 动车组(车底)交路图编制子系统功能结构图

(4) 车辆分配计划编制子系统。

车辆分配计划编制子系统功能结构如图2.6所示。

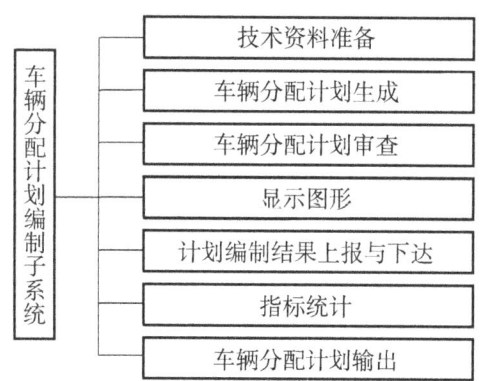

图2.6 车辆分配计划编制子系统功能结构图

(5) 乘务交路计划编制子系统。

乘务交路计划编制子系统功能结构如图2.7所示。

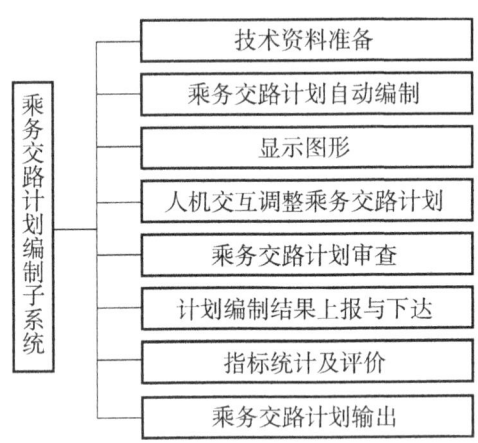

图 2.7　乘务交路计划编制子系统功能结构图

(6) 列车运行仿真子系统。

列车运行仿真子系统功能结构如图 2.8 所示。

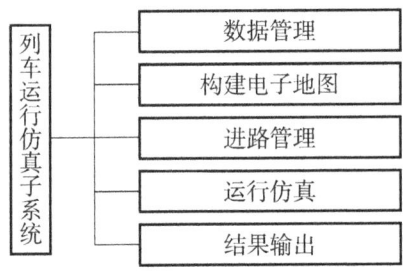

图 2.8　列车运行仿真子系统功能结构图

(7) 车站作业计划子系统。

车站作业计划子系统功能结构如图 2.9 所示。

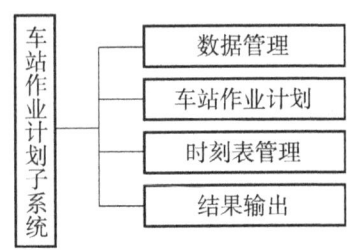

图 2.9　车站作业计划子系统功能结构图

2.3.5 列车运行图编制

许多国家的列车运行图编制系统在智能化、系统化、精细化方面有进一步发展，例如：德国铁路基于车站进路描述和列车牵引计算进行列车运行图的编制，并采用了GIS（地理信息系统）技术，操作方便，可视化程度高；日本建立了集列车运行计划、动车组交路计划、车辆分配计划编制等于一体的行车指挥自动化系统（COSMOS系统），列车基本计划编制完成后通过系统进行下发，用于新干线高速铁路运营调度，系统集成化、精细化程度高。

国铁集团统一组织、领导我国列车运行图的集中编制和专业管理，并制定列车运行图编制的管理规则。我国高速铁路运行图与国外运行图的编制理念和编制方法有较大区别，主要表现在：国外高速铁路一般是对某条线或者铁路局集团公司铁路的列车运行图进行优化，而我国高速列车往往涉及较多的跨线铁路，跨铁路局集团公司长途列车的编图情况则更为复杂；国外铁路运能充足，其编制目标关注的是列车正点率、运行图的均衡性和可调整性、吸引旅客的方便性等，较多考虑换乘衔接；而我国铁路运能较为紧张，运行图编制首先考虑的是运能利用，在保证运能的基础上再优化其他目标。

我国铁路列车运行图的编制采用"国铁集团—铁路局集团公司"两级管理模式，国铁集团负责确定列车运行图的编制原则、任务及组织查定各类技术作业标准，制定直通客车方案，并领导和组织全路列车运行图的编制工作；铁路局集团公司根据国铁集团的统一部署，结合本局情况负责确定全局管内列车运行图的编制方针、原则、任务，拟定具体实施计划，综合平衡各部门间的问题，全面领导并按时完成本局的编图工作。铁路局集团公司负责有关列车运行图的技术业务问题，组织调查研究和牵引试验，查定各项技术作业标准，核定并按时上报编制资料，具体负责列车运行图的编制和实施工作。铁路局集团公司参与列车运行图编制与实施工作的部门主要如下。

（1）运输部门。①在列车运行图编制方面，实现基于铁路广域网、局域网编图和单机编图，支持异地联网调整列车运行图，实现列车运行图及其相关业务计划编制的网络化、精细化、一体化。②在列车运行图管理方面，在国铁集团信息技术中心设置全路列车运行图服务器，用于全路列车运行图的编制和动态管理。强化列车运行图审批、数据版本管理、信息发布、查询统计、数据接口等。

（2）客运部门。基于铁路广域网、局域网实现对旅客列车运行方案、停站、编组、车底（动车组）交路、时刻表等的编制、动态管理及信息发布。

（3）机务部门。基于铁路广域网、局域网实现机车周转图编制和管理。

（4）车辆部门。基于铁路广域网、局域网实现车底运用计划的编制和管理。

（5）调度部门。在全路列车运行图动态管理的基础上，为调度系统提供相关数据接口。

（6）其他相关部门。考虑与运输信息集成平台、铁路客票系统等铁路信息系统的信息交换和共享需求，提供相关数据接口。

我国高速铁路列车运行图受运输组织模式以及客流动态变化影响，目前采取了部分具有周期性特征的运行图，如整点开车、半点开车。以沪宁城际铁路为例，苏锡常三站主要起讫点间列车实行周期性运行，上海、南京对开，铺画节拍式、正点或半点发车的运行线，高峰时段保证有较高的服务频率，非高峰时段按 30 分钟或 60 分钟的时长较均衡地分布每个方向的运行线。

在有条件的线路上，如宁杭、沪杭高速铁路开行环型或半环型列车。加强动车组车底运用组织，注重市场需求、开行方案、车底调配三者结合的深化研究。考虑到高峰时段的列车开行，编图时要贯彻一次铺画、按需开行的理念，编制中要全盘考虑图的整体，把所有列车数量都安排好，在实际组织中，结合每日的客运需求状况，根据日计划合理设计列车开行对数。

现阶段国铁集团每季度一次定期召集各铁路局集团公司运输、客运、机务、车辆等相关部门人员集中编制列车基本运行图，每年春运、暑运前召集各铁路局集团公司集中编制春运、暑运分号运行图，其中跨局列车运行线由国铁集团组织各铁路局集团公司协同编制，各局管内列车运行线由铁路局集团公司负责编制。各铁路局集团公司编图人员统一在国铁集团的编图专用服务器上，利用列车运行图编制专业软件完成跨铁路局集团公司和管内列车运行线的铺画及相关参数修改。编图周期结束后，各铁路局集团公司将编制完成的客货列车运行图和相关技术资料、运输生产指标，以及列车运行图数据库上报国铁集团核备。铁路局集团公司由客运、运输等部门不定期组织相关站、段专业编图人员，集中编制各类集团公司管内小长假图及施工分号图等。国铁集团与各铁路局集团

公司参与编图的权限与分工协作如下。

(1) 具体权限。直通旅客列车、主干线上旅客列车由国铁集团统一协调，管内旅客列车由铁路局集团公司自行编制。

(2) 具体方法。由国铁集团运输部负责，编图软件灌装 LKJ（列车运行监控记录装置）数据、标尺及追踪、会让等技术条件，可自动进行人机对话完成列车运行线编制，再根据需要进行人工修正。

(3) 办客站的确定。直通旅客列车办客站由担当局与经由局商定，国铁集团统一协调。

(4) 其他内容。车站股道运用、三固定、车底出入库安排、车底编组、机车或司机交路，均由人工安排。旅客列车开行方案落实与调整、汇总，包括办客站、车底交路、动车组走行公里、编组、时刻表等重要信息，均由客运编图人员手工完成。

列车运行图的计算机编制是列车运行图智能化编制的基础，随着运营线路里程的不断增加，软件的智能化水平亟待提高，需继续投入力量对运行图编制软件进行升级，在计算逻辑、计算方法、输出类别、导出功能及数据库扩容等方面加以改进，以不断提高其智能化水平。目前计算机编制列车运行图存在的主要问题如下。

(1) 人工维护的数据量巨大。当前列车运行图编制系统采用点、线、图的逻辑编写程序，大量的基础参数包括道岔、股道、车站、区间、线路、技术标尺、慢行附加时分、客运（技术）停站、列车间隔、列车属性、列车进路、天窗设置、图面显示及显示分段等具体参数均需要人工维护，随着新线不断开通，大量新设备陆续投入使用，列车开行种类增多，基础数据量不断增加，人工维护的风险增大，系统的可靠性降低。

(2) 编图系统不能与其他数据库完全共享数据。列车运行图编制系统相对独立封闭，与其他数据平台信息共享不足。每次新图公布后，编图系统的数据不能直接全部交换到调度系统、铁路客票系统、铁路客服系统、车站股道编制系统，运行图系统与其他系统间的数据交换均需由人工操作导入，未能真正实现与其他系统数据信息的全面共享，自动化作业程度低，数据交换过程中的安全风险增大。

2.3.6 列车运行图智能编制管理对策

列车运行图的编制管理水平是铁路运输企业服务水平的参考，只有与时俱进，根据铁路技术设备设施发展水平和运输物流的发展趋势，不断提高列车运行图编制技术能力和管理水平，编制高效、合理的列车运行图才能满足客运市场需求，适应现代化铁路企业的发展。提高列车运行图编制技术能力的前提是编图工具的高度智能化。这包括提高列车运行图编制系统 V4.0 的数据处理能力，实现基础数据和编图数据的智能化和动静态管理，减少需要人工处理、维护的数据量，使系统逐步实现对线路、车站、区间、列车种类、列车径路、运行标尺、列车特征、间隔约束、天窗时间、显示分段参数等基础数据和编图数据的动静态管理；加强系统的数据共享功能，建立开放化系统接口，实现列车运行图编图基本数据与调度系统、客票系统等的信息交换和数据共享，以及与"12306"网站、"95306"网站的直接对接，确保全路信息的同步与统一。

由于列车运行图涉及面广、影响因素繁杂，其编制难以用特定的模型进行描述，有些因素还难以用数学公式表达，有些因素之间的关系甚至相互矛盾和相互制约。对于这样一个多目标、复杂的 NP 问题（非确定性多项式难题），要通过数学模型和相应的求解算法得出令人满意且都符合实际的列车运行图难度不小。随着高速铁路网络的逐步成型，有关部门需进一步加强针对成网条件下高速铁路列车运行图的编制管理体系研究，通过大数据、云计算处理，建立智能化数据共享平台，深度整合参与编图的各级部门的优势资源，突出高速铁路运行图在经营管理中的基础地位，以不断提高列车运行图编制管理水平。

2.3.7 施工天窗设置与施工组织方式

2.3.7.1 施工设置方式

为保证列车的行车安全，高速铁路一般在夜间 0:00～6:00 设置 4～6 小时的综合维修天窗。综合维修天窗是指，在运输生产过程中固定预留的，可供工务、电务、通信等部门对设备进行施工和维修的时间，按用途可分为施工天窗和维修天窗。天窗的开设形式主要有"V"形和矩形（垂直形）两种基本形式，在此基础上相互组合可演化出各种不同的天窗开设形式，以满足不同线路的综合施工维修作业需求。目前常见的天窗形式可分为垂直矩形、"V"形、

"Y"形、"r"形、"X"形、平行矩形、隔日单向矩形、双向分隔式矩形、分段垂直矩形等天窗模型。其中垂直矩形和"V"形天窗是高速铁路线上常用的天窗模型。

1. 垂直形矩形天窗

垂直形矩形天窗是指在0:00～6:00时间范围内，确保其中4小时上下线均停电，进行全线上下行方向同时施工的天窗作业。

其优点是综合维修时不受列车影响，维修作业效率和安全性相对较高。其缺点是对夜间列车运行的影响较大，降低了列车的运行速度，造成通过能力的下降。同时区域内的所有列车都需在车站等候天窗，这对车站的到发线等设备通过能力有极高的要求，而且在天窗结束后，大量高速列车在车站停靠，需要对高速列车密集发车，致使车站工作组织更加复杂。图2.10为垂直形矩形天窗的示意图。

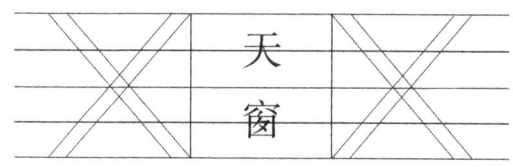

图2.10 垂直形矩形天窗示意图

2. "V"形天窗

开设"V"形天窗是指在天窗时间内，运行图的上、下行方向安排一线组织列车按单线行车，另一线维修施工天窗。在运行图上，上下行共存在两个综合维修天窗时间段。

"V"形天窗在天窗时段内提供了单线行车通道，可保证全天内均可行车，便于日常运行调整，同时也降低对夜间行车的影响。但由于上下行一线维修、一线行车，将会产生如下问题：

（1）导致两线作业相互干扰，降低了维修作业和列车运行的安全性。

（2）采取"V"形天窗的开设形式并不能解决渡线检修问题。

（3）上下行分别设置天窗时间，会增加天窗维修作业的总时间，导致影响区变长，可能会影响日间高速列车的日间发车。

（4）"V"形天窗的开设会极大地影响逆天窗运行方向列车的旅行速度。

图2.11为"V"形天窗的示意图。

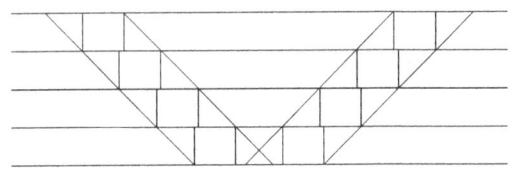

图 2.11　"V"形天窗示意图

3. 混合形天窗

（1）"Y"形天窗、"r"形天窗和"X"形天窗。

天窗的基本形式为垂直形天窗和"V"形天窗，除此之外还有其他形式的天窗，例如"Y"形天窗、"r"形天窗和"X"形天窗。上述三种形式的天窗均为垂直形矩形天窗或"V"形天窗的组合或变形所得，具有两种基本天窗的特点，多为既有线天窗的选择形式。

其中"Y"形天窗是将天窗分为两端，分别开设矩形天窗和"V"形天窗。此天窗的优点是在天窗内利用列车间隔时间，天窗时间无列车运行，增加了维修作业时间。其缺点是重合矩形天窗与"V"形天窗相邻处有较多的时间浪费，通过能力损失较大。图 2.12 为"Y"形天窗的示意图。

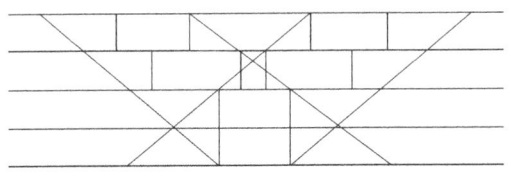

图 2.12　"Y"形天窗示意图

"r"形天窗是指在整个区段中，按上下行方向分别设置天窗，其中一方向为矩形天窗，另一方向为有重合的阶梯形矩形天窗。使用这种天窗类型可以确保其中一个方向的列车运行速度得以提高，而缺点则是组织反方向行车时，由于天窗内有列车运行，存在安全隐患，同时对另一方向的列车运行速度存在影响。图 2.13 为"r"形天窗的示意图。

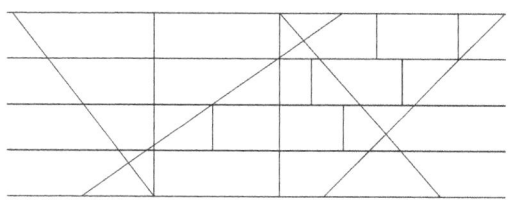

图 2.13　"r"形天窗示意图

"X"形天窗把高速铁路线上的某个区段或是全线分为两段,分别开设"V"形天窗,因此它具有"V"形天窗的优点和缺点,但它比"V"形天窗占用的相邻天窗开设时段的范围要小,适合在较长的线路或区段上使用。图 2.14 为"X"形天窗的示意图。

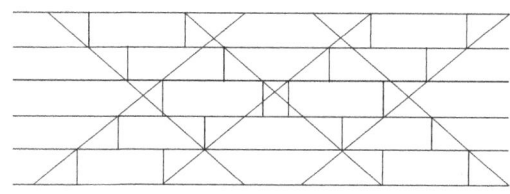

图 2.14　"X"形天窗示意图

(2) 平行矩形天窗。

在某一个区段上,分上下行方向分别构成两个互不重合的矩形天窗,这一天窗形式可解决列车运行线铺画的问题,全天都可以运行列车,但是由于占用了较多的日间发车时段,不利于白天发车,同时维修作业会对行车作业造成一定的影响。图 2.15 为平行矩形天窗的示意图。

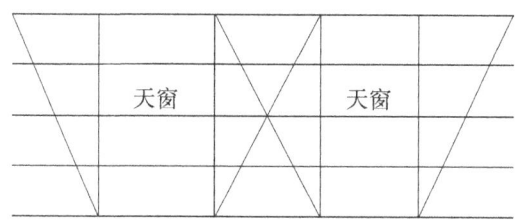

图 2.15　平行矩形天窗示意图

(3) 隔日单向矩形天窗。

这种天窗具有矩形天窗的优点,使用该天窗形式时,运行图将上下行维修施工工作按单双日分开,一线单线组织列车运行,另一线进行天窗施工。这种形式存在维修作业与临线行车之间的相互干扰问题。

(4) 双向分隔式矩形天窗。

图 2.16 为双向分隔式矩形天窗示意图,天窗时间上下行均提供 1 小时时间安排需要通过的列车运行,如图 2.16 中阴影部分所示。其余时间用于维修天窗。该形式具有垂直矩形天窗和"V"形天窗的特点,解决了"V"形天窗开设范围太大以致影响白天发车的问题,而且组织一线施工、一线行车也解决了列车运行图铺画的问题。但这同隔日单向矩形天窗一样,存在维修作业与临线行车之间的相互干扰问题。

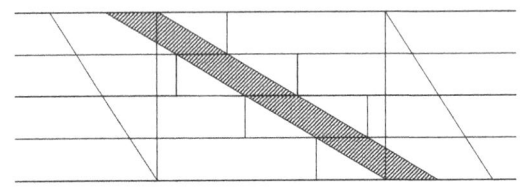

图 2.16 双向分隔式矩形天窗示意图

(5) 分段垂直矩形天窗。

分段垂直矩形天窗是指将高速铁路线分为多段,分别开设垂直矩形天窗,并按照一定的倾斜方式排序,确保上、下行每一区段均得到了综合维修。其优点表现为列车运行时间与天窗时间不相互干扰,维修作业效率和安全度较高。其缺点主要是对对向的列车运行造成的影响较大,且对列车运行图的铺画造成一定限制。

图 2.17 为分段垂直矩形天窗的示意图。

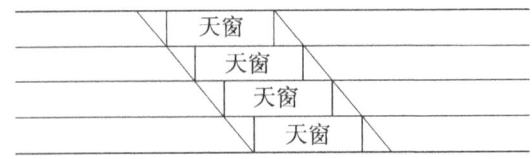

图 2.17 分段垂直矩形天窗示意图

2.3.7.2 施工管理系统

施工管理系统是集计划上报、审批、执行,基础用户及数据管理为一体的综合应用管理系统。它建立统一的用户及数据运维平台,实现营业线施工计划、邻近营业线施工计划、天窗修计划系统的智能上报审批，保障现场实际登销记作业的电子记录。

1. 邻近营业线施工管理系统

邻近营业线施工安全监督计划分月、周、日三个层次，进行网上申报、审核、审批和下达，系统具备包括施工月计划、施工周计划、施工日计划、正式计划、监督检查、系统参数设置、权限管理等功能。涉及单位与部门包括施工单位、监理单位、建设管理单位、车务站段、设备管理单位、审核部门、审批部门等。不同类型的单位相应权限可以根据分配页面卡控，最终通过系统实现计划上报规范、计划审核及时和监督检查有据可依的目标。

2. 天窗修计划管理系统

该系统能够按设定的模板和天窗结合共用原则，完成维修周、日计划的申报与下达，实现大部分维修计划自动平衡，对施工与维修、维修与维修的计划冲突进行提示和控制，针对调图进行了预约处理，实现对天窗计划的精细化管理。

3. 电子登销记系统

电子登销记系统（运统-46）保证了作业执行过程的规范性、及时性、准确性，并为确保行车安全、切实提升行车组织的信息化水平奠定了坚实的基础。

4. LKJ（列车运行控制记录装置）施工数据安全管理系统

这一系统实现LKJ数据的提报、审核、发布，为多专业维护、查询和共享提供统一的平台，不仅能对数据源头进行卡控，而且提供相关风险提示，保证多专业数据变化的安全联控。

5. 施工用户与数据管理系统

统一各相关系统的通用信息，提高管理效率，为相关施工管理系统的数据交互奠定基础，也为实现施工大数据分析提供保证。

2.3.8 动车组列车办客股道智能化系统

根据《铁路技术管理规程》规定，动车组列车在车站办理客运业务时，须固定股道、固定站台、固定停车位置。动车组列车停站办客股道安排表（简称办客股道表）是办理动车组列车接发及客运业务的依据，编制准确、高效、动态化的办客股道表是铁路运行图技术管理水平提高的重要标志。例如：根据

2019年统计数据，上海局集团公司基本列车运行图开行动车组旅客列车695对，共计10 956个动车组列车停站需要填报办客股道表并公布实施。填报办客股道表时，需运输、客运、机务、车辆等系统的相关人员（一般40人左右）集中一周时间来完成，随着商合杭、连盐、徐连、沪通等高铁客专铁路的开通，市场化列车运行图编制周期的缩短，后期办客股道表填报工作量和安全压力不断加大。为提高办客股道表编制效率及准确率，降低编制成本，需要先进的信息化处理平台来代替以前的人工作业。

1. 人工编制办客股道表作业流程及弊端

人工编制时，由于办客股道表在编制时经历分发、填报、汇总、编辑、二次调整等多个步骤，容易产生差错。人工编制办客股道表作业流程如下。

（1）从列车运行图编制系统数据库中导出时刻表并清除相关时刻内容，人工编辑成各线路办客股道样式。

（2）将空表分发给各相关站（段）列车运行图分管人员，由各单位组织现场车间及作业人员人工填记本单位相关内容后，汇总发回至运输处列车运行图专职工程师，由运输处运行图专职工程师将所有涉及车站（车务段）的填报反馈表进行人工汇总。

（3）对汇总后的办客股道表进行编辑，删除无列车停站车站及线路所等非办客站，并对部分区段表所处位置进行合理布置。将汇总后的办客股道表分发回各相关单位进行二次人工核对，并根据现场请求，对部分因同站台旅客对流、重点任务安排较多、二次安检困难等不合理的股道安排予以再次修改。

（4）将核对后的办客股道表按线路进行排序后作为附件编入列车运行图文件，根据编图总体安排。

2. 高速铁路动车组列车办客股道智能化系统可行性分析

（1）当前列车运行图中办客股道表的编制全是各集团公司人工编制的，随着铁路市场化运营改革的深入，客车"一日一图"服务模式的推进，列车运行图的调整会越来越频繁，编制和公布办客股道的工作量越来越大，动车组列车办客股道智能化系统将成为今后高铁列车运行图编制的有力辅助工具，可为集团公司专业部门及站段主管运行图工作人员提供实时交互的工作平台，将大大提高工作效率，降低差错率。

（2）列车运行图编制系统升级至V4.0以后，提供了TDCS（列车调度指挥系统）接口数据文件、机务数据接口文件、客票数据系统接口文件等相关数据库的不同形式的数据文件，利用 TDCS 接口数据文件中的 KHSK 数据接口数据库，可实现对列车所有信息的数据化与格式化，并可对数据进行编辑，为开发动车组列车办客股道智能化系统提供了可能性。

3. 基于浏览器 B/S 架构的办客股道智能系统

（1）源文件分析及导入。列车运行图编制系统导出的 KHSK 数据接口文件是文本格式文件，采用 UTF-8 编码，字段用 Tab 分隔，每一行为一条完整记录。一开始采用 BS 解码方式，即文件上传服务器后，在服务器端进行解码入库。由于文件记录条数偏多（上海局集团公司的文件记录条数为 10 万以上），解码时间过长，遇到错误不容易调试，后决定采用 CS 解码方式，即在客户端进行解码，使用 Regex 进行数据校验，对数据进行整理清洗后，采用 SQLServer 数据库控件将数据上传至数据库服务器，形成列车时刻表基本信息数据库。

（2）列车运行线路分析。有了列车时刻表以后，还需要分析某一列列车在哪几条高铁线上运行，每条线的运行方向是什么。出于客运市场需要，一趟高铁往往要经过多条高铁线，而且在每条线上的运行方向各不相同。如 G1884/1，从砀山南接入局管内，走郑徐高铁上行到徐州东，转京沪高铁下行到南京南，转宁杭高铁下行到杭州东，转沪昆高铁下行到义乌，转金温线下行到温州南，沿途经过 5 条高铁线，其中郑徐高铁走上行，其他线路走下行。

对单线车站很容易判断，即根据经由站判断所属高铁线，再对比列车运行顺序和高铁车站顺序判断上下行，如镇江南站，只属于京沪高铁。对共线站（有多条高铁线经过的车站）则比较难判断其所属线路和上下行方向，上海局集团公司管内共有 30 个共线站，最多的是杭州东宁杭甬场和南京南宁杭场，分别有 4 条高铁线路经过该站。对经由共线站的车次的判断，系统采用模拟列车运行的方法，即从始发站（或接入站）出发，标记所属线路，和第二站进行对比，判断列车行别，如第二站属于共线站，则跳开该站，继续看第三站，如第三站仍属于本线，则标记第二站为本线，如第三站属于其他线路，则标记第二站分别属于 2 条线路。如此递归，直至终到站（或交出站）。这种模拟运行的方法判断较为准确，基本符合业务实际和业务需求，但是上海局集团公司有个特殊情况：如徐州东是京沪高铁和郑徐高铁的共线站，又是局管内接入站，枣庄方向（京沪高铁）开来的 G290/87 在徐州东转郑徐高铁，时刻表的第一站就是徐州东，用这种模拟运行法来判断，第一站徐州东是共线站则跳开，第二站是萧县北属郑徐高铁则标记第一站是郑徐高铁。实际上，该车次是从京沪高铁转过来的，在时刻表中，京沪高铁徐州东站应该有一个点。为解决这个问题，在导出 KHSK 数据接口文件时，需将接口站外延至枣庄，这样经由计算时就能将京沪高铁计算在内。在输出时，需将枣庄站隐藏起来。

（3）办客股道填报。系统采用 Web 在线填报方式。填报前填报人员首先按站段认领高铁站，系统根据用户所属站段，提供有停点（始发、终到、到开）的车次、停靠站和到开点信息。同时提供前一站和后一站的站名、到开点信息，便于用户识别列车运行信息。用户填报列车办客股道后保存递交，完成填报。另外，考虑到临客图是在基本图上增开和调整列车，大部分车次是相同的，为减轻用户输入工作量，避免输入错误，系统提供导入基本图功能，将基本图上车次相同、停靠站相同的股道信息复制过来，用户导入数据后再进行少量修改，即可完成填报作业。局界与方向如图 2.18 所示。

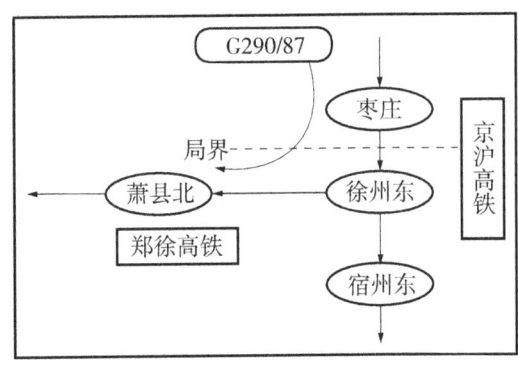

图 2.18　局界与方向

（4）数据输出。系统对数据输出有较高的格式要求，为此，系统采用 FineReporter 报表软件进行最终结果输出，该软件采用"所见即所得"方式，可灵活配置报表参数和样式，具备导出 Excel、Word、Pdf 功能，减轻后期开发维护工作量。为符合输出格式要求，输出前要对数据进行预排版。首先按线路名和上下行方向进行分组，同一组内按车次的数字部分进行排序，然后按每 13 个车次进行换表（一个表格内最多排列 13 个车次），表格横轴是车次，表格纵轴为该高铁线的所有车站。搭好表格框架后将股道信息填入表内对应单元格。预排版后交由报表软件进行输出。输出时利用报表软件对格式进行微调，如果某停靠站在该表内都没有办客作业，则删除该停靠站所在行；如果某车次在某站有停点而没有填办客股道信息，则单元格标红提醒管理员是否漏填；设置表格内部不分页，避免跨页断表；设置分页后重复出现线路名。经过上述微调，输出表样基本符合格式要求，经人工少量修改后可送印刷厂打印。

（5）其他辅助报表。根据工作需要，系统还可输出其他辅助报表，举例如下。临客对比图：将临客图和基本图进行对比，查找增开临客、停开基本车次、调整过运行时刻和股道的车次；车站时刻表：将停靠站为该站的列车按停靠股道进行汇总输出；分线路列车时刻表：按照时刻表样式（到开点或通过点），输出该线路列车运行时刻表。

系统灵活采用 CS+BS 的架构，将复杂耗时运算交由 CS 完成，将参与人数较多、需要人机交互友好的填报工作交由 BS 完成。在列车信息导入时对数据进行智能校验，在列车线路判别上采用模拟运行法计算经由，计算结果符合实际运行。在报表输出时采用业内较为先进的报表软件，根据业务需要灵活配置和调整报表输出内容，输出结果满足印刷要求。该系统运行后节省了大量的人工和时间，大大提高了工作效率和数据准确性。

2.4　动车组交路计划

2.4.1　概述

我国高速铁路普遍采用的动车组按状态分为运用、备用、检修组别。运用动车组是指担当旅客运输（含确认列车）或试验任务的动车组和热备动车组，即以旅客列车车次开行的动车组和热备动车组。其中热备动车组是指停放在动车基地或动车存放点内，技术状态良好、作为应急备用、随时可以上线运行的动车组。备用动车组指停放在动车基地等动车存放点内，不上线运行的动车组。检修动车组指正在实施一至五级检修、临修、技术改造及待修的动车组。其中临修动车组是指临时发生故障需要修理的动车组（若由临修转为其他修程时，则由临修时起按其他修程统计）；待修动车组是指准备实施检修的动车组。

动车组的运用方式主要包括以下三种。

（1）固定运行区段的运用方式（简称固定运用方式）。此类运用方式与既有铁路客车车底的运用方式一致，动车组只在固定的区段内往返运行。固定运用方式又可分为站间固定运用方式和两区段运用方式，如图 2.19 所示。在固定运用方式下，各动车组在固定的区段内运行，运用组织比较简单，但是不利于动车组的检修。一方面，在动车组检修期间需要有一定量的备用车组来代替，如果备用车组由各区段分别配备，则备用动车组数量较大且利用率不高。另一方面，由于动车组的维修技术复杂，设备昂贵，所以只能集中配置，其维修作业需集中在动车组维修基地进行。对与维修基地不相邻的区段，要维修的动车组必须专程送检，事后又需专程回送。

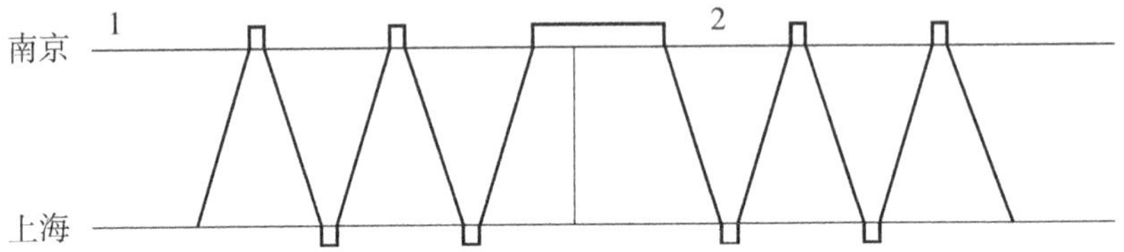

图 2.19　动车组固定运用方式示意图

（2）不固定运行区段的运用方式（简称不固定运用方式）。不固定运用方式以全线（或线路网）为系统，统筹考虑动车组的使用与维修来安排动车组的运用。也就是说，在假定各动车组无差别的前提下，不固定动车组的运行区段，根据需要和可能，可以在任何区段之间运行，如图 2.20 所示。不固定运用方式能够较好地解决运行与维修的配合问题。动车组有多种运行线可以选择，可以较好提高动车组的使用效率。因此，动车组不固定运用方式是比较合理的方式。

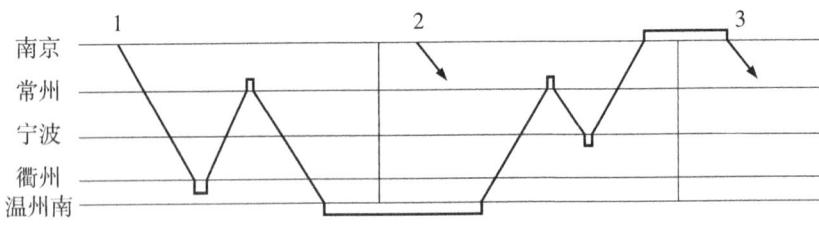

图 2.20　动车组不固定运用方式示意图

（3）半固定运用方式。其指部分动车组采用固定运用方式，而其余动车组采用不固定运用方式。它是介于固定运用方式和不固定运用方式之间的一种方式。

2.4.2 动车组运用计划

动车组运用严格按照事先编制的动车组运用计划执行。动车组运用计划包括动车组交路计划和动车组车辆分配计划（含动车组检修计划）。动车组交路计划规定动车组按什么顺序担当列车，并指定每一动车组担当的具体交路，动车组交路计划与列车运行图一同编制。检修计划规定动车组在基地检修的时间、内容、检修线等具体项目，供动车组基地检修使用。动车组运用计划由运输计划组织部门编制。图 2.21 给出了动车组运用计划的实例。

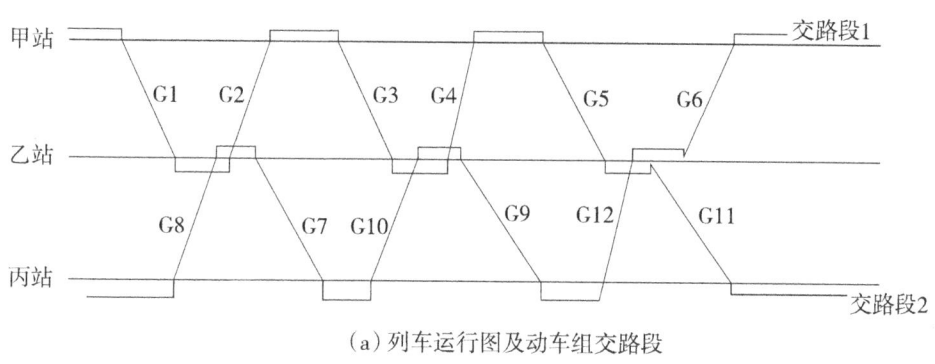

(a) 列车运行图及动车组交路段

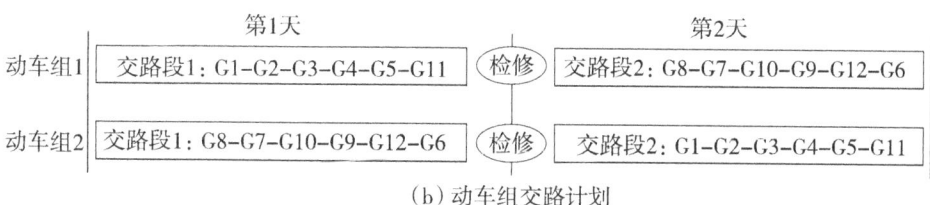

(b) 动车组交路计划

图 2.21 列车组运用计划实例

动车组交路计划是指动车组两次一级检修间的运用计划，动车组交路的起点和终点都是检修基地。图 2.21a 中，按照动车组折返时间等作业时间要求将列车运行线组合成 1 列动车组 1 天的运用计划，称为一个动车组交路段。图 2.21b 将动车组交路段组合为动车组交路，生成动车组交路计划。

由于旅客需求、动车组归属、动车组种类等的不同，动车组运用计划可以分为不同的类型。

（1）平日运用计划与假日运用计划。平日和节假日旅客需求的不同，体现在出行的时间、密度、方向等各个方面，为适应这种需求，在平日和节假日分别采用不同的运行图，因此动车组运用计划分为平日计划和节假日计划，动车组平日按平日计划运用、节假日按节假日计划运用。

（2）单基地与多基地动车组运用计划。列车运行图由一个动车段（所）配属的动车组担当，所作的运用计划为单基地动车组运用计划。如果列车运行图由两个以上基地配属的动车组担当，相应的计划为多基地动车组运用计划。在编制多基地动车组运用计划时，对运行图中的哪些列车由哪个基地的动车组担当一般没有具体规定，由编制人员综合考虑各基地的情况和动车组的运用效率确定。

（3）单车种和多车种动车组运用计划。以列车运行图上的列车采用同一种类型的动车组担当，所对应的计划为单车种动车组运用计划，如果运行图上的列车由不同种类的动车组担当，所对应的计划为多种类动车组运用计划，在编制多车种动车组运用计划时，对运行图中的哪列列车由哪种动车组担当没有完全规定。

以上各种动车组运用计划可根据需要进行组合，形成组合动车组运用计划，例如单车种单基地平日计划、单车种多基地节假日计划等。

2.4.3 动车组运用计划编制方法

动车组运用计划包括动车组交路计划与动车组车辆分配计划两部分。

1. 动车组交路计划及编制方法

动车组交路计划是在给定动车组的种类、数量、运载能力、检修周期，检修地点的检修能力及其他运用规则等条件下，考虑使用的动车组数量、检修次数和检修的均衡性，安排可以完成给定列车运行任务的动车组使用方案。

动车组交路计划包含动车组担当列车的时间、车站、车次，或对动车组一级检修及二级检修的时间、基地及检修级别等内容。

编制动车组交路计划需考虑下列主要影响因素：列车运行计划，这是编制动车组交路计划的基础；动车段（所）的设置；动车组的修程、修制；有接续交路时的最短接续时间；计划实施日动车组的可用情况；动车组的各级检修和走行里程等履历信息；一段时间内各动车组间工作量的均衡；动车段（所）容量约束，如在各动车基地（所）停留的动车组数量不能超过规定的数量，计划中使用的动车组数量不能超过规定的有效的动车组数量；动车组类型匹配约束，如当基本列车运行计划上的列车使用不同种类和不同编组的动车组运行时，不同种类和编组的动车组之间不得混用。

动车组交路计划的编制可以分为以下几个阶段。

（1）编制资料的收集与整理。这一阶段主要收集、整理动车组交路计划编制相关的基础信息与技术资料。

（2）动车组交路的编制。这通常与列车运行计划的编制一起进行，考虑动车组的一级检修和其他必需的约束条件，确定动车组担当列车运行线、进行一级检修的时机和地点。

（3）动车组交路调整。计划编制人员应能够根据业务需要和经验，对车辆进行分配和调整。

（4）合理性检查。这一类型的检查应考虑是否满足各种约束条件、动车组数量是否可以接受、运行线是否全部指派动车组交路以及与基本列车运行计划的适应性如何等因素。在编制动车组交路的基础上，可对列车运行方案进行评价，从优化动车组交路的角度出发，对列车运行计划的优化调整提出反馈意见。

（5）动车组交路计划指标统计。其包括需要的最小动车组数量，平均走行里程，平均运用时间，平均担当的运行线数量，平均接续时间，动车组空车走行数量、里程等。这些指标可用来衡量所编制基本动车组交路计划的质量，确定每个动车基地需要配置的动车组数量，分析改进方案等。

2．车辆分配计划及编制方法

车辆分配计划是考虑客流需求、动车组交路计划、车辆类型与数量、动车组配属、动车基地与运用所的设置、动车组的修程和修制、动车组的履历、动车组之间的工作负荷均衡、减少动车组空车走行、车辆运用的其他规定等因素，为动车组交路指派相应动车组的技术性文件。车辆分配计划包含列车车次号、动车组号、编组、接续运行进路和时间、动车组出入段地点、动车组回送及接运计划等多项内容。

编制车辆分配计划需考虑下列影响因素：列车运行计划；动车组交路计划；计划实施日前的基本车辆分配计划；动车组的各级检修和走行里程等履历信息；动车基地和运用所的设置；有关动车组修程、修制的规定；动车组之间工作负荷的均衡等。

根据当日交路计划、前一日车辆分配计划、更换车底调度命令、车辆状态、动车编组与动车检修计划等资料，给相应交路分配车组号，形成车辆分配计划。

编制过程中每个动车组始终携带编号、种类、配属基地以及动态变化的各级检修历史记录和走行公里等属性信息，确保编制的车辆分配计划满足各项要求，同时尽可能使每个动车组在一定周期内担当的交路数量和走行公里比较均衡，实现动车组的均衡利用。

车辆分配计划的指标包括动车组平均走行里程、平均运用时间、平均担当的运行线数量、平均接续时间等，这些指标可用于衡量基本车辆分配计划的编制质量。

2.4.4 动车组运用计划的调整

1．保持计划交路原则

当某动车组改变运行任务后，其下次承担任务首先应考虑当前任务所属交路的接续任务，而不是原计划中该动车组的其他任务。另外，在选择动车组时，尽量不使用有接续任务的动车组，以减少后续的调整工作。

2．优先级原则

动车组运用紧张时，优先保证等级较高的列车，一般情况下长途列车优先于短途列车；有接续任务的列车优先于无接续任务的列车；接续任务为紧交路的列车优先于接续冗余时间较多的列车。

3．效率原则

当有两个以上动车组可承担列车运行任务时，要考虑不同动车组的自身情况，主要包括按原计划动车组是否有下次接续任务、动车组的状态、动车组停留地点、动车组最早可用时间等。一般要选择空车走行距离最短、对列车运行组织影响最少、可用时间最早的动车组。

动车组运用计划的主要调整措施有变更动车组、压缩接续时间、调整检修计划等。压缩接续时间只能在实际接续时间与标准接续时间相差不大的情况下采用，调整检修计划有推迟检修与提前检修两种情况。后两种调整措施适用性较小，最常用的措施是变更动车组。

2.4.5 动车组运用数量的确定

动车组运用数量与车底运用的作业时间标准以及途中旅行时间、行车量的大小、列车铺画方案以及运行线的位置、车底长短途套用程度等因素有关。动车组运用数量可以用分析计算法或图解法确定。

1. 分析计算法

常用的分析计算法一般有时间相关法和里程相关法两种方法。

（1）时间相关法。

动车组周转时间的计算公式为：

$$\theta_{车底} = T_{基} + T_{折} + 2T_{旅}$$

式中，$T_{基}$ 为动车组在基本段的作业时间标准，小时；$T_{折}$ 为动车组在折返段的作业时间标准，小时；$T_{旅}$ 为动车组列车在途中单程运行的时间，小时。

在动车组固定区段使用条件下，动车组运用数量由下式确定：

$$N_{运用} = \theta_{车底} \cdot K_h$$

式中，K_h 是每小时平均发出列车数，列。

（2）里程相关法。

里程相关法的计算公式为：

$$N_{运用} = L_{列} / \bar{L}_{列}$$

式中，$L_{列}$ 为基本运行图中动车组的列车公里数，公里；$\bar{L}_{列}$ 为平均每一列动车组的日均走行公里数，公里。

2. 图解法

这一方法是根据动车组开行方案图绘制动车组车底周转图，从周转图上直接查得需要的车底数。图解法确定车底需要数的方法又包括两种。一种是标箭头法，即在车底的一个周转内将所有从车底配属站发出的列车都用箭头标在图中，车底数可从客车车底周转图上的箭头直接查得，如图2.22所示。

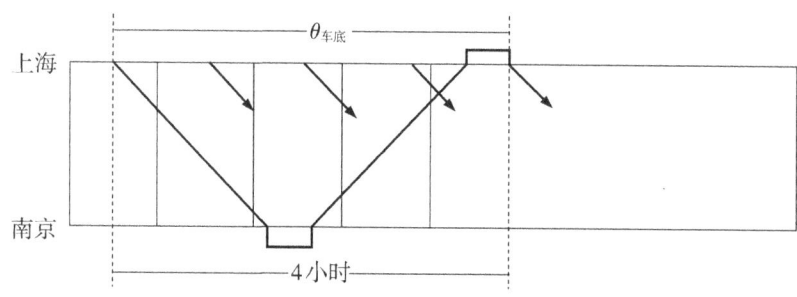

图 2.22 固定区段运行动车组车底周转图

另一种是数交点法,将一个周转时间内动车组的所有运行和停留线都画出,然后在一个周转时间内取任意位置作竖直截取线,截取线和运行线或车底停留线的总的交点数即车底的需要数,如图 2.23 所示,该对旅客列车车底需要数为 4 组。

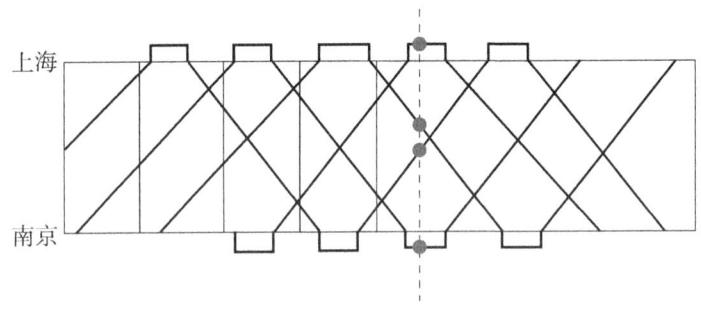

图 2.23　图解法确定车底需要数

综上,在目前的既有研究中,动车组运用计划编制优化问题主要涉及数学问题转化、运用场景选取、目标函数构造以及求解算法设计 4 个方面,既有研究较少涉及动车组运用计划中相邻列车任务接续的可靠性问题。动车组一般按时刻表执行交路段中的各运行任务,但实际中可能出现由突发事件或随机扰动造成的晚点情况,如列车到达晚点、检修(整备)任务完成晚点和空车调拨到达晚点。这类晚点会影响动车组在要求时间内完成接续和周转,即降低了接续可靠性。动车组接续延误会产生额外的运营调整和人员费用,所以在编制动车组运用计划时,应在降低接续时间成本的同时保证较高接续可靠性。例如,可结合我国动车组日常运用中的需求,基于运用网络图,应用晚点分布函数和概率论定量分析动车组接续可靠性,构建考虑动车组检修和热备的运用计划优化模型,设计基于蚁群算法的模型求解算法,并通过算例研究验证。可用的方法层出不穷,包括可接续方法、启发式算法等,但目前基本没有在动车运用所中运用,这里不一一赘述。目前的发展趋势是将动车组运用计划编制统筹在动车组 PHM(预测与健康管理)系统中一并考虑。

2.5 智能乘务

2.5.1 概念分析

智能乘务整合运管、客票、旅服、办公、收入、调度、库保、动车检修等资源，搭建智能乘务作业平台，围绕一列旅客列车的业务全流程，从列车作业保障入手，着眼于非正常作业情况下的快速处置，实现列车兑现和列车服务的自动化运营。智能乘务主要实现以下功能。

（1）实现旅客列车业务全流程信息化。长期以来，客运信息系统的重点放在车站，而较为忽略乘务管理。目前服务备品、乘务排班、车底编组、机车或司机交路等均还由人工安排，智能乘务首先要实现这部分作业的信息化处理，填补企业内部信息数字化空白。

（2）信息共享，减少信息不对称。一列旅客列车的兑现包括开车依据、车底、司乘人员、服务备品、机车、整备、上道、乘降、途中、退乘等多个环节，涉及动车所、客技站、车机工电辆（铁路五大系统）、供电、供水等多家单位，常常出现信息不对称的情况，智能乘务作业平台可对接各个环节的信息系统，打通信息壁垒，实现信息快速流动、实时共享。

（3）科学作业流程。智能乘务作业平台提供作业优化策略，实现业务流程的合理优化，例如通过分析保洁作业计划与动车检修计划之间的关系，对即将进行动车一、二级修的列车不再进行库保以避免重复劳动，等等。

（4）多点多中心指挥和社会化生产。乘务作业的特点是小型化、分散化、移动化，智能乘务将各类信息快速传递，形成以段、车队、班组为主的多点、多中心指挥体系，通过智慧出行平台协调站、车、路内、路外资源，实现生产在更广泛、更深入的程度上社会化。

（5）网络式管理模式。基于融合通信和移动互联技术，智能乘务将采用小型分散化的水平网络式的新型管理体制，代替集中、庞大而又互相牵制的传统金字塔型的体制结构，无论是作业任务、旅客需求还是突发事件，都通过智能移动终端与后台实时交换信息，车长、乘务员、保洁、机械师以及各级管理人员，组成一个个网络管理单位，实现客运管理创新尝试。

（6）评价与反馈。智能乘务平台积累的数据，不仅为乘务、保洁等提供考核、评先依据，为联劳协作提供改进依据，而且为流程再优化提供参考。

2.5.2 高铁客运"智能乘务"平台

1. 构建目标

围绕旅客列车完整的运营流程，将相关信息流进行汇集、运用进而优化乘务业务流程是"智能乘务"的重要建设目标。高铁客运"智能乘务"平台建设目标可分为两个层次。一是实现基础信息化，将乘务工作中的各项数据信息进行系统录入，解决信息的传递、处理、汇总等问题，形成有效的列车信息包，如在途列车信息系统、视频管理系统、仓储管理系统等。二是实现乘务管理决策的信息化，如调令传输、应急处置、乘务排班等综合管理信息系统，通过强化综合管理控制能力，为安全生产提供保障、为优质服务提供支撑、为高效管理提供保证。具体包含以下四个方面。

（1）建立信息平台。以面向现场生产、辅助决策管理为原则，将涉及列车整备、途中作业、终到退乘等不同作业环节的信息进行全面汇总、梳理、加工和完善，形成有效的基础信息数据库，便于信息获取，并对信息运用过程进行完整的追踪，掌握数据流来源、去向，为决策提供依据，实现相关信息的全面开放和共享，提高管理和生产效率。

（2）形成数据体系。即形成具有一个数据节点和多个数据支点的体系。数据节点是各客运段及相关多经公司的生产指挥中心，通过集成控制，成为乘务作业体系的主干；数据支点即列车长的手持终端，生产一线的数据源，通过手持终端进行基础信息录入，实现作业及服务相关数据的上传，管理及评价等数据的获取。一个节点与无数支点共同形成有效的指挥网络，形成全局协调一致的集管理、指挥、作业于一体的智能乘务体系。

（3）构建保障体系。其包括设备设施等后勤保障和应急处置保障两方面。主要应用视频、摄录、卫星定位、远程传输技术手段支持乘务现场作业，建立物资采购、库管、配送、库保以及车辆上部设施报修等设备后勤保障体系，建立以广播视频运用为基础的应急处置保障体系，如巡视仪视频管理系统、动车组车厢视频监控系统。前者用于记录列车长在日常巡视、突发事件、站车交接等需要记录时的视频影像；后者真实反映车厢内现场作业动态，为处理旅客伤害、纠纷、投诉等提供真实可靠视频证据，可确保旅客列车安全管理有效实施和保护旅客生命财产安全。

（4）系统进化完善。高铁客运"智能乘务"平台建设，将不同的乘务信息系统进行集成和规划，通过不同信息系统之间的关联，建成同一平台下不同的功能模块，如备品仓储管理系统和乘务交路排班系统。两者之间相互提供决策依据，排班系统即乘务员交路，同时与仓储管理系统发生联动，为低值易耗品供给、作业机具的精准配备等提供依据。不同系统之间依托数据的共享，促进管理作业体系的完善，实现面向旅客服务和乘务作业流程的优化，消除多余环节、优化中间流程，提升作业和管理效率，最终实现利用一个平台解决所有问题。

2. 平台构建框架

"智能乘务"平台建设，旨在构建大乘务框架，解决日常作业和管理中的难点和痛点，以实现高效精准管理、提供现场作业支持、优化旅客服务体验为目标，利用互联网、融合通信等传输手段，综合运用人工智能、综合集成、多源信息融合等信息技术，对乘务大数据进行充分地分析和运用，实现大乘务框架下的智能乘务。

（1）信息来源。"智能乘务"平台通过数据接口获取所需信息，形成有效列车信息包，主要包括车底交路运用、车型、车号、车票预售数据、运行图及调令等信息。

（2）核心功能。智能乘务的核心为应用功能部分，主要是依据乘务信息包数据生成管理决策。其物理基础为融合通信技术、站车 Wi-Fi 覆盖及定制的乘务多功能终端。

（3）主要用户。"智能乘务"平台的主要用户为列车作业人员、客运段生产指挥中心、后勤等客运作业人员和各级管理人员，其应用操作可通过网站、乘务多功能机、手机 App 应用及管理界面等实现。列车作业人员通过乘务多功能机可进行乘务作业、巡视、备品管理及报修等。

3. 高铁客运"智能乘务"平台功能模块

（1）列车作业模块。该模块功能包括趟工作信息包、列车补票管理、服务工单处理、乘客验票验证、站车交接管理、商务 VIP 管理应用等。

（2）质量管理模块。该模块主要实现保洁验收、广播显示验收、巡视检查、作业人员作业质量控制设备报修、其他信息上报等功能。

（3）保洁管理模块。该模块实现保洁计划、作业进度、作业监控、保洁备品机具管理等功能。

（4）应急管理模块。该模块实现应急预案管理、应急备品使用管理、应急联络体系建立、实时正晚点查询及预计晚点时间查询、服务补救管理、热备列车席位更换等功能。

（5）备品管理模块。该模块实现各类服务备品的计划预测、采购、出入库管理、配送、交接及使用，卧具备品清洁、维护，以及备品损坏、缺失反馈及补充确认等功能。

（6）经营管理模块。该模块实现餐食、商品、VIP赠品等经营类物品的计划预测、采购、出入库管理、配送、分发管理、实时销售管理等功能。

（7）广播显示管理。该模块实现广播显示基础数据维护、数据上传车底、库内数据验收、问题反馈等功能。

（8）乘务人员管理模块。该模块实现乘务人员基础信息库、教育培训、考勤管理、人员招聘管理、班组建设、作业设备及乘务员使用备品管理等功能。

（9）乘务排班模块。该模块实现人员需求测算、乘务智能排班、排班管理与发布、乘务交路调整等功能。

2.5.3　高速铁路客运乘务计划智能化

2.5.3.1　乘务计划概念

高速铁路客运乘务计划在动车组车底交路的基础上进行编制，主要内容是乘务单位［亦称"客运（列车）段"］在列车车底交路计划的基础上对客运乘务班组的值乘交路进行科学、合理的安排，形成乘务计划。各乘务班组按照分配的交路进行担当，以保证乘务单位担当的所有车次都能正常开行。乘务计划编制是高速铁路乘务部门组织、管理工作的重要环节，也是客运乘务组织的核心问题之一。

编制乘务计划的影响因素主要有列车运行计划、动车组交路计划、动车段（所）布局、乘务模式、乘务组人员组成、乘务工时等。

1. 列车运行计划

列车运行计划是乘务计划编制的基本依据，其中列车运行线的数量、运行区段、列车等级、沿途停站时分等内容直接影响到乘务计划（尤其是乘务交路计划）的编制。除此之外，由于列车运行计划会对列车接续方案产生一定的影响，而列车的接续情况和接续时间的长短将影响乘务人员（组）的换乘时间长短、是否需用便乘以及便乘次数。所以，列车运行计划的编制结果对编制乘务计划有着深远的影响。

2. 动车组交路计划

根据运输计划编制的流程进行分析，动车组交路计划是高速铁路的诸多运输组织计划的其中一个计划，同时也是乘务计划编制的另一重要基础数据。高速铁路的列车运行计划一定要以一定数量的动车组来完成，而动车组交路计划规定了完成这些任务所需要的动车组接续情况。

动车组的周转接续方案作为动车组交路计划中的一个关键问题，其不仅影响着动车组的运用数量，也对减少乘务人员（组）的换乘次数，以及乘务人员连续值乘同一动车组等方面有着重要的作用。因此，作为乘务计划编制的另一个重要基础数据，良好的动车组交路计划对提高乘务计划的编制质量具有深远的影响。乘务交路计划和动车组交路计划之间应不断优化，以使这两个运用计划的编制结果之间具有更好的协调性。

3. 动车段（所）布局

动车组段（所）是动车车底检修、有关设备设施存储的场地，也是动车组交路计划中动车始发和最后返回的地点。就当下规划的动车段（所）的设置地点分析，动车段（所）通常都设置在路网中的一些网络节点上。

由于高速铁路动车车底是乘务人员完成乘务任务的地点，因此，在高速铁路乘务计划的编制阶段就应该要考虑到动车段（所）的规划地点。若高速铁路动车段（所）的规划设置不合理，则将导致动车的无效走行距离增加、乘务人员运输组织费用提高，同时也不利于动车的养护。此外，动车段（所）的大小将对乘务人员的运用数量、出乘地点产生影响。因此，在乘务计划的编制阶段也要综合考虑动车段（所）的布局。

同时，乘务班组的乘务交路计划还必须服从于乘务单位整体的排班要求，要能够满足以下条件约束：在任何一个时刻，某一班组只能担当一个交路；在任何一个时刻，任意交路都有乘务班组担当；乘务员月度乘务总工时应接近客运段规定的月度乘务总工时；乘务班组担当任意交路，交路中不同接续车次间隔休息时长不同，最短时长应符合乘务单位规定的乘务区段休息时长。

4. 乘务模式

我国高速铁路客运乘务组织模式基本有两种：以车底交路为基础的包乘模式、以担当区段为基础的轮乘模式。

包乘模式为按照既定列车行驶区段和车次由固定的列车乘务人员（组）包乘完成。根据车底使用情况的不同，可以划分为包车底和包车次两种模式：①包车底是乘务人员（组）不仅固定运行区段、列车车次，而且固定值乘某一组列车车底；②包车次是一个列车车次（通常称为线路）由不同的几个乘务人员（组）值乘完成，但是不包车底。

轮乘模式运用于有较大运行密度旅客列车且列车车底种类及编组形式又基本相同的运行区段。采用该方式能够较为紧凑地组织完成乘务交路和班次，使得乘务人员（组）按照固定出乘顺序，分别轮流值乘乘务任务，并可以彼此嵌套运用，不固定某一乘务组值乘某一列车。

高速铁路的乘务模式应该和列车的运行方式相协调，它可以根据动车组维修周期性质分别采用固定交路轮乘制和不固定交路轮乘制。采用不固定交路轮乘制有利于提高高速铁路动车组的使用效率及提高乘务人员的劳动效率。

5. 乘务组人员组成

动车组列车乘务组由客运乘务人员、随车机械师、司机、公安乘警、随车保洁和餐饮服务人员组成，简称"六乘人员"（或"六乘一体"）。列车上保洁、餐饮由社会专业公司承担时，其员工视同列车乘务组成员。列车乘务组人员应当各司其职，在为旅客服务上，接受列车长统一领导。

目前，动车组餐饮和保洁人员由专门的餐服公司和保洁公司配备管理，要满足列车运行过程中客运服务的基本要求。

6. 乘务工时

高速铁路动车乘务交路中所涉及的时间主要有出退勤时间、值乘时间、换乘时间、便乘时间。

乘务交路各时间关系如图2.24所示。乘务时间相关变量定义如表2.2所示。

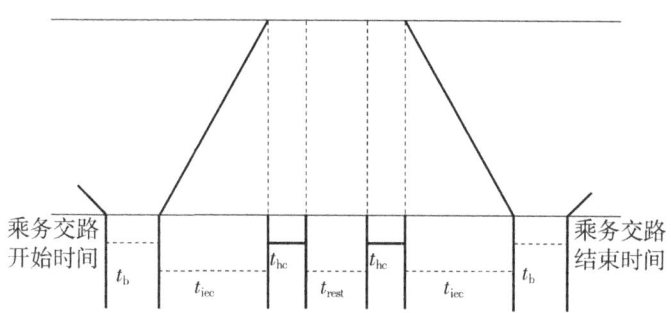

图 2.24　乘务交路各时间关系

表 2.2　乘务时间相关变量定义

符号	定义
t_b	表示乘务员出勤、退勤时间,从乘务交路各时间关系图中可以看出,每一个乘务交路段均对应一次出勤和退勤,并且成对出现,因此将其统一称为乘务员出乘时间,用常量表示
t_{iec}	表示乘务员值乘乘务区段 i 值乘时间,且 $t_{iec}=t_i^e-t_i^s$
t_{hc}	表示乘务员换乘时间
t_{hc}^{con}	表示乘务交路中值乘段的正常接续时间标准,即乘务员换乘时间标准
t_{rest}	表示乘务员休息时间
t_{rest}^{con}	表示乘务交路中供乘务员吃饭、休息的接续时间标准
t_w	表示一条乘务交路的工作时间
T_w	表示乘务规则规定的一条可行乘务交路的工作时间标准
t_{min}	表示规则规定的最短接续时间

2.5.3.2　乘务计划的编制

高速铁路乘务计划通常是根据既定的列车运行计划、动车组交路计划、乘务模式等条件,考虑优化目标[例如总的乘务时间成本最低、需要的乘务人员(组)数量最小、乘务人员(组)工作强度最具均衡性等]对乘务人员(组)在某一时期内的出乘时间、退乘时间、出乘地点、退乘地点,以及担当车次的时间和地点、休息时间和地点等给定相应的具体安排,以确保列车运行计划的完成。编制乘务计划可以分成乘务交路计划与乘务排班计划两个阶段,这就是一般描述乘务计划的编制过程。

1. 乘务交路计划的编制

（1）乘务区段划分。列车运行计划和动车组交路计划作为乘务计划的基础数据，按照乘务基地站和换乘站将列车运行线或者动车组交路进行分割，以此得到乘务人员能够值乘的最小片段，即值乘片段。

（2）乘务片段组合。由于乘务片段是乘务人员完成值乘任务的最小工作单元，其长度不会大于乘务人员一次出乘的最大工作时间。因此，应按照乘务人员规定的各相关时间标准对其进行进一步的组合优化。

（3）乘务交路方案选择。由于乘务交路的数量直接决定于所需乘务人员的数量，所以乘务交路问题的实质是在可行乘务交路方案中选择以最少的乘务交路覆盖全部的乘务片段，即全部列车运行线均要有乘务人员值乘。

2. 乘务排班计划的编制

对乘务交路进行不同的组合后可生成较为可行的乘务排班计划。乘务排班计划的类型决定了乘务员在周期内执行的乘务排班方案的特点，在乘务员所执行的排班方案不同的情况下，乘务排班计划的编制可以通过生成可行乘务排班方案后根据各项评价指标择优的方法来实现。而该方案要满足周期内乘务人员所需的培训及休息等各项时间标准。

由于各个乘务交路的完成时间都有区别，所以组合产生的可行乘务排班方案中的工作人员的值乘时间也不完全相同。因此，应该根据国家相关劳动时间规定，尽量使得各计划中的各个方案的值乘时间趋于均衡，从而确保乘务人员（组）在各个周期内拥有比较均衡的工作强度并且符合实际要求。

各班组中乘务员担当交路时，乘务工时应尽可能均衡，符合月度乘务总工时的规定和国家相关劳动法规，不能超工时劳动，也不能欠工时劳动。随着高铁新线的不断开通运营，运行图面临经常性的调整，运行图调整直接影响乘务交路计划的编制工作，凭经验手工编制已经不能满足高效编制的需求，因此，铁路不断开发自动或半自动编制的系统，如客管系统中有"车底交路计划""乘务交路计划""实际乘务交路""乘务交路调整"等模块。

2.5.3.3　高铁乘务排班管理

系统的排班管理根据接收调令的乘务交路信息及录入的班组信息数据来确定。设计乘务组完成某个交路的完整循环，需要考虑班组值乘与休班交替、出退勤地点、工时效率等因素。例如设计徐州东－上海虹桥－北京南乘务交路在徐州东出退乘，如图2.25所示。

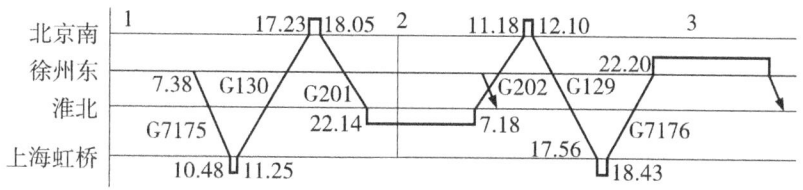

图2.25 徐州东－上海虹桥－北京南乘务交路示意图

乘务交路中，一般通过计划乘务综合工时确定所需值乘的班组总数。影响乘务综合工时的变量包括运行时间、始发整备时间、折返整备时间、待勤时间及其他附加时间（如发生列车晚点情况）等，其公式如下：

$$T_{综} = \left(\sum t_{运} + \sum t_{始} + \sum t_{折} + \sum t_{附} \right) \times n + t_{备}$$

式中：$T_{综}$为月度乘务综合工时；$t_{运}$为动车组始发终到运行时间；$t_{始}$为动车组始发整备时间；$t_{折}$为动车组折返整备时间；$t_{附}$为动车组始发前、终到后及其他因素附加时间；$t_{备}$为乘务班组月度备班累计工时；n为乘务班组月担当乘务趟数。

乘务排班模块将乘务交路和劳力资源的合理利用相结合，将变量因子纳入影响因素，突出乘务交路的紧凑性、不同交路间劳动量的均衡性，以系统自动生成为主，人工干预微调为辅，生成最终乘务担当交路。

遇调图情况下，做好基础数据维护更新，将交路接续车次、运行区段、始发终到时刻、出退乘日期时刻进行录入，系统自动添加交路附加时间，准确计算出调图后交路的工时情况。将计算出的实际工时与铁路月工时标准月均174小时，上下浮动5%进行核算，即可得出乘务交路所需班组数量。

在高铁开行"一日一图"的趋势下，乘务交路、人员组合的科学安排，对客运段精细化管理的水平提出了更高的要求。传统模式中，各高铁车队每逢调图和大面积临客开行，仅依赖队长（副队长）人工制定乘务交路实施，难免百密一疏，且易造成资源的分配不均。特别是劳动组织改革下，乘务组织方案势必愈发灵活，人员动态调配和周转愈发频繁，智能排班算法的空间求解和局部优化能力显得尤为重要。

乘务智能排班系统分三步完成设计和实现。系统根据车底交路、月度工时限制、人员配比、作息时间等因素，制定并优化乘务交路，满足总体的共性要求；在乘务交路的基础上，依据运行线路、人员素质、默契程度、加班次数等综合量化标准，合理动态地分配不同的乘务人员组合，生成乘务人员生产计划方案，满足个性需求；后续将对生成的方案做出评价，系统可根据评价结果反向调整算法中的参数，实现有监督的学习，实现乘务智能排班共性与个性间的自动规划。

2.6 高铁运营智能决策支持系统

2.6.1 高铁运营智能决策支持系统功能需求分析

高铁运营智能决策支持系统是人工智能与高铁运营各类信息系统深度融合集成的智能综合决策支持平台，主要是利用人工智能、大数据技术等高新技术对高铁客运产品需求、列车开行方案、列车运行图、动车组运用计划、乘务计划等复杂问题的分析决策提供智能化支持。

高铁运营智能决策支持系统功能需求主要包括信息采集与多样化显示、客运市场需求分析与客流预测、客运产品设计与优化、调度指挥、客运应急处理、收益管理、客运综合管理及信息共享等。主要功能需求分析如下。

2.6.1.1 信息采集与多样化显示

作为智能决策支持系统，对相关信息进行采集与多样化显示是基本的功能需求之一。按照信息的用途，可以将信息分为市场需求相关信息、运力资源基础信息、产品信息、产品执行过程相关信息、行车环境相关信息等。

1. 市场需求相关信息

市场需求相关信息包括市场信息和购票信息。

市场信息包括城市经济和人口信息、城市交通服务信息、竞争关系的其他交通方式产品和实际客流信息、城市重大活动信息、突发事件信息、旅客需求等静态或动态信息。

购票信息是铁路客运产品与需求的实际匹配结果，包括客票系统售票信息及需求查询信息。

2. 运力资源基础信息

运力资源基础信息是编制客运产品的基本支撑条件，包括作业人员、线路、动车组、车站客运设备设施等对象的静态信息。

作业人员基础信息，包括司机、客运乘务、随车机械师、餐饮保洁、车站客运员等作业人员的基本个人信息、岗位信息和技术特征信息以及相关统计值。

线路基础信息，主要包括区间和站场结构、线路里程、追踪间隔时间、限速等基础信息。

动车组基础信息，主要包括车型、配属地点、检修修程等信息，以及相关统计值。

车站客运设备设施，主要包括车站安检设备、候车设施、售检票设备等信息。

3. 产品信息

列车运行图信息，主要包括车次、运行区段、办客站及到发时间、股道站台、编组、交路、担当、票额分配、进出库地点和时间等。

对外产品信息，主要包括车次、开行日期、运行区段、办客站及到发时间、席位、票价、检票口、站台、正晚点等。

4. 产品执行过程相关信息

产品执行过程相关信息，包括运力资源的使用计划、实时运用状态信息等。如实时客运乘务、司机、随车机械师、餐饮保洁等人员安排；动车组上线计划，包括动车组车号、出入所（处）股道、随车机械师等信息；热备车号、停放地点及股道、客运乘务、司机、随车机械师、餐饮保洁等信息；动车组检修计划和检备车相关信息；列车运行信息；站车作业状态信息；站车客运设备运行状况等信息。

5. 行车环境相关信息

行车环境相关信息是指高铁沿线的气象、水文、地质、外部环境、救援资源等相关信息。

2.6.1.2 客运市场需求分析与客流预测

通过历史客流实绩和客运市场发展状况对客运市场进行需求分析，为客流预测、客运产品评价及优化提供决策数据依据。通过对社会、经济、行业等大量信息的调查和分析，发现市场需求在时间、空间、服务层次、价格等方面的分布规律；通过对旅客需求的调查和售票实绩对客运市场进行细分，并得到相应的出行选择行为特征；进行历史售票信息分析，按照日期、时段、方向、线路、列车、车站等多角度分析运能与需求的实际匹配情况，并给出相应的调整建议。

由于客运产品的不可存储性，对市场需求量的预测是高铁产品设计的基础环节。对于高速铁路，需要根据市场需求相关信息，对不同时空范围的客流量进行预测，既能实现中长期客流预测，又能实现客票销售的OD流（客流）预测，为客运产品设计、优化以及售票组织的调整提供依据。

2.6.1.3 客运产品设计与优化

1. 设计

客运产品设计是指基于运力资源条件，从"零"开始进行的列车运行区段、开行时段、开行对数、停站方案、列车编组、车底交路、乘务担当、票额分配等计划的编制工作，主要有既有线图、新线图两种场景。既有线图的依据主要是根据市场环境和历史运营数据得到的客流预测值；新线图的依据则主要是根据市场信息得到的客流预测值和相关径路既有铁路的客流情况。

2. 优化

客运产品优化是指在既有客运产品基础上，考虑未来一定时间长度内客流的变化和运力资源的变化，对列车运行区段、开行时段、开行对数、停站方案、编组、票额分配等内容的局部调整，主要有基于客流预测的主动调整（半年调图、春运调图、长假图优化）和基于实际开行效果、运力资源条件变化的适应性调整（客流不足停开、车底不足停开、隔日开、小编组开等）两种场景。

3. 管理

客运产品管理是指对不同阶段（开行方案、运行图、票额分配）、不同时空范围的客运产品数据进行增、删、查、改、版本管理、审核、确认、传达等，并能实现客运产品的信息化流转、会签、共享等功能。例如，向运输处提供开行方案，从运输处获取运行图并管理；向车辆处、机务处提供客运产品信息并分别获取审核结果；向客运段、车务站段、动车段、机务段、华铁旅服公布客运产品内容；向调度所传递客运产品调整方案等，实现各系统间相互对接。

4. 评价

客运产品评价可以分为预评价和结果评价。预评价是采用预测客流分配方法对客运产品可能产生的客流和收益情况进行预估计和统计分析评价；结果评价是对客运产品实际执行结果、实际产生的客流和收益情况进行统计分析评价，同时与预评价结果进行对比分析。预评价和结果评价需要设计一套有效的指标体系，并采用直观、多样的表现形式，为专家决策提供信息支持。通过结果评价对预评价的持续反馈优化，不断提高预评价的准确程度。

5. 收益管理

收益管理是根据历史售票信息、客流市场情况以及先进的客流预测模型、席位存量控制模型、车票价格浮动模型等对当前售票情况进行分析、预判，实现对票额预留、票价浮动、团体票等业务进行智能化、自动化调整，实现列车效益最大化。

2.6.2 高铁客运产品内涵与设计

2.6.2.1 高铁客运产品内涵分析

高铁客运的核心产品是旅客的位移，其实现载体是旅客列车。产品是一个整体性概念，须满足旅客的各种需求，而产品质量的高低由产品自身的使用价值所决定，即产品对旅客需求的满足程度。旅客需要的满足程度越高，产品的质量就越好，产品的竞争力就越强。随着经济社会发展和民众消费能力的提升，旅客多元化和个性化的需求将会逐渐增加，对铁路客运产品的方便、快捷、舒适、安全等要求也会明显增强。

与一般产品类似，高铁客运产品也由多个层次构成，尽管层次划分及每层次内容不同，但其核心产品是旅客位移，不能把车票误以为是客运产品，车票应该理解为旅客与铁路之间的"合同"。而其他服务内容则是依附在核心产品之上、针对不同旅客出行需求而设计的。

组合产品是核心产品、形式产品、附加产品中不同产品要素组合而成的最终产品。因此，旅客乘坐高速列车出行购买的客运产品，不再是简单的位移，而是一种组合产品，多样化的组合产品是满足旅客差异化和个性化需求的关键。高速铁路客运产品各层次的设计要素及其含义如表 2.3 所示。

表 2.3　高速铁路各层次产品设计要素

组合产品	产品层次	产品要素	具体
客运产品	核心产品	列车种类	①普通动车组列车（D），速度为 200～250 km/h； ②高速动车组列车（G/C），速度为 300～350 km/h
		停站方案	一站直达、大站停、择站停（除了大站，也选择在其他站停车）、站站停
		开行对数	每日 X 对
		席位等级	商务座、一等座、二等座
		到发时刻	上午、中午、下午、晚上发车或到达
		换乘接续	直达车、换乘车
	形式产品	客票种类	①全价票：目前我国铁路通常采用的票种； ②优惠票：针对儿童、学生、伤残军人及团体旅客有一定的价格优惠，或者月票、折扣票等
		定价策略	①递远递减策略：现行铁路车票价格制定的一般策略； ②收益管理策略：针对购票时间先后、不同服务（退票、改签）限制、不同旅客类型的定价策略，是民航及国外铁路常用的策略
	附加产品	延伸服务	如便利的购票、进站方式，安全的候车、乘车环境，信息导向，餐饮服务，"人脸识别"刷脸进站、车上 Wi-Fi 上网，便捷的换乘通道等

2.6.2.2　高速铁路客运产品设计方法

1. 设计策略

高铁客运产品设计从以往运能紧张下的"供给驱动"，转变为以"需求驱动"为主体。因此，高速铁路客运产品现阶段的设计策略主要体现在以下方面。

（1）以需求为核心的产品设计理念。在"需求驱动"前提下，高速铁路以客户需求为中心、以营销为龙头指导运输生产和经营。因此，产品的"设计—营销—调整"这一过程，是以满足旅客需求为首要目标，形成整体、连续的过程，使产品设计围绕旅客需求形成反馈闭环，保证产品不断地贴近需求。

（2）合理细分市场以设计不同层次产品。在"需求驱动"的总体要求下，为实现产品的针对性，市场细分成为产品设计的必然手段和前提条件。除考虑不同层次的需求外，还要考虑细分的合理性，特别是在对高层次需求的市场细分中，必须合理控制细分市场的数量规模，数量过少会导致市场针对性不足，旅客需求满足度会相应减小，不利于市场竞争；数量过多则会导致企业成本大幅提高。因此，在市场细分过程中必须找到一个合理的平衡点。

（3）平衡产品的公益性与营利性。由于铁路的特殊地位，我国铁路一直兼具企业性和公益性，承担着大量的公益性功能，对产品的设计及企业收益提高形成一定的制约。我国高速铁路投入资本多元化，各类企业资本的存在会使高速铁路的公益性特征有所削弱。高速铁路客运产品的公益性表现在满足社会公众的基本出行需求方面，针对的目标客户为价格敏感型的普通旅客；营利性则表现在满足旅客出行的高层次需求方面，目标市场的重点在于质量敏感型的中高端旅客。因此，在产品设计过程中，应先深入分析旅客特性，再将市场细分为不同类型。针对公益性较强的细分市场，设计的重点在于满足基本的出行需求，弱化其服务等高层次需求的设计；针对营利性较强的细分市场，则需要在满足基本需求的基础上，有针对性地设计不同的服务及其组合产品。

2. 设计思路

随着经济社会的发展，人们外出旅游休闲活动的频率增加，出行方式日趋丰富，出行需求也逐渐差异化。一方面，旅客出行更注重从出发地到目的地之间安全、快捷、经济、舒适的全程服务；另一方面，不同的旅客对于产品不同属性的重视程度逐渐出现差异。铁路及时准确地获取旅客差异化的需求，并针对性地设计合理的产品，也是客运市场竞争中取得优势的关键。

客运产品设计就是要通过大量的客流调查、严谨的数据分析以及科学的运量预测，得出相应的分时段、分方向的客流计划，在此基础上，遵循"按流开车"的基本原则，确定旅客列车开行方案，包括列车运行区段、列车种类及开行对数，并根据列车开行方案编制列车运行图，包括列车"到发通停"时刻、列车停站方案、动车组交路计划、综合维修天窗等，尽可能优化列车运行方案，以缩短长短途旅客在途时间、减少途中换乘次数，确保列车运行计划与客流计划相匹配，并预留一定的储备能力使运行图具有一定的弹性，以适应市场变化与列车运行调整。同时，通过列车运行交路的长短结合，经济合理地使用动车组车底，并合理利用高速铁路的车站通过能力和线路通过能力（简称点线通过能力），以充分发挥并均衡使用运输设备的效能。

高速铁路客运产品设计的实质是高速铁路供给与需求逐层逐步精确匹配的过程，具体表现为不同层次产品的设计与组合：针对核心产品层，研究列车编组结构、运行区段、停站方案、开行对数、发车间隔等；针对形式产品层，给出基于车票种类、价格等要素的差别产品设计方案；针对附加产品层，设计不同的延伸服务；在此基础上，对不同层次产品的不同要素进行组合，得出组合产品的设计方法。客运产品设计的基本思路如图 2.26 所示。

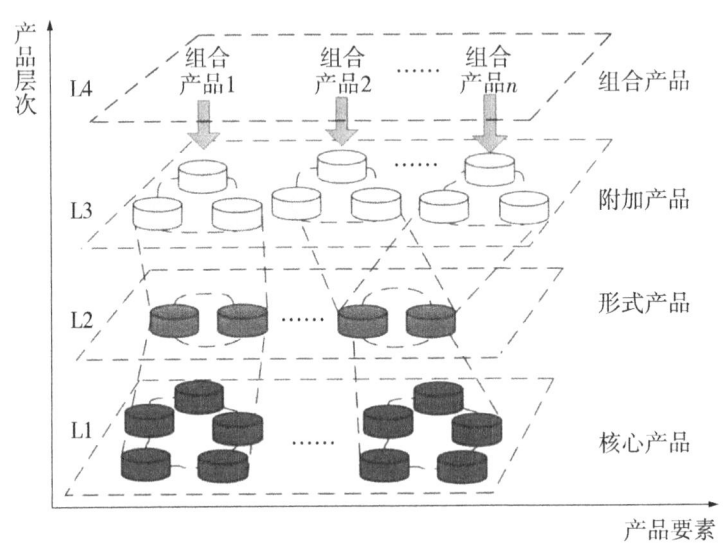

图 2.26　客运产品设计基本思路

（1）核心层产品设计。其包括对列车开行方案和运行图优化编制，主要是针对旅客最基本的位移需求进行设计。这个环节主要考虑旅客对列车的运行区段、列车等级、停站方案、开行对数以及开行时段等的基本需求，需要根据不同细分市场上的客流量情况，有针对性地设计出满足旅客基本需求、共性较强的方案，作为整个产品设计流程的基础。同时，由于不同旅客群体对列车席位（商务座、一等座、二等座）等方面的偏好不同，需要在分析旅客选择席位的基础上，进一步确定各列车具体的席别配置。

（2）形式层产品设计。在这一环节，针对不同细分市场的特点，运用差别定价技术，形成能够满足不同市场需求的客票体系（例如折扣票、月票、季票等不同形式的车票）以及定价策略（针对退票、改签等不同服务限制，不同用户类型以及不同订票时间的定价），作为直接面向旅客销售的产品形式。这个环节主要考虑成本及旅客差异化特点，给出丰富的车票类型和合理的价格。

（3）附加层产品设计。这一环节中，结合旅客差异化需求及各类客运产品的市场定位，设计完整的服务体系，包括服务范围、服务流程、服务标准及监督与质量控制机制。其主要考虑的是旅客出行全过程中，不同环节可提供服务的种类和级别，各种服务标准、流程及所需条件；不同类型车站、列车可以完成的服务和需要的软硬件及人员配置；不同产品应包括的标准服务；服务质量的控制等。

（4）产品组合设计。在上述各层次产品设计的基础上，面向各细分市场的旅客需求，形成将不同产品要素进行组合的差异化组合产品，例如针对不同群体的列车开行方案、车票票价和种类、服务以及产品销售策略等不同组合。在这个环节中，主要针对旅客对价格和服务的敏感性而对目标客户和所要提供的产品进行区分，对价格敏感型的旅客主要满足基本需求，实行优惠策略；对服务敏感型的旅客则通过 VIP、增值服务等方案满足其更多样化的需求。

3. 设计流程

综合以上客运产品设计策略和思路，可知高速铁路客运产品设计是以市场需求为中心、以运输市场为导向、以运力资源为约束，采用市场营销的方法，对各个层次产品要素进行设计，逐步实现供给与需求匹配的过程。其主要流程如下。

（1）市场分析。这是客运产品设计的基础，只有准确把握市场定位及需求，才能真正设计出满足市场需要的客运产品。

（2）产品营销。这是客运产品发挥效益的必要途径，只有运用有效的营销策略，才能最大化地发挥产品的效益。

（3）评价和反馈。这是产品不断优化的关键，只有根据产品效益和旅客满意度评价，及时制定产品调整策略或新产品开发计划，不断实现客运产品的优化，才能最终形成高速铁路客运品牌。

可见，客运产品设计要与市场分析、产品营销及评价反馈等环节一起，共同构成客运产品设计与营销的闭环系统。

（1）市场分析。

①客流分析与统计。客流分析是高速铁路客运产品设计的重要依据，是合理配置运输资源、优化运营组织、制定产品营销策略的基础。上海局集团公司

在国铁集团营销分析系统的基础上，拓展系统数据分析功能，分线、分站、分车次分析统计客流流量、流向、流时、流程，以及客流群体构成、出行特征、区段客流等特点，对于确定产品种类、产品价格、销售渠道等具有重要的意义，尤其有利于合理安排列车开行种类、开行数量、动车组交路等，这关系到客流转变为列流的过程，意义重大。

②客运需求预测。深入了解客运市场需求是合理设计客运产品、有效制定产品销售策略的基本保障。客流预测时要注意实际发生的需求是在现有产品供给下形成的客流，仅能反映"被满足的需求"。在部分运能紧张的区段和时段，当产品供不应求，旅客的第一意愿得不到满足时，他们可能选择其他可替代产品。此时，不可售产品的需求转移至可售产品甚至流失，导致可售产品的真实需求小于实际客流量，客流数据不能反映真实的实际需求。上海局集团公司为实现精准把握旅客出行需求，重点突出了三个方面的工作。

通过精准市场调查把握需求。全面整合调查力量，发挥集团公司和站段两级营销中心作用，网格划分调查责任，做到分片划区、全面覆盖；突出调查方向，重点掌握区域内产业经济、交通方式、流动人口等基础数据及变化，着重了解出行需求、选择偏好、消费习惯等行为动态；注重改进调查方法，依托客运段和"12306"手机客户端，问卷调查范围由车下扩大至车上，由线下延伸至线上，并积极向国铁集团建议通过采集旅客购票点击频次和数量，更全面地掌握市场需求；不断完善调查周期，在日常定期调查的基础上，开展新图新线、重大活动等不定期专项调查，促进市场调查常态化，增强对市场变化的敏感度和市场竞争、消费热点等要素的把握度。

通过精准客流分析把握需求。突出客流的结构分析，掌握直通管内、动车普速结构的变化，通商、通学、旅游等旅客成分、总量的变化；突出客流的去向分析，掌握区域之间、区段之间客流流向、流量、流时变化；突出客流的周期分析，掌握旅客出行规律、购票规律和客流波动规律；突出客流的影响因素分析，掌握内部条件变化、外部环境变化与客流的关联程度，为准确把握需求、科学决策提供可靠依据。

通过精准大数据应用把握需求。立足于客票客图海量数据，研究开发分析工具并加强应用，提高分析有效性；探索旅客信息标签化方法应用，学习借鉴银行、民航客户管理做法，通过细分旅客属性，完善旅客画像；加强与专业数

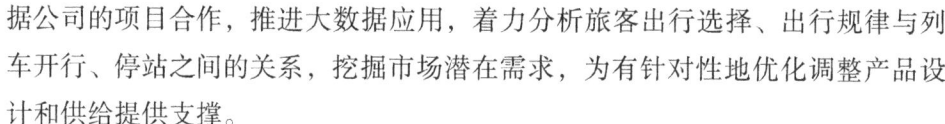

据公司的项目合作，推进大数据应用，着力分析旅客出行选择、出行规律与列车开行、停站之间的关系，挖掘市场潜在需求，为有针对性地优化调整产品设计和供给提供支撑。

③客运市场细分。这是设计有针对性的客运产品的前提条件，可以为编制列车开行方案、优化经营决策等提供重要依据。由于高铁路网客流增长迅速，不同旅客群体对各种需求的偏好不同，相应形成了多元、多层次的需求结构。因此，客运产品设计的关键是，根据市场需求的结构，设计并及时调整客运产品，以满足不同个性化的产品需求。

（2）产品营销。

现代社会交通运输体系不断完善，公路、民航等交通行业竞争激烈，高铁领域企业应该利用自身优势，建立一套独具自身魅力的营销策略，以此带动高铁行业的发展。因此，须借鉴我国航空及欧美等国的铁路客票营销经验，利用收益管理及客户关系管理等方法对客运产品进行个性化营销，如采用价格折扣调控策略、席位控制和票额分配策略，对现有运力资源进行合理分配。

（3）产品评价与调整。

在产品面向公众发布后，还应根据产品的效益和旅客满意度等评价指标，制定产品调整策略或者开发新产品，对产品不断地进行调整和优化，以进一步适应不断变化的客运市场需求。例如，当某种产品的上座率等相关指标达到一定阈值时，就应进行有预见性的调整。以沪宁高速铁路为例，初期安排的直达列车较少，通过增加中间停靠站的方式吸引客流，当客流逐步上升特别是直达客流上升后，逐步增加直达车数量，并均衡安排中间停站数量等。

2.6.3 高铁客运管理信息化与大数据应用拓展

2.6.3.1 票额分配与收益管理

1. 票额分配

（1）客流分布预测。

使用计算机编制票额分配计划的关键是准确地预测客流分布，其与列车开行方案的客流预测不同在于票额分配的客流预测需要精确到每趟列车，特别对于运能紧张的列车更要做好客流预测。客流预测分成淡季、旺季和节假日的预测。对每趟列车来说，预测结果是矩阵三角表，左边是发站，上边是到站，三角表中描述了发到站间的客流。根据列车编组就能算出席位总数，将席位总数按照在沿途站客流分布比例进行分配，实际这里有数学优化的问题，因为对一个席位卖给终到站优于只到中间站，但如果席位分段多次卖出，由于递远递减，分段票价可能高于整段的票价。在全路调图时，由担当局形成固定的旺季票额固定分配方案，淡季进行票额调整，节假日时根据客流、车底情况制定临客加开票额分配方案，并辅以短期的票额预分、复用、共用等动态调整措施，从而建立起一套完整的票额分配体系。

计算机对某趟列车执行票额分配的过程是：先读取列车时刻表、列车编组等基础数据；然后预测列车客流，对预测列车客流进行确认；根据预测列车客流和基础数据执行自动票额分配，人工可以对自动分配的方案进行二次调整；将分配方案发给相关部门进行确认；然后将全部方案汇总后形成运能主题域，进行运能指标统计分析；最后，送到客票系统执行票额分配计划。

（2）票额管理及策略。

为提高旅客列车席位能力的利用率，综合考虑沿途车站能力和需求的实际情况，以均衡运输为目的，在客票预售期之前，需要对列车票额进行分配。这种票额分配基本在运行图编制完成后进行预分，其预分票额相对固定，是一种传统的票额分配方式。这种票额分配方式相对固定，调整环节复杂、工作量大，不能适用于动态的客流需求，尤其是潮汐效应比较明显的高速铁路客流更不适用，因此高速铁路票额管理采用席位自动预分、共用、复用等策略。

票额共用是指定车站全部或部分票额按一定的时间策略允许被列车运行径路前方一个或多个车站使用的动态票额分配手段。票额共用实现了票额的动态共享，完善了票额分配计划，方便了旅客购票，提高了票额有效利用率。

如图2.27所示，G20次列车自A站始发，途经B、C、D站，终到E站，如果给A站分配500张二等座票，可以设定开车前某时间（如20天）300张票供A、B、C站共用，即开车前20天及以内这300张票的票额由A、B、C三站共同使用，具体票额分配给A站而不分配到B、C站，而是通过算法实现A、B、C三站共用。

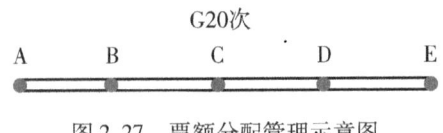

图2.27 票额分配管理示意图

席位复用是指列车席位售出后，如果售到站不是该席位的限售站或乘车站不是该席位的起始站，那么剩余区段可以再次利用并生成新席位。席位复用改变原有票额一次利用状况，避免列车运能浪费，实现列车能力效益最大化。

如图 2-27 所示，G20 次列车自 A 站始发，途经 B、C、D 站，终到 E 站，如果一个席位被 B 站发售至 D 站，那么剩余的 A 至 B 区段、D 至 E 区段还可以被利用，系统将产生一个 A 至 B 区段的席位和一个 D 至 E 区段的席位。

票额自动预分是根据列车历史客流密度以及其他客流市场因素，对预售期内的各站票额需求进行短期预测，在满足票额站需求的前提下，根据售往中途站的短途客票预测量按一定比例提前自动分配至中途站，供中途站预售的一种票额动态组织手段。这种售票策略实现了每日一次票额分配，实现票额分配与客流市场需求动态适配，但是这种方法有一个前提条件：预测要精准。但预测是一门复杂度很高的科学，许多行业都在使用预测技术，但是实际结果与预测难免有差距。客流市场涉及社会、经济、文化、区域、人口、企业、天气等诸多因素，在实际应用中，部分列车、部分时间预测结果与实际存在一定的差距，为此在自动预分基础上，铁路部门提出了模糊预分。

模糊预分是指席位全部放始发站，根据客流分析及预测方案对车站进行分组、对票额进行分堆，然后将分组站与分堆票额相对应，按堆顺序售票，席位不提前裂解。车站组则按照确定的售票策略，发售本组车站可用票额。模糊预分（见图 2.28）可以将售票分析、专家经验、售票预测结合起来，其优点主要是：车站分组、票额分堆由人工智能得出，比较贴近真实的客流需求。但是模糊预分需要根据不同期间、不同车次、不同要求制作相应的预分模板，预分前要充分把握客流特点、趋势，需要一定的人工量，如图 2.28 所示。

模糊预分还有一个重要的作用就是兼顾票额预分的公平性，在客流高峰时段以及重要客流方向往往沿途各站都有票额的需求，如果将票额全部或大多数预分给始发站，那么票额也都能发售完毕，这时制定模糊预分时就要考虑沿途车站旅客的出行需求，适当为沿途站进行票额预分，而不能一味考虑列车的效益最大化。

目前对客流预测方法的研究十分广泛，但大多集中在对客流的总量预测上，对于指导实际生产的列车分席别、站站客流预测研究还是有限的；以客票发售与预定系统产生的实际生产数据为基础，采用基于时间序列的预测方法，实现

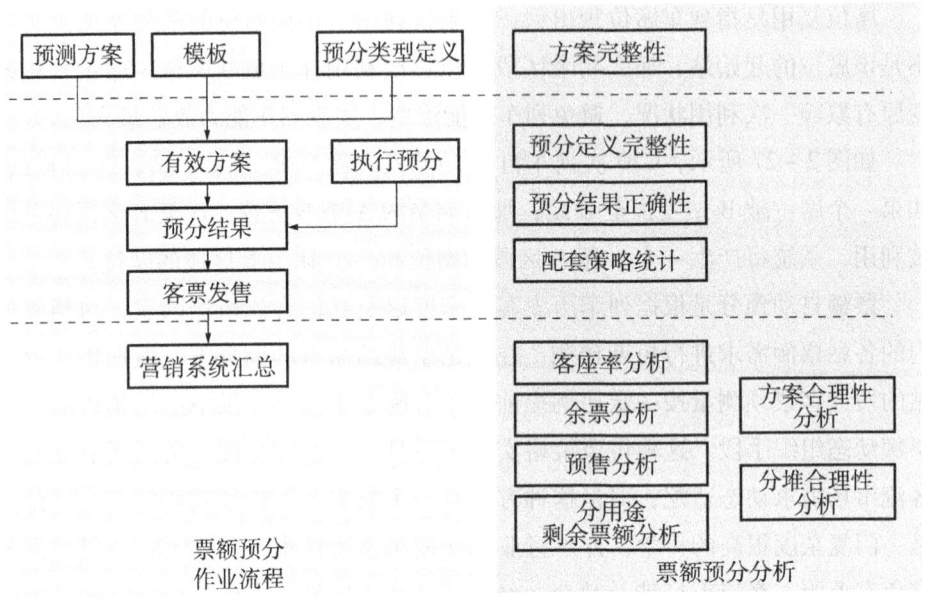

图 2.28　模糊预分逻辑示意图

对列车分席别的站站客流组织，也有一定的局限性。高速客流预测与实际客流误差较大、存在高估倾向，以及不同机构预测的客流数据离散性较大，是国内客流预测中存在的问题；而且预测模型大多停留在中长期客流预测方法的理论阶段，对短期客流预测研究较少。德国的客流预测是根据历史数据和客流趋势结合运输周期、社会事件、天气影响等因素综合确定的，值得我国借鉴。

（3）推行精细化票额分配措施。

坚持"测好流、编好图、开好车、卖好票"，通过精细化的票额分线管理，充分落实编图及开车意图，滚动优化票额策略，提高席位票额利用效率，实现列车开行效益最大化。

①创新技术辅助决策。

运用信息技术手段提高售票策略制定效率，提高客流分析科学性。优化票额预分模板制作规则，将"数量预分"变为"比例预分"，将"车次停站分组"变为"按任意车站组合分组"，将"顺序车厢预分"变为"平均预分"，以提高制作预分模板效率，进一步解放分线管理员压力。研发高铁运营决策支持系统，通过大数据分析各次列车在不同时期客流趋势、客流密度、票额使用过程，对票额利用结果进行预测，并对预售情况及时进行监控和预警，为分线管理员制

定、完善售票策略提供辅助决策。

②明确实施规则方法。

根据列车开行实际，结合历年客流出行、购票规律和其他交通方式竞争状况，通过加强客流监控和营销分析工作，按照全年淡季、旺季、平季和一天之中冷门、热门和普通时段，对各次列车进行分类管理，对列车售票策略进行逐趟研究和合理设置，动态精细调整售票策略，最大限度地用好用足运输能力。

例如，根据票额预分实际需要，对车次、模板、时间进行分类、分段。车次分类采用列车客座率为参考标准，90%及以上为一类、[75%，90%)为二类、[60%，75%)为三类、[50%，60%)为四类、50%以下为五类；模板分类采用区分列车票额日常、周末、高峰、春运等四个预分模板；时间分段以月为阶段、以周为单位并辅以节假日高峰时段，对票额预分时间进行分段。

根据以上分类、分段规则，按时间段对列车进行分类，并结合预分模板对各次列车制定售票策略。原则上不对长期客座率在50%以下的列车进行预分，对长期客座率在50%以上的列车按周期进行每日预分。借助预分模板和收益管理分析模块，探索各次列车票额利用预测、目标值以及席位预分方法、监控方式、评估方法等方面的创新，做好各次列车席位利用率全年目标管理，实现列车开行效益最大化。

正常条件下，铁路局集团公司总是希望先让旅客购买长区段车票（从始发车站或临近始发站的车站到列车终到站），然后通过席位复用产生短区段席位（长区段车票被使用一个或多个有效区段后剩下的区段车票），再让部分有短区段票额需求的旅客来购买。而实际上，旅客不可能按照铁路局集团公司的设计顺序来购买车票，他们会根据出行需求、运能情况，采取不同的购票行为：有的需要购买长的区段，有的需要购买短的区段，有的提前较长时间购买车票，有的在发车前较短时间才购买车票，这种时间和需求的随机性大大增加了票额销售的技术复杂度，同时也影响着列车上座率和收益。

通过大数据分析，发现旅客的购票时间与铁路运能紧密相关，随着高速铁路列车的大量开行，铁路运输能力也得到极大的提高，原本一票难求的局面得到了一定的缓解，广大旅客的购票行为也在悄然发生改变。铁路局集团公司对旅客的购票时间进行分析，结果如表2.4所示。

表2.4 旅客购票时间占比

单位:%

购票时间	0.5小时	0.5~1小时	1~1.5小时	1.5~2小时	2~2.3小时	2.3~6小时	6~12小时	12~24小时	24~48小时	48~120小时	5~9天	10天以上
高速列车	20.2	23.1	2.9	4.1	2.4	5.5	4.1	4.4	2.8	7.3	4.5	0.5
高铁大站	26.7	30.2	4.9	5.6	3.6	6.2	3.1	4.7	4.4	3.4	1.3	0.0

由于高速铁路运能较为充裕,高速铁路旅客在购票上要求快捷、方便、简单,大部分旅客预购车票时间都在开车前2小时以内。而旅客购买车票区段的长短是由旅客的出行需求所决定的,在社会、经济、人口、交通等条件相对稳定的情况下其概率分布也具有规律性。各次列车的客座率和收入基本按照一定周期(日常、周末、节假日等)运行,同时也验证了其变化规律。

综上所述,当前车票销售最主要的问题就是:由于旅客购票时间短且购买长、短区段车票时间随机,在总体票额数量不变的前提下,既要保证旅客在不同时间段内尽可能地买到长区段车票,又要保证部分旅客能及时买到短区段车票,以实现整次列车收益最大化。原有的售票策略就是根据经验指定若干车厢在预售期内全程共用,剩余车厢在开车前某个时段再共用售票组织策略,其限售站根据客流流向、需求等特点一次性设置及放开。由于全程共用时间和取消限售时间相对固定,在部分旅客先期购买短途票后,长区段票将被裂解成若干短区段票,这样就无法满足部分长区段的购票需求,不能实现票额利用效益的最大化;如果缩短票额共用时间和取消限售时间,虽然能保留住部分长区段票,但也可能导致部分旅客不能及时购买到短区段车票,造成这部分客流的流失。如何解决这个问题,就需要铁路局集团公司提前对旅客出行需求、购票时间进行预判,并以此制定相应的客票销售策略,引导旅客"适时"购买"适合"的车票,从而实现平衡各方需求及效益最大化的目的。

2. 收益管理

对于易逝商品供应商,如何用相对固定的供应能力来满足多样而又随机的需求,找到供求关系的最佳平衡点?如何将适当数量的适当产品在适当的时间以适当的价格卖给适当的顾客,以赚取尽可能多的利润?收益管理正是用来解决上述问题的专门方法和技术,是通过差别定价来获知易逝品的最佳收益。Kimes 于 1989 年结合营销学提出收益管理的"4R"理论:在合适的时间和地点(right time and place),以合适的价格(right price)向正确的顾客(right customer)提供合适的产品或服务(right product or service),其目标是实现资源约束下企业收益最大化。从本质上讲,收益管理就是采用一定的机制和策略,使得有限的供给能够与变化的市场需求达到平衡,从而实现企业收益或利润的最大化。其核心理念就是运用价格手段调节供求平衡,强调用收益驱动的经营理念取代成本驱动的经营理念,通过科学合理的价格策略和市场供给策略来追求更多的收益,获得更高的利润。

目前收益管理应用得最多的领域是航空业,并逐渐拓展到旅游、铁路等领域,被华尔街称为"头号涌现式经营战略"。

3. 收益管理功效分析

(1) 调整供求平衡。客流市场是变化、波动的,如果铁路部门按照最大需求去配备运能,那么可能会造成较大的运能浪费,那么如何平衡有限的运能与波动的市场需求?通过大数据分析及客流预测能够知道未来一天内各时间段的客流市场需求,但在高峰时期运能有限,为此可以通过差异价格,即高峰时段提高价格,非高峰时段降低票价,从而将高峰时段对价格敏感的部分客流吸引到非高峰时段,实现平衡供求的目的,如图 2.29 所示。

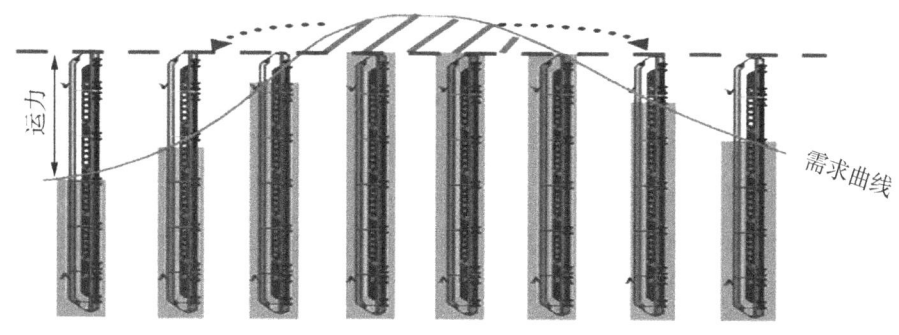

图 2.29　运能与需求

(2) 收益最大化。根据经济学的基本原理,若给出价格与需求的关系曲线,则曲线与坐标轴所围成的面积即是商品或服务提供者的理论可获得收益。

然而当所有商品只设定一种价格的时候，收益只是曲线上某个点横纵坐标所围成的长方形的面积。如果进行多等级的差别定价，可有效地获得更多的收益，减少潜在收益的流失。这样既能够满足价格敏感性差的刚需用户并收取原定价格，又可以通过提供高端的商品或服务给要求较高的高端客户，还可以以较低的价格优势诱增价格敏感用户的新需求，从而最大限度地实现潜在收入的增加，如图2.30所示，其中图中横坐标价格单位为"元/人"，纵坐标需求量单位为"万人"，图中阴影部分面积代表收入（单位为"万元"）。

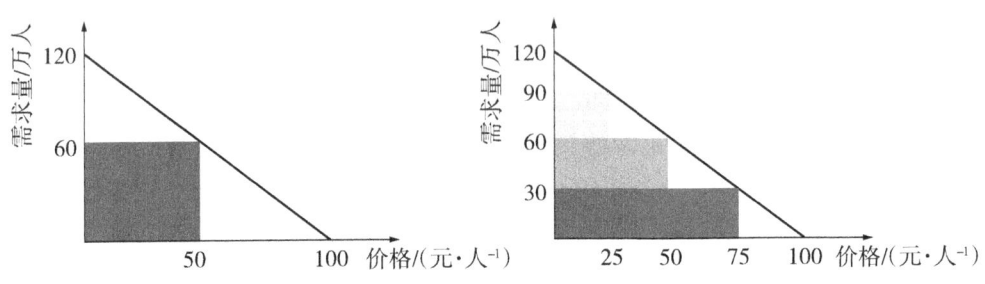

图2.30　单一票价与多种票价策略总收入比较

（3）风险共担。此法采用以旅客可承受风险和旅客忠诚度为准则的定价方式进行收益管理。旅客愿意承受的风险越高，则可获得越低的票价，愿意承受的风险越低，则需要付出的票价越高；旅客越忠诚，则可享受越低的价格。这一原则即对提前购买车票天数越多的旅客给予更多的优惠，但是对这些车票设置某些限制（退票、改签等），那么旅客和铁路部门对这种需求和供给共同承担风险，这样将可能虚糜的运能提前销售出去，可以有效减轻车站的售票压力，提高列车运营组织水平。

在市场经济环境下，建立科学合理的机制，顺应市场的不均衡性，采取差别定价的方法实行多等级的票价，通过价格引导旅客出行选择，缓解高峰时期的能力不足和非高峰时期的运量虚糜，使客票价值客观反映客票的价值属性，既可以提高高速铁路运输企业的市场竞争力和经济效益，又符合国家、铁路、旅客各方的利益需求。

4. 收益管理系统

在铁路客运领域，欧美地区国家从20世纪90年代就开始在铁路客运行业开发、使用收益管理系统，美国铁路客运公司Amtrak、法国国营铁路公司SNCF

等通过运用收益管理，都进一步扩大了市场份额，提高了铁路收益。

我国铁路部门在借鉴国内外收益管理先进经验的基础上，研究、开发、建设适合于我国的铁路客运收益管理系统，目前还在不断地完善中。

铁路收益管理主要涉及客流预测模型、席位存量控制模型、票价浮动模型、客流市场分析、客流数据仓库等模块，其系统体系结构如图 2.31 所示。

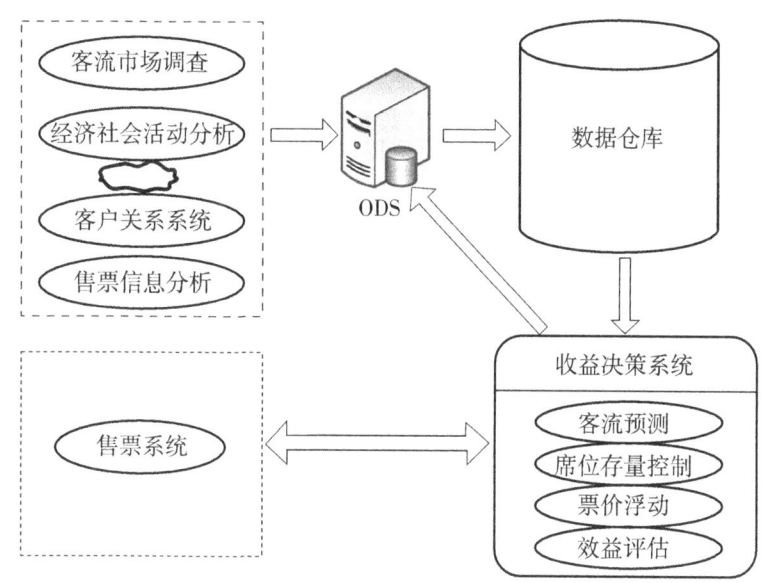

图 2.31　高速铁路收益管理系统的体系结构

其中，ODS 为"操作数据存储"，它面向各种应用系统，对各应用系统的数据进行抽取、计算、转换等操作，最后将整理好的数据加载到数据仓库中去；收益决策系统从数据仓库中提取所需数据，然后进行预测，提供席位存量控制和票价浮动策略，并直接或间接作用于售票系统，最后还要对预测和策略实施效果进行评估、分析。

2.6.3.2　高铁客运产品设计系统

1. 客运营销系统

客运营销的目的就是研究旅客的需求，研究旅客需要什么产品（列车）、如何销售这些产品（客票）、如何提供更好的站车服务。客运营销就是通过客运市场调查和分析，设计出适合广大旅客出行需要的列车产品和服务，提高旅客位移满意度，提高铁路客运效益的全程组织活动。

(1) 体系结构。

营销的本质是快速将客户的需求商品化,使得铁路生产的产品满足旅客消费需求的变化。营销系统可以及时获取旅客客运消费需求的变化指标或预警数据,按照客户的需求调整客运产品和销售策略,包括列车开行方案、票额分配计划、客票定价策略、客票销售方案等。

营销分析系统分为5层:最下层是原始数据层;第二层是集成数据层;第三层是数据仓库层;第四层是数据集市层;第五层是业务应用层。

(2) 客流调查和客流预测功能。

铁路客运产品是为了实现乘客的位移,在考虑旅客对客运产品的偏爱的基础上,若最大限度地满足旅客的需求,又保证列车不虚糜,就需要进行客流调查和客流预测,根据预测的客流组织列车开行,所以客流预测的准确性非常重要。

客流也叫OD流,反映了出发和到达车站间、不同等级列车不同席别的乘车人数。客流预测是在已经掌握的历史信息资料和市场调研的基础上,对未来一定时期内的客流需求、性质进行预先推测和判断。所以,客流预测包括客流发生预测、客流分布预测和客流组成预测;客流发生预测是每一车站将要发送的旅客人数,客流分布预测是每条线路/区段旅客的人数,客流组成预测是这些旅客需要乘坐的列车等级和席别。客流预测的方法比较多,包括基于客流演变机理的客流预测方法以及基于客流行为和时空关系的客流预测方法,常用的预测方法有时间序列预测法、因果分析预测法、灰色模型、系统动力学等,客流预测的数据源除了历年同期的客票数据外,还需要考虑旅客的需求,考虑铁路路网能力和速度的变化、城市人口/流动人口数量和消费的变化、城市化进程、其他运输方式的发展等。

客流主题域内容包括发到站、时间、线路、区段、列车等级、席别、价格需求、客流人数,各种变化对客流的影响等,客流预测的结果是每对发到站间平均每天旅客人数及组成(每条线路区段旅客人数及组成)。

客流调查工作作为客流预测方法的补充和验证,包括确定调查主题、收集调查相关资料、设计调查问卷、开展市场调查、分析调查数据、提交调查报告等流程。调查内容围绕铁路路网能力和速度的变化、人口数量和消费的变化、城市化进程、其他运输方式的发展对铁路客流的影响,包括本地学生流、民工流对铁路客流的影响和服务满意度调查等。调查方式包括人员访问调查、电话访问调查、邮寄调查、邮箱调查、网上调查、短信调查等,调查时要充分考虑利用客户关系数据库已有信息,利用客户服务中心信息系统,调查过程也是不断完善客户关系数据库的过程。调查前应考虑调查的数据如何入库,并将调查的数据作为客流预测的输入源。

2. 列车开行方案及分析评价系统

列车开行方案就是如何组织列车产品,最大化地满足旅客的需求,或者如何调整现有的列车运行方案,在现有列车运行方案变动较小的情况下,最大化地满足旅客的需求,又保证足够的安全和经济效益(这里的安全指不超过每条线路的运输能力)。

编制完列车开行方案后,要对新的列车开行方案进行评价。常用的评价方法是超车效益分析评价,其主要功能是进行新编旅客列车在单程全程满员状况下的最大收入测算、成本测算、盈亏平衡分析、盈亏对比分析、保本上座率分析等,还可以与铁路旅客运输清算系统相结合,对每趟开行列车的盈亏状况进行分析。

3. 客票发售情况分析

本功能通过建立主体域,实时统计当前各次列车车票的售出情况、剩余的席位,可按各车次、各席别利用率进行排序,按始发线、担当局、快慢车、直通管内、预分结、售票日期等进行分类查询,直观显示每天的售出量与运能的差距、与盈亏平衡点的关系,实际的客票收入与计划收入的差距。售出情况的分类包括列车各席别预售情况、单车开车/售票日期预售情况、列车停站各席别预售情况、列车各停靠站详细售出情况、预分站各席别售出情况、预分站开车/售票日期售出情况、预分站各线售出情况、预分站各线各车次售出情况等。对于运能不足或虚高的列车及时进行报警,使运输管理人员快速发现运能与运量的矛盾,实现生产指挥快速反应,为列车加减挂、编组调整提供依据,为改进客票营销方式提供支持,发现客票发售渠道、发售数量、旅客行为和客票预售状况等客票营销要素间的潜在关系,为经营管理者调整和组织客票营销策略提供决策支持。

4. 票额分配方案

旅客列车票额分配是以旅客列车开行方向客流分布为依据,根据列车编组、停站时刻等数据，把列车允许出售的席位数有计划地分配到沿途各停靠站去销售，其分配及指标统计过程为票额分配。

5. 灵活调剂站间票额

动态跟踪各高铁站的客流情况，根据其票额利用情况，及时做好票额调整。可分别对各次高铁列车的票额分配进行调整，以进一步提高其客票营销水平。

6. 客运指标统计分析

铁路客运指标主要依据《铁路旅客运输统计规则》《铁路客货运输统计规则》《铁路运输设备统计规则》选取，内容包括旅客、行李、包裹、列车正晚点、安全等统计指标。系统主要是通过集成平台从客票、行包、调度、安检等信息系统中收集相关指标数据，在数据仓库中建立相应的主题域，在数据集市中建立相应的专题库。

系统提供灵活、直观、界面友好的统计分析和查询功能，以表格、图形等多种方式展现客运销的统计指标。

7. 客运资源和客运收益管理

资源运用评价功能即根据客运基础资源数据和运营指标的计算统计，对客运相关资源的运用情况作出评价。例如：对线路、车辆、动车组、客运装备、人力等资源的运用进行评价并对客运产品进行收支评估和模拟测算，找出各次列车盈亏水平，围绕列车等级、组、票价、票额分配、经由等多种因素的变化来测算列车收入及成本关系，预测列车下一期的利润；或者在预定的利润目标要求下，推算收入、成本等因素应达到的水平，为决策提供依据；通过对新开行的列车进行模拟测算，提前预知开行成本和收益情况，从而减少开行列车的盲目性；对已开行列车，预测调整编组等开行因素后的开行成本和收益情况，指导确定列车的调整方案。该功能对客运组织具有重要的现实意义。

8. 其他功能

（1）客户关系管理。

CRM 是信息行业用语，指利用信息系统的方法对客户关系进行管理。其主要包括市场营销、销售过程、客户服务过程中的客户关系管理。市场营销是指根据客户需求生产铁路产品，销售过程是指根据客户需求推销铁路产品，客户服务是指在客户消费铁路产品的过程中为客户做好针对性服务。

(2) 运价测算。

改变单一的票价体系是今后的发展趋势。目前流行的定价策略如下：一是采用多个折扣价格使席位全部售出；让每名乘客尽量支付其所能承受的最高价格；如果席位需求大于运能时，让出价高的乘客拥有席位；如果乘客中途下车，将空余的席位尽快出售。二是根据定价策略和方案建立灵活价格计算体系。例如，对客户进行细分，预测每类客户的席位需求量，按每类客户的承受能力定价，让折扣多的客户提前购票。对淡季、旺季、节假日采用不同折扣；根据竞争对手的价格设置折扣，对常旅客（月票、年票）进行折扣；对团体票进行优惠等。计算机系统需要预测不同折扣情况下旅客增加数，通过收益管理中的数学优化方法，使用计算机模拟，确定最佳客运运价方案，并导入客票系统作为调价的依据。

(3) 铁路客运市场分析。

铁路客运市场分析是对不同时期社会市场的总客运需求进行分析，如计算公路、民航、水运所占客运量与铁路客运量的比值关系，从中分析铁路如何扩大市场范围。铁路客运市场分析信息系统应该不断收集、挑选、分析、评估铁路内部和外部市场的信息，为管理员改进铁路市场营销工作提供依据。市场分析信息系统由铁路内部报告系统、市场情报系统、市场调研系统和市场分析系统构成。

2.6.3.3 大数据应用拓展与客运智能化管理

1. 高铁客运大数据

高铁客运大数据主要应用于客流调查、客户关系管理、车票销售统计、客流预测、旅客群体分析和异常处理行为诊断、铁路客运智能营销辅助决策等方面。客运大数据应用由国铁集团统一组织软件研发，由铁路局集团公司组织实施，围绕智慧服务、智慧营销、智慧管理目标，主动感知旅客需求，准确定位目标市场，完善旅客互动体验，提供及时信息服务，掌握客户出行信息，建立有价值的客户关系，提出客运大数据应用需求，配合国铁集团开发定制化的服务产品，开展精准化客运营销；促进跨行业数据流动，及时预测客流变化，科学安排运力资源，拓展客运延伸服务，有效改善旅客体验，为旅客提供更加便捷的出行服务、更具特色的个性化服务和更加丰富细致的信息服务。

2. 客运大数据驱动客运智能化管理

（1）售票数据。

客票销售渠道包括电话售票、窗口售票、"12306"网站售票、手机 App 售票以及自动售票机售票等。客票系统升级到 5.0 版本后，客票业务实现了核心交易数据的逻辑集中，所有客票应用都通过连接交易管理服务器（CTMS, connection and transaction management server）请求访问客票业务数据。因此，窗口、铁路局集团公司、国铁集团等各级 CTMS 服务节点即可作为售票数据的数据源。

对售票数据的实时数据进行分析，可以及时了解旅客购票需求的热点信息，根据需求热点指定灵活的票额分配以及票价浮动策略，以提高客票销售的收益水平。

（2）车站数据。

旅客进站前的身份证以及车票信息核验数据为实名制数据，因此，对进站安检信息进行采集与分析可以较为准确地掌握各车站实时进站客流数量，结合当日各客票销售数据所统计的车站发送客流量信息，可以及时发现车站客流数量的异常，达到安保预警的目的。

旅客可以使用车票、身份证通过站台闸机，通过对闸机验票数据的采集与分析，可以从中提取各站台实时客流数量以及旅客的换票行为特征等信息，利用好以上信息有助于更好地进行车站客运组织。

（3）列车数据。

通过列车员手持设备可获取车上旅客的实名信息及车票信息，通过信息核验即可得知旅客是否具有乘车资格，标记无乘车资格的乘客信息并及时上报，待旅客下车后，车站工作人员即可根据车上设备采集的数据及时处理。

综上所述，旅客在购票、进站、乘车、出站各环节中产生的数据均可作为大数据平台的数据源。通过对数据的采集与整合，即可掌握旅客乘车出行的全部环节的行为特征。

3. 客运智慧平台结构设计与发展

（1）"12306"网站、购票电话、手机购票 App、自动售票机以及窗口的售票数据均由 CTMS 转发至 Flume 集群（日志收集系统），网站 Web 服务以及云服务日志数据则直接由 Flume 集群收集。

(2) 由于车站安检设备以及闸机配置多样，因此需要在车站设置数据采集器，由数据采集器统一收集，并对日志进行规范处理后转发至 Flume，完成车站数据的采集。

(3) 列车车载设备由于受网络通信条件以及硬件设备的限制，不能保证数据的实时传输，因此，可以把位于地面的车载设备服务器视为数据源，将各车载设备的交互信息通过大数据平台进行采集。

(4) 在数据使用层部署数据查询应用服务器以及分布式计算服务器集群，为数据使用者提供方便的数据查询和使用服务接口。用户可以直接调用接口查询数据或者利用计算集群的计算能力进行数据挖掘与分析工作。

(5) Flume 集群在接收到日志信息后，将数据存储在分布式存储系统中，同时将需要实时分析的数据通过 Kafka（某开源流处理平台）传递至 Spark（某计算引擎）进行流式处理，并将处理结果存储在分布式存储中。已保存在分布式存储的历史数据通过 ETL（数据仓库技术）处理转化后，保存在数据仓库中，供数据使用者进行进一步分析。

2.7 高铁运营智能决策支持系统的构建

客运信息化应用系统虽然数量多，但种类庞杂、结构复杂；虽然覆盖业务范围广，但应用分散，核心应用较少。由于缺乏平台化、集成化设计和诸多历史原因，系统应用整合存在困难，信息系统设计受制于"被动响应需求"，常常处于修修补补的状态，这种不成体系、零打碎敲的信息化建设现状，以及比比皆是的"信息孤岛"无法满足客运业务未来发展的需要，难以形成推动企业发展的有效动力。由于缺乏整体规划，信息系统建设往往以单个业务部门的需求为驱动，而对这些需求的合理性以及与其他业务、系统之间的关系缺乏深层的思考，有些需求在某个业务环节或车站的角度看是合理的，但在整个客运业务或全局的角度上看却是不合理的，这就造成信息系统的建设缺乏平台性、系统性考虑，给后期的应用升级、业务整合带来困难。

高铁运营智能决策支持系统主要是研究基于市场分析、客户需求和效益测算的产品研发和智能决策系统，支撑实现收益管理、效益最大化的客运票价体系建设，构建市场供需动态监测大数据集成平台，研究掌握客流调差分析、客运能力分析以及效率效益评估技术。

数据集成共享平台为系统各类共享数据提供统一的存储和管理,是客运管理决策支持系统与其他相关系统之间进行数据交换和共享的基础平台,为各类核心业务的实现提供完整、统一和准确的数据支持,同时也为其他系统提供数据服务。数据共享平台的外部数据源包括客运营销系统、气象航空等外部系统、动车组运用管理信息系统、列车运行图编制系统、客票系统、调度指挥系统、十八点精密统计、清算系统、"12306"客服系统、旅服系统、客运管理系统等。

在数据集成共享平台的基础上,系统实现市场、产品、收益和执行四大功能模块。市场模块提供市场调查、分析和预测的功能,有助于业务人员把握市场动态和旅客需求。产品模块是对客运产品进行设计和调整,如开行方案编制、运行图管理、列车盈亏测算等。收益模块是以收益管理思想为指导,为客票系统提供销售策略从而实现收入最大化。执行模块提供日常客运工作信息化手段和异常情况下的应急处置指导功能。

数据集成共享平台是由办公网上的数据库、客票网上的数据库和一些特定功能的接口服务器组成。用户(客票网用户除外)通过设置在办公网上的应用服务器实现对系统的访问,其他系统可通过接口服务器和数据集成共享平台实现数据交换。数据集成共享平台涉及的业务系统如下。

1. 客票系统

系统从客票系统获取的数据主要分为两大类:基础数据和实时交易信息。基础数据主要是站段、车次、线路字典等信息。客票实时交易信息包括售票组织策略、票额分配情况、席位占用情况等变化频率较高的信息。

2. 客运营销辅助决策系统

系统可以从客运营销辅助决策系统获取运能、客流、收入等统计主题数据。通过在办公网设置接口服务器,可以实现对现有营销系统报表的访问功能。系统可以为客运营销辅助决策系统提供动车运用、调度命令等相关信息。

营销究其根本就是了解客流需求,然后根据需求制定相应的营销产品,高速铁路内部营销数据主要来自铁路客票系统,随着售票实名制、学生卡识别、银行卡售票、互联网售票、手机 App 购票、电话订票等方式的逐渐完善,客票系统数据库蕴含的信息量变得非常大,需要定期做好数据备份,并注意数据分类的维度;外部营销可采集车站所在城市人口基础资料、学校资料、大型活动资料等,再进行公路、民航、自驾等出行方式客流调研,进行气候变化对人们

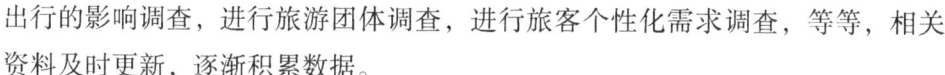

出行的影响调查，进行旅游团体调查，进行旅客个性化需求调查，等等，相关资料及时更新，逐渐积累数据。

通过内、外营销数据采集，能够掌握车站所在城市的客流总体情况，能够掌握每日大到全路、小到车站的车票销售情况，能够掌握哪个方向存在旅客发送高峰，哪个方向旅客发送量少，哪个时间段运能不足，哪个时间段运能过剩，等等，随之可以根据有限的数据分析提出加开和停运列车的建议。依据客票发售数据和采集到的其他相关旅客运输数据，采用客运营销辅助系统，进行客流运输的统计和关联性分析，以辅助进行合理的运输组织和调整。关联性的数据分析可以提示在高峰时段、高峰方向对于超出目前所能提供的运力外，还有多少人需要乘车出行；可提示某个地方的某个大型活动在某个时间段存在客流量突发增量；可提示某个时间段气候恶化带来的出行困难人数等信息。通过某个时间段、某个区间的运能和实际购票量信息，可以推断该时间、该区间客流量是属于旺季或淡季，可以获取相关动车组列车的上座率、运能利用率、席位服用量；通过购票方式的不同可掌握不同的旅客喜欢自助服务或是依赖于人工服务的信息，等等。

为开展收益管理工作，铁路局集团公司以原有客票分析统计系统为基础，对系统作了进一步拓展，增加了客流分析、预测以及过程监控等功能，建成客运营销辅助系统。

3. 收益管理子系统

系统综合客流预测信息、客票销售进展情况、铁路票价政策等因素，对售票组织策略、票额分配方案提出调整建议；在列车票价可随市场变化的政策下，综合考虑旅客的动态需求、机票价格和天气变化等因素，对列车票价、席位存量等提出动态优化方案，以实现列车收益最大化。

4. 市场分析子系统

系统面向客运营销各级业务人员、管理人员，通过多种渠道和方式采集客运市场需求信息，包括客运高铁消费订单数据、用户操作日志数据、市场调研数据、航空票价、天气、重大活动和突发事件等外部市场数据，实现信息获取、传递、存储、数据预处理和维护的全程管理，具体功能如下。

（1）客运需求信息报送管理。

通过制定统一的数据标准，提供不同级别营销业务人员之间，尤其是自下往上进行信息填报与传递的渠道,并对报送信息进行存储及管理。

(2)客流调查数据管理。

为周期性的或针对特定时期的客流调查工作提供支持,其中包括调查问卷的修改定制、调查结果的录入、调查数据的查询统计等。

(3)客运数据预处理。

针对客流数据、用户日志数据及航空的票价、运能以及天气等外部市场数据进行预处理,对其中各类数据中的脏数据、缺失数据等异常数据进行识别并排除;并将数据预处理为客流预测模型所需的数据格式,为客流预测系统提供数据准备。

5. 客流需求预测子系统

系统提供针对开行方案编制以及列车票额预分、收益管理所需的高铁列车、区域、线路等多角度的发送客流和 OD 客流的预测,也提供对客流预测结果的可视化展示、查询、人工调整以及对客流预测模型的管理、监控、评价等功能。客流需求预测子系统运作流程如图 2.32 所示。

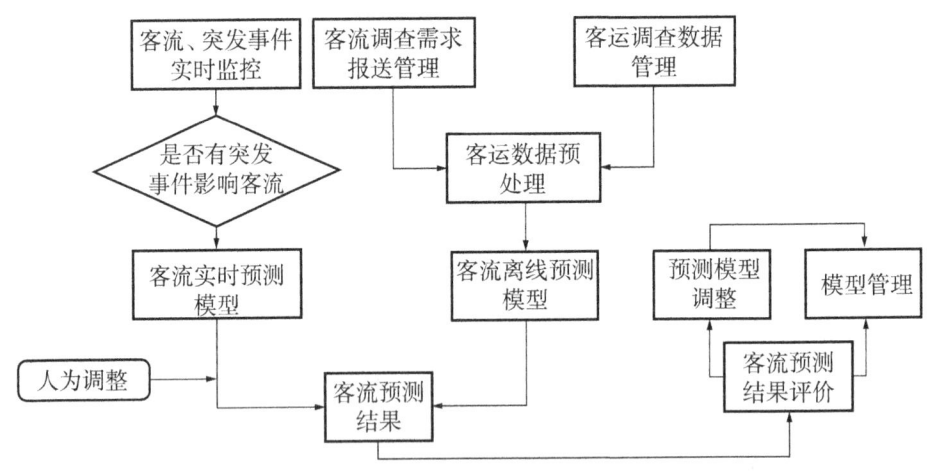

图 2.32 客流需求预测子系统流程图

(1)针对开行方案编制的客流预测。

工作日客流预测:按每年、每月、每周、每日、每小时等不同时间粒度进行高铁客流预测,以满足在工作日开行方案编制过程不同阶段所需的客流预测支持。

节假日客流预测：提供对高铁各列车、区域、线路在节假日期间每日、每周的客流预测，如春节、暑期客流的短期预测，以满足制定节假日开行方案调整的需要。

（2）列车票额预分、收益管理所需的客流预测功能。

日客流预测：提供高铁列车各OD区间在工作日以及节假日每日的短期客流预测，以满足票额预分及收益管理的需要。

（3）预测结果及预测评价的管理。

预测数据管理：对预测产生的结果数据进行展示、查询、人工干预（修改预测结果）等管理操作。

预测评价：对各预测模型所产生的预测结果与实际已产生的客流数据进行对比分析，以评估各预测模型的实际效果，为进一步科学地优化模型提供支持。

（4）预测模型的管理。

通过对预测结果的评价，对预测效果不理想的模型进行参数调整或更换新的模型。

（5）客流监控。

通过监控高铁各线路、区域OD、站站OD、列车站站OD以及预售期内预售票额的实时余票量、用户操作日志的实时请求量，发现是否有突增客流，起到及时调整客流预测值的作用。

6. 列车开行方案设计子系统

列车开行方案设计子系统是在客流预测基础上结合运力资源配置情况，确定未来一定时期内列车的开行区段、径路、等级、开行对数、编组、停站等要素，为铁路客运部门提出合理建议的计算机辅助决策系统。列车开行方案设计子系统为铁路客运产品设计与优化提供信息化、智能化的技术支持。其流程如图2.33所示。

（1）基础数据维护功能。

在从相关系统（如调度指挥系统）获取基础数据的基础上，为业务人员提供线路信息、设备信息、作业时间标准等基础信息的查询、修改、增加、删除等维护功能；从时间、列车等级、列车起讫点等多个角度，提供历史列车开行方案的查询功能。

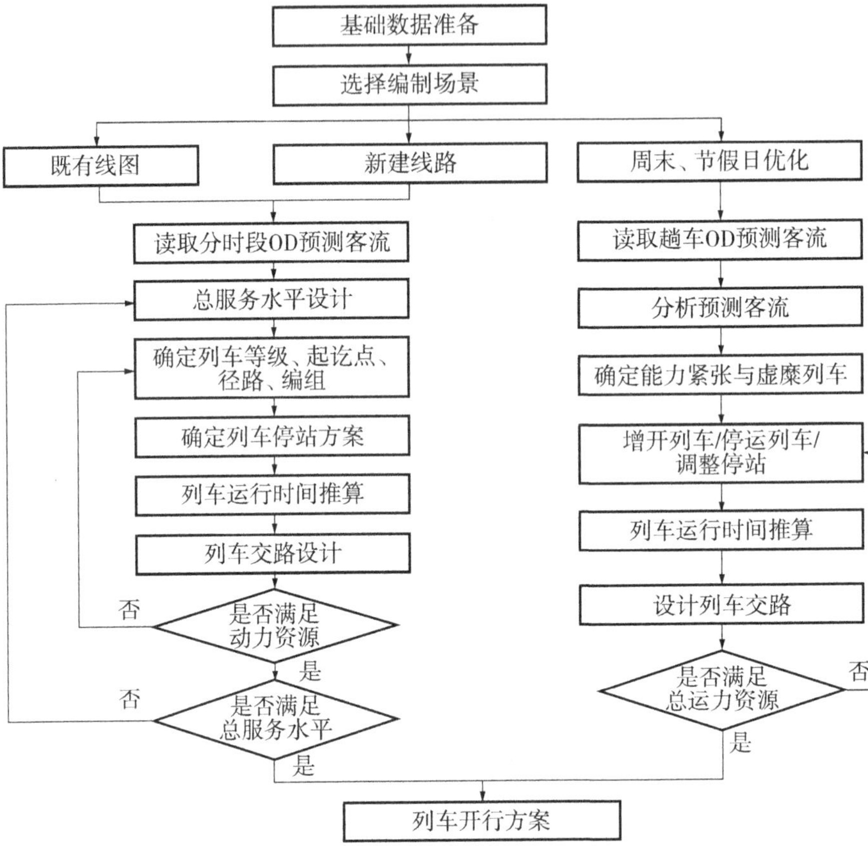

图 2.33　列车开行方案设计子系统流程图

（2）列车开行方案设计功能。

列车开行方案设计功能分为手工编制和自动生成两部分，其中自动生成的列车开行方案，作业人员可以根据自身经验或专家经验对其进行人工调整；作业场景分为既有线图、新线图两种场景，既有线图场景主要依据根据市场环境和历史运营数据得到的客流预测值，新线图场景主要依据根据市场信息得到的客流预测值。其中还包括以下功能。

手工编制功能是将目前业务人员编制列车开行方案的作业流程数据化、信息化，实现无纸作业。列车开行方案手工编制功能为业务人员提供根据客流预测值编制列车开行方案的功能，编制内容包括列车等级、列车运行区段、列车停站方案、列车开行对数、列车编组、车底交路、乘务担当等。

自动生成功能是以客流预测结果、现有运力资源为依据，利用运筹学理论、数学规划方法、启发式算法等，在相关约束条件下，如动车组运用数量、旅客最大换乘次数、区间通过能力等，以铁路企业总成本最少、铁路旅客总旅行时间最少、旅客总换乘次数最少等为目标构建适合我国高速铁路的列车开行方案编制模型，设计对应的求解算法，自动生成满足客流需求与运输能力的列车开行方案。自动生成具有列车等级、列车运行区段、列车停站方案、列车开行对数、列车编组、车底交路等信息的功能。

（3）动车组交路设计功能。

动车组交路设计是根据列车起讫点、径路、停站方案等估算列车运行时分，进一步根据可利用的动车组车底数量及分布、计划开行列车的编组及车型、列车折返作业时间标准等确定可行的动车组交路方案，主要功能包括动车组运用所检修能力核算与维护、列车始发终到时间估算、动车组运用里程及运用时间核算、手动勾选动车组交路等。

（4）列车开行方案动态调整功能。

为满足周末、节假日、春运、暑运期间列车开行方案的临时调整，列车开行方案动态调整根据运能配置与客流预测结果对开行方案提出局部调整建议，从而提高列车开行方案应对客流变化的响应速度。列车开行方案动态调整分为手动调整与自动调整。

手动调整是为业务人员根据客流预测结果、列车实际开行效果、运力资源变化在现有列车开行方案与运行图基础上对列车运行区段、开行时段、开行对数、停站方案、编组、票额分配等内容的局部调整。

自动调整是在研究高速铁路列车行车组织、列车运行图编制理论等的基础上，采用运筹学方法研究高速铁路客运运营方案的动态优化策略，构建适合我国高速铁路列车开行方案的动态优化模型，结合网络流技术、数学规划、分解协调方法和启发式算法，寻找模型快速求解的算法；实现在现有列车开行方案的基础上根据 OD 客流预测结果优化列车开行对数、动车编组、停站方案等。

另外，列车开行方案动态调整功能还可以实现以下功能：列车开行方案编制过程中不同时空范围客运产品数据的版本管理、增、删、查、改等，审核信息的存储、查询、签收等；交互数据的存储、查询、签收等；列车开行方案编制完成后的开行方案的核实、发布等；业务人员操作信息的存储、查询等。

7. 列车运行图管理子系统

列车运行图管理子系统是对列车运行图相关信息进行管理，如列车运行图编制进度，列车在沿途各站的到达、出发、通过时间以及股道、动车组交路、担当路局、上水与排污作业情况等，都需要进行系统管理。其系统流程如图2.34所示。

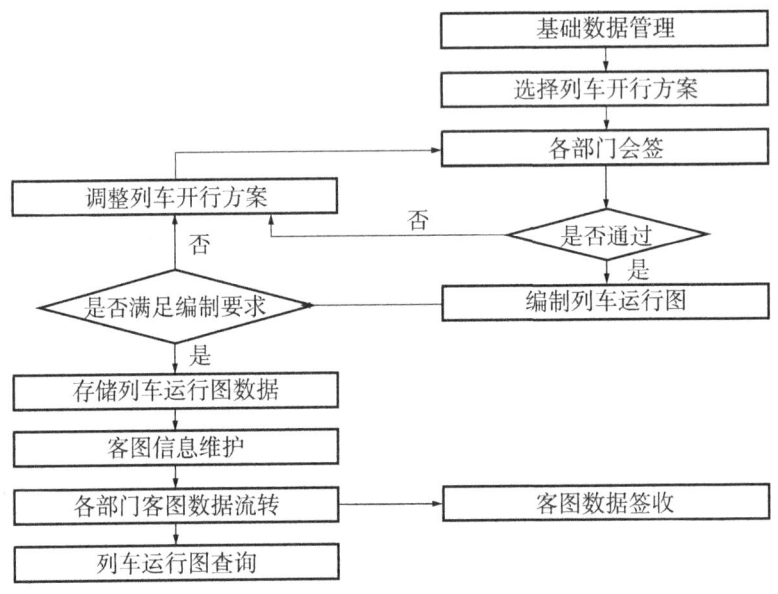

图2.34 列车运行图管理子系统流程图

系统能为列车运行图系统提供的数据主要有列车开行方案数据，包括列车车次、起讫点、速度等级、停站方案等；动车组交路数据，包括出库地点、交路车次、入库地点。系统需要从列车运行图系统获取的数据主要有列车时刻表数据，包括车次、停站、到达时间、出发时间、停靠站台等。

（1）基础数据管理。

这一环节实现对车站及区间设施设备参数、列车运行图参数（如区间运行时分、起停附加时分、车站安全追踪间隔等）的查询功能。

（2）客图信息维护。

这一环节通过计算机技术实现列车时刻表的读取、比对、手工维护、逻辑

第 2 章　综合计划智能编制与智能决策支持系统

检测等功能,将编图过程中各铁路局对列车时刻表的调整记录在数据库中,并以消息的形式自动发送给相关铁路局,从而保证编图过程中各铁路局列车时刻表数据的一致性。

(3) 作业流转管理功能。

这一环节实现列车运行图编制或调整过程中客运处、运输处、客运段、动车运用所等部门之间的作业数据传输、作业进展监控、作业内容进度管理、作业内容会签等功能。

(4) 列车运行图综合管理。

这一环节实现列车运行图相关信息(如列车开行时间、区间、车底运用、人员安排、后勤辅助、备用线路能力等)的存储、查询等功能;实现临时运行图变更信息(车底、停站、时间等变化)的存储、查询等功能;实现列车运行图的简单分析(列车开行时间和空间的合理性分析、能力与需求分析、车底交路方案分析等)。

8. 动车组运用管理信息系统

系统为动车组运用管理信息提供的数据主要有动车组交路数据,包括车型、编组、交路车次等。

系统需要从动车组管理信息系统获取的数据主要有动车组基本数据,包括配属的动车组型号与数量、检修和存放地点和能力、检备率等;动车组交路数据,包括车型、编组、定员、出库动车组运用所名称、交路车次、入库动车组运用所名称等;热备动车组数据,包括存放地点、车型、编组、定员等;完成日常检修的动车组数据,包括车底号、检修完成时间、存放地点、车型、编组、计划担当的交路等;司机及随车机械师信息,包括姓名、工号、电话等。

9. 综合评价子系统

在数据集成共享平台的基础上,为各级客运作业人员提供统计分析功能,满足事前分析、事中实时统计监控、事后分析评价等多种业务需求,包括客运市场研究分析评价、客流预测分析评价、列车开行方案分析评价、列车运行图评价、售票组织与收益管理评价等。

(1) 客运市场研究分析评价。

以集团公司、站段、车站为对象,为用户提供客运基本情况、运能、运量、客流、客票销售的统计分析功能，帮助用户了解、掌握辖区的客运情况。

（2）客流预测分析评价。

分析客流预测与实际客流之间的误差，提出不同的客流预测场景预测模型的适用程度；分析评价不同外部因素对客流统计指标的影响程度。

（3）列车开行方案分析评价。

提供针对列车实际能力利用情况、开行方案和调整策略的分析和评价功能。结合近期客流情况，评价现行开行方案，测算列车运营盈亏状况；分析方案调整策略实施前后的客流数据，结合运能配置，对这些措施的效果进行评价。

（4）列车运行图评价。

提供列车运行图评价功能（客专线路时间和空间的合理性分析、能力与需求分析、综合车底交路分析等）；对运行图调整前后的售票情况、车站组织作业情况、列车正晚点情况以及客运收入等进行对比分析，作出调整评价。

（5）售票组织与收益管理评价。

在分析客流分布情况及旅客购票行为的基础上，结合专家经验，评价特定列车限售站放开的时间及顺序的实施效果；通过分析客票销售的历史情况制定特定时间段内各类列车的席位共用计划方案，根据客票销售的实时情况评价共用策略的实施效果；评价票额共用时间和共用数量的合理性。

10. 高铁运能评估系统

随着高速铁路客流迅速增长，动车组列车的行车密度迅速增加，高速铁路能力紧张的局面逐渐显现，需要一个综合考虑各方面因素的高速铁路能力评估工具，解决高速铁路系统能力计算与评估问题，为运输计划编制提供依据。

11. 可视化高速铁路运能评估系统

此系统采用3层体系结构，根据运行环境和功能需求划分为显示层、核心层和数据层，使用XML数据文件作为信息交互的规范。

（1）显示层。显示层负责与用户的交互，包括界面部分和逻辑处理部分。其中，界面部分是在WPF用户界面框架下，开发的一系列人机交互界面，包括运行图显示与调整、交路图显示与调整、计算参数设定、运能评估结果显示、基础数据录入与管理等界面，以达到高速铁路能力评估与分析可视化的目标；逻辑处理部分负责显示层与核心层间的数据交互处理，包括对能力计算结果的评估分析、计算参数的设定等。

（2）核心层。核心层是系统进行运能评估分析的内核，负责生成并管理计算数据和计算高速铁路通过能力。

（3）数据层。数据层负责提供统一的数据接口，可采用 XML 格式文件存储和交互各模块需要的数据，如线路数据、运行图数据、交路图数据、运行图计算参数、交路图计算参数和项目评估文件等。

结合高速铁路运能评估系统设计目标，采用模块化的设计思想对高速铁路运能评估系统功能进行设计，可设计出以下功能。

（1）基础数据管理功能。主要包括线路数据、车站及股道数据、区间数据、径路数据和视图数据。针对上述不同类型的数据，设计 XML 文件格式的数据结构，并且分别设计简洁友好的数据管理界面，提供基础数据的增加、删除、查找和修改功能，实现高速铁路运能评估系统数据管理的可视化。

（2）运行图显示与编辑功能。运行图的显示与编辑界面为修改、调整列车运行图提供了一个可以用于人工操作的界面。用户可以根据需要，修改列车运行图的结构，并以此作为高速铁路能力计算的高速铁路运能评估系统的设计与原始数据集，便于计算和评估不同结构下的高速铁路通过能力，实现不同需求下的高速铁路运能评估功能。同时，运行图显示与编辑界面也可以作为能力评估结果的显示工具，不仅可以显示最佳能力方案下的运行图，还可以查看各车站到发线的运用情况，实现区间通过能力和车站到发线运用情况的可视化。

（3）动车组交路图显示与编辑功能。动车组交路图的显示与编辑界面为修改、调整列车接续关系，构建动车组交路计划提供了一个人工作业的界面。用户可以根据需要，修改列车的接续关系，并以此作为高速铁路能力计算的初始数据集，便于计算和评估不同动车组运用情况下的高速铁路通过能力。同时，交路图显示与编辑界面也可以作为能力评估结果的显示工具，显示计算得到的最佳车底接续关系方案，实现动车组运用情况的可视化。

（4）通过能力计算功能。针对高速铁路的通过能力进行准确计算是研究的关键问题，常用的通过能力计算方法是通过不断向当前的运行图中插入运行线，往复循环直至不能继续添加运行线为止，将已经不能继续插入运行线的图称为"满图"，以"满图"上的列车运行线数量作为通过能力计算的结果。从理论上说，列车运行图通过能力，是在生产实际中能够实施的最大能力，但考虑区间通过能力、车站到发线通过能力和动车组运用等影响因素，需要运用计算机模拟列车运行图的铺画和动车组交路。

由此可见，能力计算功能模块包括 2 项功能：一是能力计算数据处理，二是能力计算求解。其中，能力计算数据处理指的是编辑求解参数、车站、区间、列车等求解数据，进行能力计算数据的面处理；能力计算求解指的是综合考虑区间通过能力、车站到发线和动车组运用的影响，动态地添加列车，一体化地铺画列车运行图和勾画动车组交路，进而计算高速铁路通过能力。此外，高速铁路运能评估系统还可以自动生成求解日志，用户在能力计算求解界面，实时了解求解总进度，查看添加列车的动态变化情况，实现能力计算过程的可视化。

第3章 智能调度

3.1 高铁调度指挥管理体系

3.1.1 调度指挥系统概述

调度指挥系统是高速铁路运营管理和列车运行控制的中枢，是高速铁路新技术的集中体现，是高速铁路运营管理现代化、自动化、安全高效的标志，对统一指挥列车运行和协调铁路运输各部门的工作作用重大。铁路运输生产具有关联性高、综合性高、结合部多等特点，是调度调整的协同体现。高速铁路调度强调集中指挥，是综合效益的集中体现，关系到整体效率和效益的发挥。如图3.1所示，高速铁路调度系统主要解决两个问题，即如何运营和如何调度的问题。运营问题主要通过编制高质量的运输计划予以解决，调度问题主要通过调度指挥系统各功能子系统的相互配合来反映。

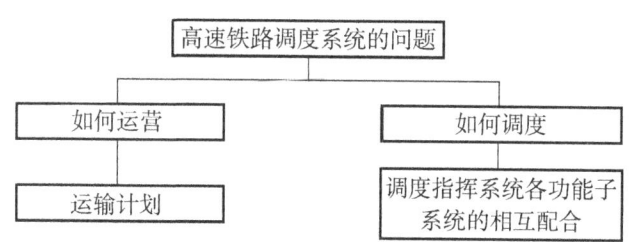

图3.1 高速铁路调度系统的问题

我国高速铁路调度指挥机构的设置以满足高速铁路调度指挥的需要为前提，在充分考虑高速铁路运营管理模式、行车组织特点、调度指挥模式及功能的基础上按照一般组织机构设置的原则来合理设置调度指挥机构。遵循"分工明确，业务不交叉"的原则，我国高速铁路调度指挥机构采取两级调度架构，即国铁集团调度中心、铁路局集团公司调度所。

1. 国铁集团调度中心（管理层）

总体负责组织协调铁路高速铁路运输调度指挥。国铁集团调度指挥中心高速铁路调度设值班副处长、计划、列车、动车、客运、供电、综合维修调度台。国铁集团调度指挥中心作为铁路调度指挥的领导者，主要负责铁路列车运行的协调、监控。其具体作用可以概括为：负责铁路列车基本列车运行图的编制；组织跨线列车的开行，协调高速铁路公司和既有线铁路局集团公司之间以及高速铁路公司之间的利益冲突；监视铁路列车的运行状况；非正常情况下指示相应调度机构的应急处理工作，必要时接管指定区域列车运行指挥工作等。

2. 铁路局集团公司调度所（高速铁路调度指挥中心）

高速铁路调度指挥涉及计划、列车、工务、电务、供电、动车、客运以及维修等部门，为满足高速铁路调度指挥业务的需要，在调度指挥中心设置相应的业务调度台，由各业务调度台来直接指挥现场的工作。铁路局集团公司调度所是列车运行的实际控制中心，主要负责实施计划的制定，组织列车按图运行，在列车运行偏离计划时实时进行列车运行调整，在非正常情况下开启应急处置或救援模式等。要保证高速铁路运营的安全，离不开各高速铁路调度台间的紧密联系和密切配合。高速铁路调度值班主任领导和协调各工种调度，督促各岗位按章、按标作业，共同确保高速铁路列车运行的安全畅通，保证高速铁路调度指挥的安全稳定。集团公司调度所在高速铁路值班主任领导下设有计划、列车、客服、动车、工务、电务、供电和施工调度等岗位；其中，站、段、所、车（执行层）接收高铁调度所的指挥和控制，按照调度指令办理各类作业。基层调度拥有最高级别的优先控制权，特殊情况下直接办理本站作业。

3. 高速铁路调度系统的组成与功能

我国高速铁路调度系统的构成如图 3.2 所示。

高速铁路调度系统主要由运行管理、计划编制、列车调度（管理）、供电管理、综合维修调度、客运服务等部分组成。具体来说，计划编制主要负责列车运行计划、动车组运用计划、乘务计划以及维修计划的编制，负责列车运行实绩统计分析，并负责高铁日班计划编制及列车运行图数据维护、高铁计划子系统基础数据维护等。列车调度（管理）又称行车调度，列车调度台是确保高速铁路调度指挥安全、列车安全畅通运行的中枢与关键，负责组织列车按计划运行，在列车运行偏离计划时实时进行运行调整等。列车调度员作为调度部门

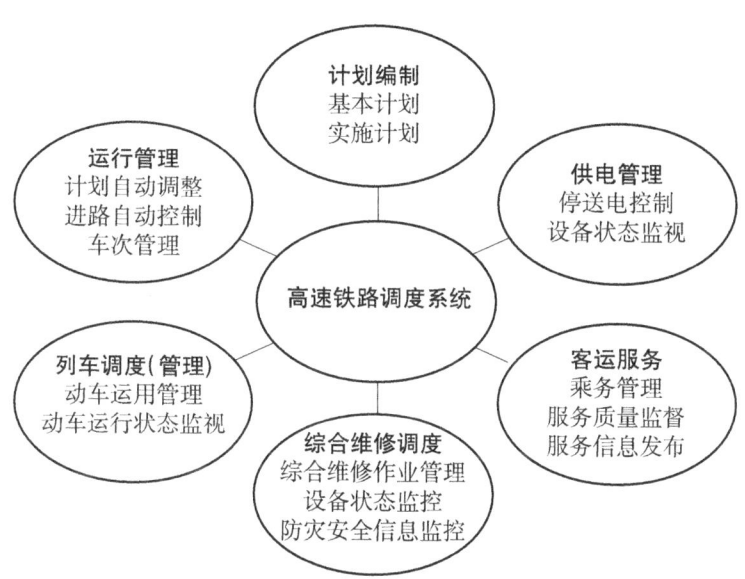

图 3.2 我国高速铁路调度系统构成

的关键岗位,是日常运输组织指挥工作的"大脑",担负着保障运输安全、组织客货运输、保障国家重点物资运输、提高客货服务质量的重要责任,凡与行车组织有关的日常生产活动都必须在运输调度的统一组织指挥下进行。按照集中领导、统一指挥、逐级负责的原则,一个调度区段内由本区段列车调度员统一指挥,列车调度员作为一个调度区段行车的统一指挥者,其发布的调度命令和指示,相关行车人员必须执行。列车调度(管理)一般由列车调度和助理调度两人协同配合完成工作。工务、电务、供电调度分别负责辖区范围内的工务、电务、电力调度及牵引供电调度、被控设备的监视和控制等。动车调度负责监控管辖范围内动车的运用情况,合理安排动车组的运用、检修;合理安排动车组司机及乘务组等。客运服务负责管辖范围内车站与旅客服务相关的各项事务,积极应对各种突发情况,做好旅客的疏导、安抚工作等。综合维修调度负责收集基础资料及各种报表信息,制订维修计划,监视线路以及列车运行状况等。根据工作量情况,综合维修调度的职能可并入列车调度岗位,也就是说,不单列综合维修调度,其工作职能由列车调度员完成。在没有设置综合维修调度的调度所,其职责并入列车调度员职责。

3.1.2 调度指挥设备及运用特征

现代高速铁路调度体系已经不仅仅局限于传统的列车运行监视与控制，而是向综合型、智能型、集中型的方向发展，并将涵盖运输规划、运输管理、运行控制、运行维护、运力资源优化配置等与高速列车运行密切相关的领域，由简单的监控型调度体系向控制与管理一体化方向发展。高速铁路调度指挥设备主要包括运输调度管理系统（TDMS）、调度集中系统（CTC）。

1. 运输调度管理系统（TDMS）

自 2008 年以来，我国铁路部门推广实施了运输调度管理系统（TDMS），系统包括国铁集团、铁路局集团公司、站段三级系统，主要目标是实现调度系统的协同计划编制、辅助决策支持、信息采集处理、统一建模维护共四个方面的目标，实现各级调度及各调度工种间协同编制，动态生成完整的调度日、班计划。系统主要功能如下。

（1）建立调度计划编制平台，实现调度日（班）计划协同编制。系统通过建立"调度计划协同编制平台"，实现"横向集团公司间接续编制，集团公司内多工种协同编制货运、列车和机车三大工作计划；纵向国铁集团、铁路局集团公司、站段三级协作编制轮廓计划与调度日（班）计划"的建设目标。在实现信息共享的同时充分发挥计算机优势，为各调度工种提供统一的计划编制平台，各工种数据经平台计算后生成完整的调度日（班）计划，实现"一日一图"，构建完整调度日（班）计划。系统将调度员所在管辖区段内的作业经推算放大为集团公司范围内的作业，并根据相关工种信息提供相应的实时指标统计，为编制计划提供决策支持。

（2）建立完善各调度工种系统功能，实现运输生产闭环管理。系统在强化信息源点建设的基础上，建立完善值班主任、计划调度、货运调度、机车调度、客运调度、施工调度、军特运调度等主要调度工种子系统，实现对主要调度工种作业流程的功能覆盖，同时满足两级调度部门生产、施工、安全、基础的综合管理功能，实现调度作业流程化衔接与协作，构成有机联系的整体；按照调度相关规章、规程，建立严谨的逻辑判断模型，对调度作业流程、作业标准进行程序化管理、约束、控制、警示，实现管理上的安全卡控。

（3）铁路运输管理信息系统（TMIS）与调度指挥管理信息系统（DMIS）

间互联互通（T/D 结合），实现信息充分共享。TMIS 系统作为铁路系统内部局域网，承担铁路内部生产管理等功能。DMIS 系统作为调度指挥管理平台，与 TMIS 系统间相互贯通后，一方面，强化了调度部门与运输生产各环节的联系，包括列车运行图阶段计划信息传递、列车正晚点信息预报等；另一方面，为提高调度日班计划编制质量提供数据支持。同时，进一步强化工种系统间信息共享，重点解决调度作业全过程信息共享的问题，在相同工种间实现信息的实时交换，在不同工种间实现信息的实时或批次交换，信息共享方式由调度员主动的查看转变为对调度员的主动提示。

（4）加强调度台间计划编制协同，全面提升调度指挥工作效率。具备计划调度台间（铁路局集团公司间）计划透明、车流来源透明、能力与车流精确匹配等功能的，能有效支持各工种及调度台协同编制计划的运输调度管理系统，提高计划编制质量，实现基本图、调度日（班）计划、阶段计划的一体化编制，实现动车组工作计划、列车工作计划的有机结合，实现开车计划、运行计划的高水平兑现，确保在列车视图环境下实现按计划行车，真正发挥计划对运输组织工作的整体牵动作用，全面提升调度指挥工作效率和精细化管理水平。

2. 调度集中系统（CTC）

调度集中系统是调度中心对某一区段内的信号设备进行集中控制，对列车运行直接指挥、管理的现代化技术装备，并代替了普速铁路车站值班员的行车工作；同时也是实现铁路各级运输调度对列车运行实行透明指挥、实时控制的高度自动化的调度指挥系统。该系统与其他系统连接，构成功能完善的列车运行指挥安全控制体系。

调度集中系统综合了计算机技术、网络通信技术和现代控制技术，采用智能化分散自律设计原则，以列车运行调整计划控制为中心，兼顾列车与调车作业。它通过 CTC 设备编制列车运行阶段计划，下达至车站自律机，车站自律机生成进路序列信息，并按照进路触发时机，将进路序列中相关按钮命令发送到联锁设备，由其排列相关列车进路。系统按照对列车进路和调车进路的控制权限不同，分为中心操作方式、车站调车操作方式和车站操作方式。系统主要包括列车计划管理子系统、自律控制子系统、车次管理子系统、调车作业子系统、调度终端子系统、车务终端子系统、运输调度管理系统（TDMS）等接口子系统、GSM–R 接口子系统、限速命令管理和列控接口子系统，以及其他相关系统。CTC 系统进行列车作业的主要流程如下。

（1）列车调度员在调度中心列调工作站编制、下达列车运行调整计划并下达到各管辖站。

（2）CTC 车务终端及车站自律机收到计划后，自动将列车运行调整计划转换为列车进路指令序列。

（3）车站自律机根据排列进路的规定时机，经过《车站行车工作细则》条件检查通过后，向联锁系统下达进路控制命令。

（4）在进路排列完成后，自动以文字方式向司机提供前方站的接车进路预告信息。

（5）联锁系统将各项电务设备中的行车表示信息以及自身采集的表示信息发送至调度中心。

（6）车站自律机按照报点规则自动采集列车的到发点或通过点，并将报点信息发送至调度中心，调度中心依此自动描绘实迹图；车站自律机将报点信息传送至车务终端，车务终端根据该信息自动填写行车日志。

在列车运行图调整实施过程中，如果旅客列车办客站、动车组列车办客股道、列车运行径路等未经核对，TDMS 5.0 系统上列车运行图丢失运行线（俗称"丢线"）等，极有可能造成列车错办等事故。因此，需要加强以下方面的工作，发现差错及时更正、及时反馈、及时上报：按规定的格式制作新旧交替表，核对正确后导入 TDMS 系统，并根据修改后的电报和文件进行再核对、再修改，确保新的调整列车运行图数据在传递、生成及上传过程中完整无误；新的调整列车运行图实施期间，及时搜集各调度台新列车运行图使用情况的信息；制订新旧交替计划，在新旧交替期间，安排人员进行安全把关；列车调度员加强运行径路、办客站、办客股道资料的核对；加强与软件部门、调度台的核对工作。

3.1.3 智能调度功能需求分析

我国铁路调度指挥信息化系统的应用从 20 世纪 90 年代初铁路运输管理信息系统（TMIS）面世开始。调度指挥管理信息系统（DMIS）于 1996 年立项，通过与 TMS 数据的互联，实现了运营数据的自动采集、技术资料的储存，以及铁路局调度中心的远程连接和信息交互。TMIS 和 DMIS 于 2005 年整合为列车调度指挥系统（TDCS），具备调度监督功能、实时宏观监视功能、列车运行计划编制和调整、调度命令的自动下达和调度信息管理和统计几大功能。与此同时，调度集中控制系统（CTC）于 2002 年以 DMIS/TDCS 为基础开始研发，CTC 在 DMIS/TDCS 的数据基础上实现车站控制、进路自动排列及车站信号设备（计算机联锁设备）的自动触发。TDCS 和 CTC 在路网的应用很大程度上减轻了调度员的工作负荷，避免了人为因素失误，但是在智能调度决策方面的功能还非常有限。如今随着大数据、仿真、机器学习、可视化等技术的发展，基于"数据+算力+算法+可视化"原则的调度辅助系统将大大提升调度员对晚点的认知水平，研发高铁智能调度决策体系，为调度员的调度决策提供支持和提高决策能力已成为迫切需求。

智能调度集中系统以现有调度集中系统为基础，结合智能高铁的发展需求，运用运筹学、统计学和人工智能技术，更好地实现列车运行计划的智能调整，为调度人员提供更加高效、实用的技术手段，如在列车运行自动调整、进路和命令安全卡控、行车信息数据平台、行车调度综合仿真和 ATO 功能应用等方面进一步优化完善，提升调度集中系统智能化水平。智能调度集中系统是对现有调度集中的补充完善，不改变现有调度集中系统架构。

智能调度集中系统以现有调度集中系统为基础，系统建设按照当前规划分成三个层级逐步实施，第一层级实现列车运行调整计划辅助调整、安全卡控等功能，第二层级实现列车运行调整计划自动调整、早晚点预测等功能，第三层级实现行车调度信息大数据运用、列车运行调整计划智能调整等功能。相关需求如下。

（1）列车运行自动调整功能应根据不同的场景提供不同的调整策略，调整后计划符合相关约束条件，具有可用性和便捷性。

（2）进路和命令安全卡控功能应拓展现有系统自律卡控条件和自律检查范围，增加固定径路卡控、复杂站场进路控制、无线发车进路预告等功能，实现综合智能卡控。

（3）行车信息数据平台应在既有调度集中系统架构基础上，通过加强与运输信息集成平台、客票管理系统、PSCADA、自然灾害及异物侵限监测、DMS 等系统的结合，在保证信息安全的基础上，采用符合国铁集团信息共享有关规定的统一数据通信规程，实现系统与客运、供电、工务、机务、车辆等专业信息系统的信息共享扩展。行车调度综合仿真功能应实现正常调度集中业务操作演练和应急场景模拟演练。

（4）ATO 功能应用应实现列车运行计划上车功能，并接收、显示站台门工作状态。

智能调度辅助决策系统作为目前高铁调度指挥 CTC 系统的共生系统，需实现与列车运行图编制系统和 CC 系统的完美对接，为高速铁路调度指挥决策提供辅助。在智能调度的思想指导下，实现和完善数据管理、运营仿真、晚点预测、智能调度辅助决策、可视化显示和分析等功能，提高调度决策水平。系统将具备静态功能和动态功能。静态功能主要实现实绩运行数据的分析和数据可视化，便于调度员人机交互调度。动态功能主要实现实时辅助列车调度，调度员可选取数据库中的实绩运行数据、动车组数据、基础设施数据等，利用机器深度学习等人工智能模块训练晚点和冲突预测模型与调度决策模型。其中，晚点和冲突预测模型用来实现列车区间运行时间、停站时间晚点传播和晚点影响程度、冲突可能性、冲突演化等的预测；调度决策模型实现不同调度目标下列车运行调整、冲突消解策略等调度方案的自动调整建议。

高速铁路智能调度指挥系统可实现智能动态调度、智能协同控制、智能换乘调度、智能故障诊断等功能，还能以整个路网的角度进行列车调度，使之达到效率最优，能够提升系统应急决策和处置能力。铁路部门还将建成大数据中心，实施更加精准的运力资源配置，完善"一日一图"运输组织模式，使高铁调度指挥、运营组织更加灵活高效，建成各项行车信息整合化、远程操控实时化、在故障紧急情况下多专业系统协作联动控制迅捷化的综合调度系统。通过调度系统与列车 ATO 配合，合理优化列车的站间驾驶策略，实现列车安全、准点、舒适、节能运行。此外，未来我国的高铁智能动车组还可实现智能供电调度、自然环境自动监测与报警等功能，实现灾害及时预警、自动应急处置。

智能 CTC 系统是建设智能铁路的重要组成部分，其目标是利用大数据、机器学习、物联网等智能技术构建一个信息泛在互联，具备智能决策、自主适应能力的智能化系统。智能 CTC 系统由五个层面组成，自底向上可分为感知层、传输层、数据层、平台层以及应用层，可以实现信息的采集、传输、处理、存储与使用，如图 3.3 所示。

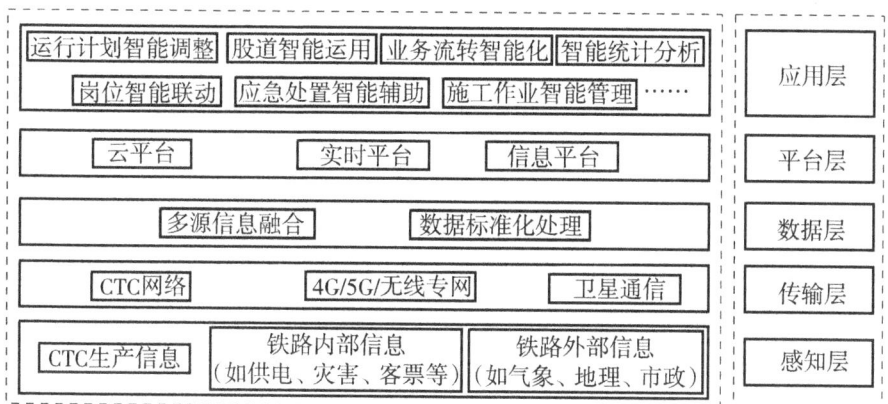

图 3.3 智能 CTC 系统结构

智能 CTC 系统主要功能如下：

（1）调度集中系统内部智能化。调度集中系统内部智能化是对行车调度指挥相关的业务进行内部的整合和深化研究，可进一步提高工作效率和保障安全。

（2）列车运行计划智能调整。列车运行计划智能调整是 CTC 系统智能化的典型应用。智能 CTC 系统可通过机器学习等人工智能方法，建立起在不同应急情况下的运行图调整模型，可结合灾害信息、客票信息、机车交路/车底运用、现场设备运行状况等动态信息实现运行线的智能化调整，从而有效提升调度员应急处置效率。

（3）智能统计分析。智能统计分析同样也是 CTC 系统智能化的另一典型应用。CTC 系统积累了大量的运营数据，其包括地面、车载和运营计划等，利用数据挖掘、统计学等方法深入发掘生产过程中各类数据之间的内在关系，发现数据间新的模式、规律以及生产安全的潜在风险，进一步指导生产和提升设备效能。

（4）调度集中系统外延智能化。调度集中系统外延智能化是以 CTC 系统为中心，充分利用其共享的信息资源，进行业务外延式的拓展研究。

未来，利用 4G/5G 或者无线专网等安全通信手段，采用移动智能终端等设备，智能 CTC 将可为客运、货运、施工等不同作业提供全方位的岗位联动信息，完成对作业人员、作业过程从粗放式管理到精细化管理的转变，使跨作业合作更为高效；还可通过信息化共享平台，实现与地铁系统、航空系统、公交系统、出租车调度系统等多种运输行业信息化系统平台间的信息融合，实现

"出行即服务"的先进理念,并为铁路应急指挥等提供便利。

综上,我国高速铁路智能调度辅助决策系统是独立于列车运行图编制系统、调度集中系统以外的调度辅助决策系统,以高铁运营历史数据和实时数据为基础,运用数据科学和人工智能方法,建立列车晚点和冲突预测模型、高速列车运行调整智能化模型,实现列车未来运输态势的预测和评估,进而提出调度决策建议,实现数据管理、列车运行管理、调度决策、可视化等系列功能。

需要说明的是,系统可以根据层级[中国国家铁路集团有限公司(简称国铁集团)、铁路局集团公司、站段层]开放不同权限和功能。在国铁集团层和铁路局集团公司层调度所,系统应分别具有对全路和铁路局集团公司高速列车运行态势的全局数据综合管理、列车运行分析预测、态势推演、调度调整决策、综合可视化等全部功能;在铁路站段层,系统应具备数据综合管理、列车运行态势实时动态显示、综合可视化等基本功能。

3.1.4 智能调度探索实践:京张高铁智能调度指挥技术

1. 京张高速铁路技术

京张高速铁路调度集中系统相关智能功能技术的研究、试验以及未来通过京张高速铁路示范工程的应用,将进一步提高列车调度指挥、列车运行安全保障能力和智能化水平,保持我国高速铁路技术在国际上的先进性,为智能铁路建设和"走出去"战略提供支持,京张高铁智能技术创新具体如下。

(1)智能CTC系统的列车运行计划自动调整试验模型和场景符合调度员操作习惯和日常调度指挥的要求,调整后计划符合相关约束条件,具有可用性和便捷性,从而提高调度员应急处置效率。

(2)智能CTC系统扩展了列车进路和命令安全卡控范围,增加发车进路无线预告、场间进路自动办理、行车作业完整性检查等功能,进一步提高进路办理的安全卡控关系和自动办理效率。

(3)智能CTC系统提升了行车调度综合仿真技术,为行车指挥人员提供实训和日常实操环境,进一步提高调度指挥应急处置能力。

(4)智能CTC系统通过行车信息数据平台实现行车与客票、电调、灾害监测等的信息共享,降低沟通成本和出错概率,进一步提高行车组织的效率和安全性。

（5）智能 CTC 系统通过与 ATO 结合，实现列车运行计划上车和站台门状态显示，为 ATO 系统提供精确的区间运行时分，提高旅客舒适度。

智能 CTC 系统主要新增功能包括列车运行计划自动调整、进路和命令安全卡控、行车信息数据平台、行车调度综合仿真和 ATO 功能应用。结合"智能铁路"的发展需求，智能 CTC 以现有 CTC 系统为基础，不改变现有 CTC 系统架构，优化完善现有 CTC 系统。完全兼容既有系统的软硬件设备，增加的智能调整服务器、接口服务器可以与既有系统无缝衔接，极大地提高系统的可用性、可维护性和安全性。京张高速铁路主要技术特点如下。

（1）列车运行自动调整功能根据风雨雪等恶劣天气或设备故障等应急情况，提供不同的调整策略，实现列车运行计划的智能和快速调整功能，调整后计划符合相关约束条件，具有可用性和便捷性，降低了调度员的劳动强度，从而提高调度员应急处置效率。

（2）列车进路和调度命令安全卡控功能拓展现有系统自律卡控条件和自律检查范围，增加固定进路卡控、发车进路无线预告、场间进路自动办理、行车作业完整性检查等功能，拓展了自律卡控条件和自律检查范围，进一步提高命令和进路的安全程度，完善行车调度指挥闭环控制程度，提高命令和进路安全综合智能卡控程度。

（3）行车信息数据平台在既有 CTC 系统结构基础上，通过加强与运输信息集成平台、供电调度、灾害监测等系统的结合，在保证信息安全的基础上，采用符合国铁集团信息共享有关规定的统一数据通信规程，实现系统与客运、供电、工务、机务、车辆等专业信息系统的信息共享扩展；扩展了与客票系统、供电调度系统、灾害监测信息系统相关工种之间的信息共享和联动，有利于非正常情况下的应急指挥，提高行车组织的安全性。

（4）行车调度综合仿真功能实现正常 CTC 业务操作演练和应急场景模拟演练，实现调度员实景模拟仿真培训。

（5）ATO 功能可实现列车运行计划上车功能，并接收、显示站台门工作状态，为实现动车组按图行车提供实时可行的列车运行计划。

3.1.5　高铁智能调度未来发展趋势

高铁智能调度未来发展趋势主要表现为以下几个方面。

1. 安全智能

安全智能表现在系统敏捷感知、迅速响应和及时决策。高速列车运行速度高，一旦发生事故，影响非常大，因而必须保证高速铁路运行的绝对安全，这就要求调度指挥体系能够实时掌握列车运行数据及各种行车设备的状况，及时接收各类危及行车安全的信息，并做出正确的判断和决策，迅速有效地处置各种异常情况，保证列车运行安全和正常运输秩序。

2. 服务智能

安全、正点、舒适、便捷是高速铁路旅客服务的目标，为此，高速铁路的运输组织和调度指挥系统将集成全面而周密的行车组织方案，能够通过机器对海量数据的搜索能力和具备的瞬间判断响应能力，协助人工判断和人脑决策，适应客运市场、旅游市场、物流市场需求的快速变化，有效满足不同层次客流和货物的运输需求，及时应对突发客流，与城市轨道交通精准对接并实现高效换乘，并且具备特殊情况下快速制定各种疏导客流方案的能力。

3. 协调智能

高速铁路的智能调度需保障列车的高速度、高频率发车，使高铁客运能够在城市群、都市圈、中心城市之间以及中心城市与邻近城市之间高效运行。如京津城际日开行137对时速350 km的"复兴号"列车，通过京津快速通道，实现了北京和天津这两大直辖市的"同城"效应。这种大规模、高频次的列车运行，通过智能调度来协调时空，实现小编组、高密度、公交化运输，满足京津通道大容量客运的需求。

4. 管理智能

随着我国高速铁路建设的迅速发展，智能调度指挥体系能够快速适应发展的需求，在纵向上能够实现控制中心对系统和设备的直接管理和控制，在横向上能够对计划、行车、供电、机车、维修等业务进行集成指挥，并且能够根据管理的需要对管理的范围、管理的内容、人员机构进行动态管理，履行"指挥"这一重要管理职能，不断提高高铁运输效率。

5. 智能调度4.0集成创新

德国推行的"工业4.0"是基于信息物理融合、以智能制造为主导的产业革命，是第四次工业革命的先导，该战略的目的是提高德国工业竞争力，在第四次工业革命中占领先机。2014年11月，中德双方发表了《中德合作行动纲要：共塑创新》，宣布两国将开展"工业4.0"合作；随着中国的加入，德国对"工业4.0"标准的制定大大提速。我国高铁已经具备物联信息系统（cyber-physical system）的坚实基础，高速铁路智能调度的演进就是在"工业4.0"背景下和既有调度系统革新的基础上发展而来的。目前，我国高速铁路运营调度4.0集成了大数据、云计算、IT技术、人工智能等现代新兴技术，逐渐迈进信息物理融合的阶段，未来正朝着智能调度4.0的方向发展。

3.2 高铁调度日班综合计划编制与实施

高速铁路调度日班综合计划编制是指基于对运输需求、设备状态、所处环境状态、生产动态的实时自动获取，实现客运列车运行计划、动车组运用计划、乘务计划和车站作业计划的一体化编制、计划的自动下达、执行过程的动态监控，以及生产效率和运输效率的自动评价，包括基本图开行方案、开行计划、站段作业计划编制等客运生产全过程，还包含了动态调整、计划执行与趋势分析等一体化闭环管理编制。各个计划既相对独立运行，又通过相互配合、相互协调共同完成列车行组织任务。高速铁路调度日班综合计划编制分散在列车开行、动车组运用、乘务等各专业计划里进行，同时对各专业计划进行综合与协同管理。

高速铁路客流的迅速增长和出行需求的网络时空复杂性增加，给运输生产组织带来了更大的挑战，使得高速铁路调度日班综合计划的编制变得更为重要。我国高速铁路运输计划主要包括列车运行计划（运行图）、动车组运用计划、客运乘务计划、车站作业计划等，各类运输计划分散在计划调、列调、动车调、供电调、施工维修、高速铁路司机调等不同系统之间进行编制，存在人工作业量大且缺乏数据融合和安全卡控手段等问题，因此要充分发挥综合运输计划编制在整个运输生产过程的牵引作用，实现旅客智能出行、铁路智能运输。

3.2.1 业务范围

高速铁路调度日班综合计划编制包含列车运行图调整和列车开行方案动态调整、日班计划编制、作业计划编制、计划兑现反馈与趋势分析等阶段。

（1）列车运行图调整。结合动态的线路能力、运输需求和经营能力，进行列车运行图动态调整，规定各车次列车在每个车站的到达和出发（或通过）时刻、在区间的运行时间，列车在车站的停站时间，以及机车交路、列车重量和长度等，编制日常图、高峰图、周末图等运行图，形成基本运输计划。

（2）列车开行方案动态调整。在基本运输计划的基础上，通过客票销售信息、客流分析、客流预测等渠道，获取动态需求，进行列车开行方案适应性调整。其包含列车运行区段调整、列车加开停运、车底运用、车辆检修等相关方案的制定。

（3）日班计划编制。其包含列车开行日计划、车底交路日计划、车底运用日计划、施工维修日计划、"三乘"计划等相关编制和动态调整，还包含次日综合运输计划编制的落成和发布。

（4）作业计划编制。基于客运日班计划，结合站场设备设施状态，编制站段生产作业计划，包括列车到发计划、上水吸污计划、乘务作业计划、动车作业计划等。

（5）计划兑现反馈及趋势分析。收集站段作业计划的执行实际和执行状态反馈，进行计划兑现反馈和运输效率效益趋势分析，反馈到列车运行图编制环节，分析列车运行图编制的合理性和精益性，从而提高列车运行图编制水平。

3.2.2 业务流程

高速铁路运输综合计划协同编制方案研究是高速铁路运输调度指挥水平提升的关键，通过借鉴平台化服务理念，构建运输综合计划协同编制平台，纵向实现国铁集团公司、铁路局集团公司、站段与基地（段所）的信息资源优势互补、流程贯通，横向实现各专业协同联动，做到计划编制执行和动态调整一体化全过程管理，以更好地实现铁路智能运输、旅客智能出行，为全面提升安全生产运营管理、客运服务的现代化水平提供技术支持，并为探索我国高速铁路智能综合调度系统设计总体方案提供理论依据。

高速铁路调度日班综合计划编制纵向包含国铁集团、铁路局集团公司、站段（基地所）三级，横向涉及铁路局集团公司之间的数据交换。其所涉及的业务流程主要如下。

（1）基本运输计划编制。目前用基于区域协同的高速铁路列车运行图编制思路，将整个高速铁路网划分成若干个区域子网，在子网内以繁忙干线为基础，以旅客满意度最高、能力利用最优为目标来编制满能力列车运行图。列车运行图编制基于各区域的路网能力和客流情况，对整个高速铁路网进行短途列车运行线连接变为长途运行线。基本运输计划包括基本列车运行计划、基本动车组交路计划、基本车辆分配计划和基本乘务计划等。列车运行图编制完成后，发布基本运输计划，实现基本运输计划与综合调度系统及其他客运相关的系统等的数据共享。

（2）运输综合计划编制。综合计划编制以列车运行计划为基础，结合基本动车组交路计划和施工维修计划等，形成图定列车开行计划，并协同安排车底运用计划和确认"三乘"计划信息，编制图定列车开行计划。根据临客申请，编制临客开行计划。调度部门根据图定列车和临客列车开行计划，编制客运工作计划，并关联站段的上水、吸污计划，形成站段作业计划，同时发布给各相关站段，转发至站段、动车所及车间。

（3）开行方案调整。客运部门根据客运销售分析、客流预测分析等掌握客流运输需求，提出客运加开停运调整申请，并与车辆部门进行车底交路确认，确认审批后生成客运开行调整方案。涉及跨局列车的开行调整方案需提交国铁集团申请审批确认。国铁集团批准反馈调度命令后，自动生成临客开行方案并发布给相关单位。

（4）车底编组管理。以基本动车组车底交路计划为基础，实时关联动车组状态信息、修程修制信息，结合动车组检修计划，对动车组交路变更申请进行定员，对车型等相关参数进行安全卡控，提出合理的车底变更申请，提交相关部门进行审批变更，落成车底变更命令的同时形成车底运用计划，并关联到运输综合计划编制，发布给相关的部门和站段。

3.2.3　调度日班综合计划协同与实施

调度日班综合计划，是在2.1.1节所述的总体综合计划的基础上在一个日班调度工作领域的细化和具体化，其"综合性"主要表现在各专业协同和融合的情况下，贯穿需求获取到计划执行的运输生产全过程管理，提出高铁综合运输计划横向各个专业、纵向各个环节协同编制的方案。主要的业务内容如下。

1. 构建高速铁路调度日班综合计划协同管理平台

通过构建高速铁路调度日班综合计划协同管理台，实现运输计划闭环、专业作业协同、生产信息互融,确保相关专业系统有效协作、计划流贯通。综合运输计划协同管理平台分为统一资源描述、信息动态采集、业务流程卡控、综合监控冲突检测这4个层级。

(1) 统一资源描述。该层由铁路数据服务平台提供基础支撑,主数据类信息主要包括提供固定设施、移动设备、物资设备、运输产品、人员机构等运输专业信息,提供动态采集车底运用、车型编组等数据,还包括采集视频、音频、天气、安全报警等相关环境数据。统一资源描述层,根据各相关部门自身的业务需求划分专业数据应用,包括调度数据应用、客运数据应用、动车数据应用、供电数据应用等,为数据共享和融合提供基础支撑。

(2) 信息动态采集。该层根据相关业务领域分为调度计划域、基本能力规划域、客运营销决策域、施工维修域、车站值乘域、动车组管理综合视频监控域等,各相关专业系统内部的业务处理在各自的业务处理域内完成。相关业务域之间的运输生产信息通过构建运输生产信息库进行实时动态传递,实现各业务域之间列车运行图编制智能化的数据共享交换。

(3) 业务流程卡控。该层包含业务规则定义、业务流程管理定制、协同消息定制、冲突校验定义及安全检查等。业务流程定义和管理为综合计划协同编制提供流程引擎和冲突规则处理,为业务流程协同提供技术支撑。

(4) 综合监控冲突检测。该层包含运输计划综合展示、冲突提醒、冲突推送、运输指标统计分析、运输综合监督、重点揭示管理、评价考核等,实现运输计划协同编制过程中的全面盯控和综合展示及动态考核评价。运输计划协同管理平台在统一资源描述和信息动态采集之上,通过流程卡控实现一体化平台协同管理和编制,通过与各业务领域系统业务流程的互控与信息交互,实现统一运输计划、运输资源实时发布,实现运输作业的统一协调管理。

2. 高速铁路调度日班综合计划协同编制

基于综合运输计划协同管理平台,将列车运行图编制系统、智能综合调度系统、客票营销管理平台、综合维修管理系统、机务管理系统、客运站段生产管控与旅客服务平台、动车组管理系统等各系统及平台协同管理,实现高速铁路调度日班综合计划协同编制。综合运输计划编制以列车开行计划为核心,统领施工维修计划、动车交路计划、车底运用计划、站段作业计划、三乘计划,覆盖运输生产全过程,形成有机整体,形成高速铁路调度日班综合计划协同

第 3 章 智能调度

编制。

（1）列车开行计划。以列车运行基本计划为核心，形成图定列车运行计划，包括列车车次运行轨迹、经由客运站、时刻表和基本车型定员等要素。列车开行计划协同编制主要针对临客停运加开等场景，涉及国铁集团、铁路局集团公司、站段三级协同过程，在图定列车开行计划编制的基础上，各部门协同编制临客加开、停运和调整计划，进而形成完整的列车开行计划。

（2）动车交路计划。主要形成同一车底各运行车次的接续关系，担当交路的车底信息。结合基本交路信息和列车开行计划，设置列车开行规律和新旧交替启用日期，自动生成动车交路计划。动车交路计划结合列车运行计划中的动车运行轨迹时刻表和客运营业站等信息并自动绑定列车运行线数据。通过导入和维护提前下达调度命令或下发的文电，形成临时加开或停运的动车交路计划。

（3）车底运用计划。根据列车开行计划和动车交路计划，推导编制车底运用计划，包含车底、车型定员等，与动车组运用状态进行校核，如需变更则提出变更申请，按照变更申请流程，编制车底变更命令，最后形成车底变更计划，同时纳入统一的车底运用计划管理，并在交路计划的基础上完成车型、车号的绑定。结合不同的路网能力、客流需求、动车组类型等条件构建模型，对列车开行和动车组运用两者进行同步优化，对于提高运输能力、节约动车组运用具有重要实用价值。

（4）三乘计划。三乘计划包含随车列车长、司机和机械师值乘计划，三乘计划编制是以乘务交路为基础，以值乘的高速列车运行区段及其到发点为依据，在满足乘务规章规定的各项作息时间标准的条件下，确定每天需值乘的交路方案和月度乘务排班计划，并满足交路数最少、交路接续最紧凑、动车组司机间休时间较均衡这三个目标。三乘计划的编制可由动车段、动车所、机务段、客运段等相关岗位在收到下达列车开行计划后根据乘务交路基础数据，司机、机械师、列车长等人员基础数据，分别安排和分配对应的乘务信息，计划调度确认后为列车运行线绑定三乘信息，相关部门可实时掌握三乘信息。

（5）站段作业计划。站段作业计划主要包括为列车分配到发线，安排进出站以及车底调转进路等。根据列车开行计划、列车到达计划、出发班计划和段计划并结合调度命令，围绕按要求准点开车的目标，分阶段编制本站的到达计划、作业计划、出发计划，安排全站的到发线运用、调机运用和机车运用，指

· 115 ·

挥全站按计划完成生产任务，并将站段作业计划绑定到列车运行线上。一个车站的作业计划安排是否合理不仅影响本站的设施利用和客运服务质量，还可通过列车的传导作用在路网范围内产生影响。

（6）施工维修计划。综合计划协同编制即实现计划编制一体化，自动平衡施工与运输的矛盾，实现施工维修月计划、周计划、日计划的编制审核管理，自动进行施工日计划与列车运行计划的冲突检查并进行自动提醒，针对施工影响范围、行车限制条件、限速影响等进行自动检测、关联卡控。

3. 高速铁路调度日班综合计划发布与实施

高速铁路调度日班综合计划闭环管理分为计划编制、运输作业执行、计划动态调整三部分，涵盖运输计划的编制、执行和调整环节，实现运输计划闭环、计划作业协同、作业实绩反馈等应用效果。

（1）计划编制。基于各专业信息互融，所有维修、机务、客运、车站作业工作都围绕着列车开行计划开展。通过平台可以获取运输需求信息，进而确认列车开行方案及加开停运申请，各业务依托于平台协同确认开行的列车运行时刻、列车车底分配和司机乘务分配等，最后审批落成综合运输计划并发布给各相关单位。

（2）运输作业执行。计划下达后，监督列车实际开行，并跟踪列车运行轨迹，作出列车运行正晚点预测预警。同时监督各个站段作业计划的执行进度、预计完成时间等，与综合计划进行比对，动态感知列车运行异常状态。通过对客运列车动态定位、客运列车故障感知、列车运行状态监测预警模型设计构建客运应急监测预警，为计划动态调整提供支撑。

（3）计划动态调整。针对高速铁路列车运行调整复杂性高的特点，采用贪婪算法，建立列车到发时刻与进路同步优化的高速铁路列车运行调整模型等进行实时列车计划调整。例如，遇应急情况或临时停运加开、车底运用变更请求时，各部门协同处置生成变更调度命令，同时落成动态调整计划。计划调整的同时，所有工作都同步调整。

3.3 铁路调度应急指挥平台的构建

3.3.1 铁路调度应急指挥业务范围

铁路调度应急指挥的应急启动响应通知包含国铁集团的应急启动响应通知、铁路局集团公司管内的应急启动响应通知，以及国铁集团与铁路局集团公司、铁路局集团公司之间的应急启动响应通知联动。国铁集团收到故障报告后发起应急，通知本级相关的部门和相关的铁路局集团公司；铁路局集团公司级发起应急，通知本铁路局集团公司部门和铁路局集团公司相关部门；铁路局集团公司各业务部门收到应急启动通知后可逐级通知管辖范围内的站段，站段通知联络应急指挥现场。应急处置协同联动需要实现国铁集团与铁路局集团公司以及铁路局集团公司之间的联动协同响应通知机制。铁路调度应急指挥业务范围如图 3.4 所示。

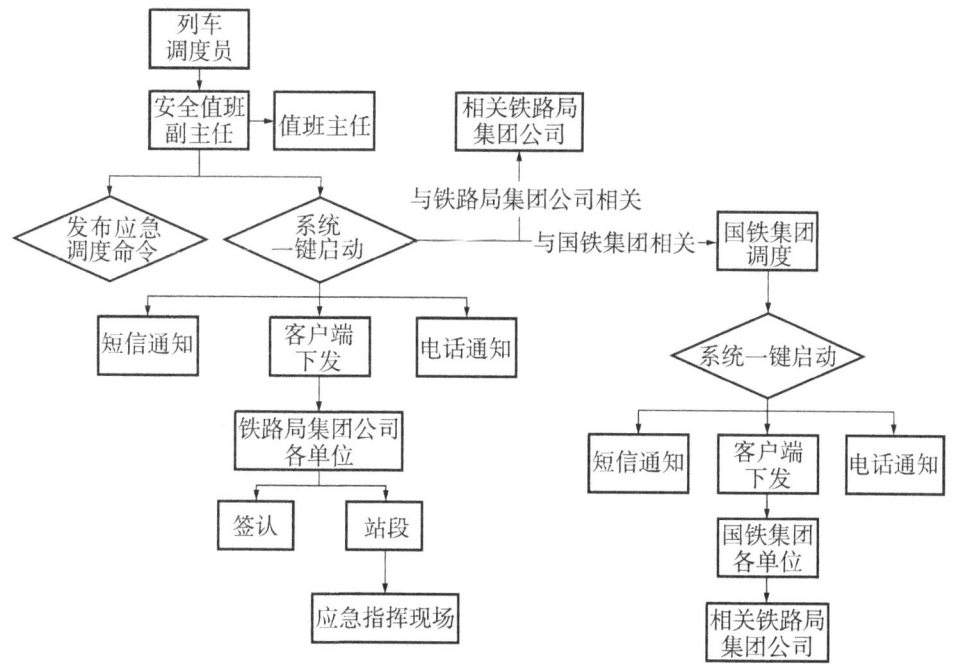

图 3.4　铁路调度应急指挥业务范围

3.3.2 铁路调度应急指挥应急联动流程

铁路调度应急指挥是指在运输调度指挥过程中，铁路线路、通信信号、供电等固定设施，机车、车辆、动车组等移动设备故障及遭遇恶劣天气等自然灾害、突发客流等突发事件时，借助相关设备、设施和支撑系统，制定应急处置方案、指挥应急处置实施，努力恢复运输秩序、减轻突发事件影响的过程。由国铁集团调度指挥中心牵头，建立国铁集团、铁路局集团公司、站段三级联动的铁路调度应急指挥系统。铁路调度应急指挥涵盖应急指挥的事前、事中、事后全管理。调度应急处置事前主要通过接入外围系统和借助应急移动 App 采集现场信息和故障提报信息，通过算法模型进行异常判断、差异判断等形成报警或者预警信息；调度应急处置事中包含应急启动、应急组织和应急处置过程监控等部分；调度应急处置事后主要包含写实分析和恢复评价等过程。应急处置过程管理主要包括应急值守、应急演练、基础资料管理、应急预案、应急模板管理、应急通讯录管理等。铁路调度应急指挥的主要用户群体为参与调度应急处置业务的用户，包括国铁集团、铁路局集团公司、站段三级应急处置相关的用户。各单位按需开放用户使用权限和配置相应的使用资源。

3.3.3 铁路调度应急指挥系统总体架构和功能架构

铁路调度应急系统围绕铁路调度应急指挥业务，基于现有应用系统数据，对现有系统的生产数据进行集成整合，辅以智能视频分析、人工智能、数据综合处理等技术手段，建立国铁集团级、铁路局集团公司级、站段级三级一体化的调度应急系统，实现调度应急指挥集中统一管理、联动处置，有效防止多头指挥、反应迟缓等现象，实现监测预警，辅助决策，启动签到、过程盯控、恢复评价等应急处置全流程管理，以及应急基础数据和案例管理。

在既有的铁路信息系统中，与铁路调度应急指挥相关的信息系统有铁路应急通信系统、铁路地震应急系统、应急管理信息系统、运输调度管理系统 TDMS 5.0 和铁路一体化信息集成平台等。随着铁路一体化信息集成平台的建立，列车、车辆、客运、机车、司机、乘务、售票等信息不断汇集，对列车开行方案、开行计划、开行实际、调度命令、车底运用计划、救援车辆、动车组热备等数据的关联分析和存储，为建立铁路调度应急指挥系统提供综合数据支撑。例如，铁路调度应急指挥系统将应急系统相关功能界面进行应用集成，共享应急信息管理系统中的应急资源查询和应急规章查询等功能，向应急管理系统推送应急处置报告数据。再如，铁路调度应急指挥系统主要的业务数据使用运输调度管理系统 TDMS 5.0 编制的日班计划、调度命令、高速铁路车底交路计划等相关数据，复用 TDMS 5.0 系统的列车基本图时刻数据，在原有 TDMS 5.0 的数据的基础上进行加工和挖掘处理。

1. 铁路调度应急指挥系统总体架构

结合铁路调度应急指挥业务特点，铁路调度应急指挥系统核心功能在铁路内部服务网运行，系统访问终端通过铁路内部服务网访问，互联网端移动 App 通过国铁集团移动互联网安全平台接入访问，应急通信平台依托于铁路数据通信网进行信息传输和应急通知。铁路调度应急核心系统服务主要包括调度应急辅助、应急过程管理、应急启动通知、应急指令管理、应急值守管理、应急预案管理、应急基础资料管理等核心系统服务，以数据服务平台和短信平台等作为基础支撑。在铁路内部服务网上对列车运行状态信息系统、铁路机车远程监测与诊断系统（CMD）、列控设备动态监测系统（DMS）、工务生产指挥系统、铁路地震应急系统等既有业务系统进行数据共享和功能界面集成；同时支持 PC 终端和智能通知终端接入，为国铁集团、铁路局集团公司、站段提供三级应用。铁路调度应急移动 App 通过国铁集团移动互联网安全平台接入访问系统，移动 App 主要设计预警信息推送和查询、应急处置、群主讨论等功能。铁路调度应急指挥系统通过集成既有铁路通信网中的多媒体通信模块来构建应急通信平台，主要涵盖应急智能通信，实现应急启动电话播报、视频传输、调度电话监听等功能，如图 3.5 所示。

2. 铁路调度应急指挥系统功能架构

铁路调度应急指挥系统采用统一的消息传输通道，为参与应急处置的各部门之间提供消息通知和信息传递服务，为各铁路局集团公司间提供消息共享和传递的渠道，实现铁路调度应急指挥。铁路调度应急指挥系统应急联动处置功能主要涵盖国铁集团、铁路局集团公司、站段三级应用。国铁集团用户访问铁路调度应急指挥系统，开展调度应急辅助、应急处置管理、应急基础资料管理、风险预警，向国铁集团本级相关部门及相关铁路局集团公司发布应急启动通知，组织应急签认、应急过程监控，实现国铁集团和铁路局集团公司两级应急响应

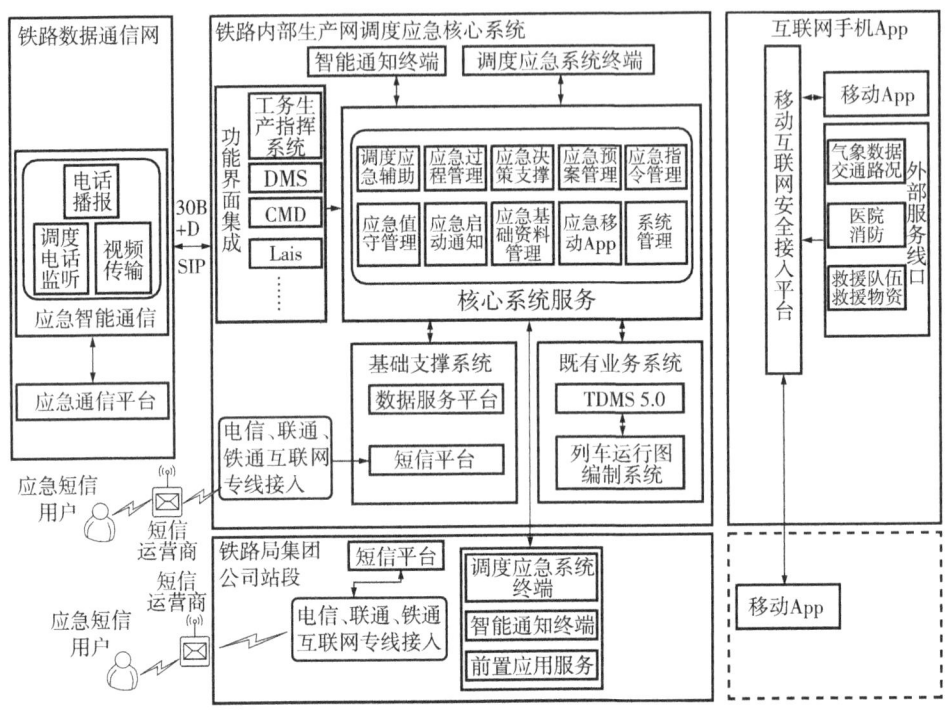

图 3.5 铁路调度应急指挥系统总体架构示意图

联动、处置协同、信息互通,使应急处置过程透明;铁路局集团公司用户访问铁路调度应急指挥系统,开展调度应急辅助、应急处理过程管理、应急决策支撑、应急基础资料管理、应急预案管理、应急演练、应急值守等工作;站段用户访问铁路调度应急指挥系统,访问调度应急辅助、应急处置管理、应急值守、应急演练等应用功能。铁路调度应急基础支撑功能包含移动 App、系统管理、应急智能通信等,为系统的各级用户提供服务,如图 3.6 所示。

结合铁路调度应急指挥的业务特点,以"集中统一指挥、应用接口开放"为目标,调度应急系统采用国铁集团级"一点集中式"架构,构建基于铁路内部生产网络的统一调度应急系统门户,通过国铁集团网络安全管理平台构建移动 App 端程序。

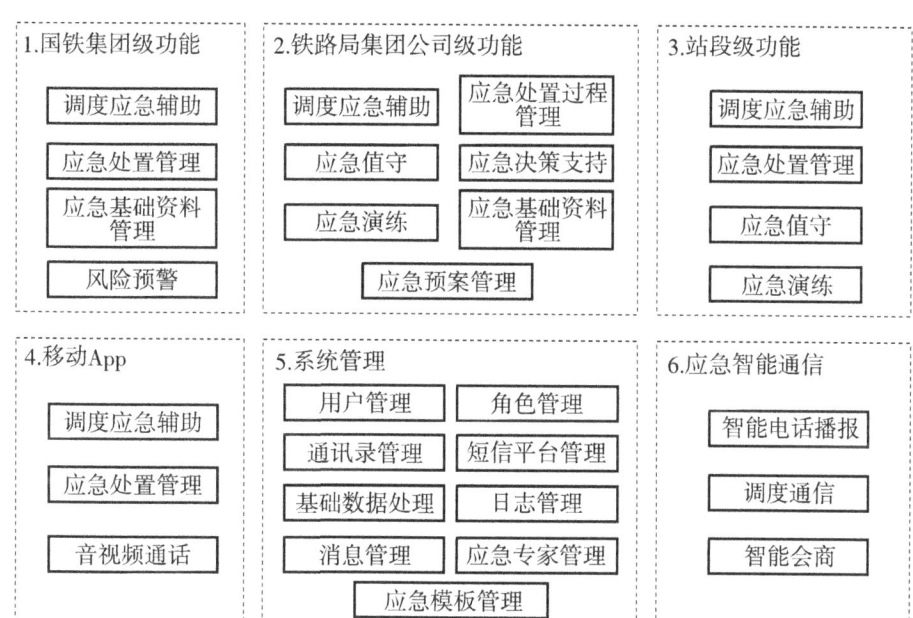

图 3.6　铁路调度应急指挥系统功能架构

3.3.4　铁路调度指挥应急处置方面存在的制约因素

通过对现有应急调整组织模式的实际操作和决策过程的分析，可以发现影响应急处置效率和效果的掣肘集中在受影响旅客列车具体信息的获取和确认过程。无论是管内还是外局突发事件的应急处置，都是单纯依靠客运调度员通过人工查看相关实际列车运行图、手动查询资料等传统手段来获取和传达信息，且流程未细化规范，数据的时效性和准确性明显不足，大大降低了应急调整的效率。主要制约因素如下。

（1）数据准确性不足。应急调整过程中，客运调度员是通过参考客运日班计划及相关列车调度台的阶段计划，确认直接受影响车次范围的。在确认列车具体信息时，依靠的是基于基本图、日常文件电报和客调命令等资料进行变更后的台账。但由于该台账没有统一的维护人员，而是相关人员在基本图资料的基础上根据后期相关文电调令自行修改而积累的，其数据的准确性得不到基本保障。同时，有些动态性数据可能已经发生变化，且信息依靠人工渠道传达，传达过程中数据的准确性也会受到影响。而一旦错误的数据被应用到调整中，轻则遗漏受令单位，导致相关单位未接收到调整信息而来不及作业；重则导致遗漏、错误调整车次，造成车底接续不上、客运组织混乱的局面，甚至有发生责任事故的后果。

（2）信息流转时效性不强。无论是直接受影响车次及其乘车人数、后续交路、编组、担当等基础信息，还是基本调整方案的确定，一方面，信息传达手段仍然依靠的是传统人工摘录抄送或口头传达；另一方面，在应急调整作业中，需要各专业相互配合，互相交换数据和意见。而实际作业中，大家对信息的掌握都是碎片化的，形成了未集成、不关联的信息孤岛。因此，信息通报流转耗时长，时效性差，与铁路旅客运输现代化的设备和组织方式严重不符。同时，信息流转的滞后引起决策用时过长，不仅会使受影响旅客列车范围扩大，造成不良的社会影响，甚至威胁现场人员生命财产安全。

（3）作业流程缺乏标准。虽然国铁集团及各铁路局集团公司层面有相关的突发事件应急预案，但具体到突发事件后的旅客列车运行方案调整，目前国铁集团及各铁路局集团公司都未制定指导性的标准化作业流程。由于应急调整作业的突发性，在实际应对过程中，应急指挥仍然是依靠决策者自身经验来组织和分配工作。在权限职责划分、作业原则和流程层面，也缺乏统一的、规范的标准。

（4）应急处置信息收集和汇总滞后。设备故障后，应急指挥人员需立即掌握列车工况、坡道曲线、桥隧堤堑、三乘人员等信息，上述资料分别通过文电公布、司机汇报、其他工种人员提供等不同渠道获取，没有自动提取信息的平台，需人工逐项收集、汇总、梳理，易造成应急信息掌握滞后，影响处置时间。

（5）很难第一时间掌握现场信息。发生非正常情况后，调度人员很难第一时间掌握现场信息，准确掌握现场故障（事故）情况，作出合理的应急处置决策。当前调度人员仅凭CTC显示和司机的简要报告，难以准确、清晰地掌握现场具体情况，并且铁路局集团公司调度员、业务部室及站段应急指挥人员等同时通过电话向司机、随车机械师询问情况，无法实现信息同步共享，甚至有时会严重干扰司机、随车机械师处置故障。

（6）无法实现专家"面对面"指挥。铁路局集团公司、站段应急专家仅能通过电话与现场人员联系，根据现场人员描述的故障现象，推断产生故障的可能原因，再通过电话指导现场人员处置。这种应急指挥过程，不但容易发生错误描述、错误理解、错误推断，而且对整个现场处置过程缺乏直接、可视的监控和卡控，易发生"判断不清、耽误时间""处置失误、扩大后果"等问题。

（7）故障判断和处置缺少技术支持。高速铁路故障应急处置过程中，铁路局集团公司应急指挥中心对故障判断、处置指导、安全卡控的技术支持主要依赖应急值班人员的个人能力，较难保证每名应急值班人员都具备较好的故障判断和现场指导能力，造成应急指挥中心无法有效指挥现场处置，同时也无法向应急领导小组提供准确的决策依据。

3.3.5 铁路调度应急辅助决策系统

国铁集团铁路调度应急辅助决策系统主要功能模块包括调度应急辅助、应急处置管理、应急基础资料管理、风险预警、应急预案管理、应急决策管理等，实现国铁集团级的调度日常的监测预警和应急处置的过程管理，并通过消息共享和交互，实现国铁集团和铁路局集团公司两级应急响应的联动和协同，提升应急处置效率和处置水平。

3.3.5.1 调度应急辅助

调度应急辅助模块为国铁集团级调度作业人员在处理应急事件时提供辅助功能，主要包括列车晚点盯控、在途车分布、异常停车盯控、短信通知列车长、客运列车综合查询、跨局信息共享等功能。

1. 高铁列车晚点盯控

为方便国铁集团调度业务人员对重点客运专线运输秩序进行盯控，开发高铁列车晚点盯控功能，在铁路地理信息地图上展示在途高铁列车晚点详情。可设置晚点时长、告警时长等参数卡控车辆状态，也可通过担当局和担当段等查询条件进行定制筛选，还可自定义数据刷新时间间隔以满足用户体验度。

2. 晚点列车综合查询

这一模块可设置途径站、终到/折返站、途径时间段、晚点时间等查询条件，系统自动筛选并展示出符合条件的列车当前在途位置、晚点情况及车底套用交路信息。

3. 在途车分布

（1）列车在途分布。在铁路地理信息地图上显示在途列车当前在铁路网分布情况，并可根据列车车次、晚点时间、始发站、途径或终到站等查询条件，系统自动筛选并定位在途车的位置及其综合信息。

（2）列车运行轨迹查询。根据输入的一个或多个查询列车车次，可以通过铁路地理信息地图和表格两种形式，展示列车运行的历史经由轨迹、当前位置、计划经由及运行时刻、正晚点信息等。

（3）大客运站预计到达。根据输入的查询车站和时段，系统自动给出未来到达列车当前位置、正晚点情况信息等，并可选定任一列车，查询其车底、司乘、客座利用等信息，还可快速定位到列车当前运行区段列车运行图界面，查看区段列车运行情况。

4. 异常停车盯控与预警

（1）异常停车预警。可设置停车时长，系统自动将异常停车车辆信息在铁路地理信息地图上进行展示并进行预警提示。

（2）异常停车盯控。可设置停车时长，系统自动将超时列车位置展示在铁路地理信息地图上，并以表格形式汇总异常列车详细信息，起到主动预警和盯控的作用。

5. 超员预警

超员预警功能主要包含以下几方面的内容。

（1）超员预警参数设置。预警参数设置，包括超员预警等级设置和超员比例设置，不同等级对应不同的超员比例。

（2）超员预警计算。通过预警参数设置情况对当前在途车以及待发车超员情况进行统计运算并形成超员结果集。

（3）超员预警查询。提供超员预警查询报表，展示当前在途车和待发车超员情况，对不同等级的超员列车通过颜色给予区分，并提供报表输出。

3.3.5.2 应急处置管理

1. 应急启动通知

由自然灾害、铁路交通事故、设备故障或其他原因导致列车晚点、列车故障或其他危险情况发生时，根据事故严重程度由国铁集团分等级启动应急。应急启动时，系统具备突发应急事件的创建功能，通过应急响应模板，录入具体突发应急事件的线别、事件详情描述、事件类型、响应等级，自动勾选通知单位及联系人，通知国铁集团运监、客运、货运、机务、车辆、工务、电务、供电、安监、劳卫、宣传、办公厅、公安等部门，同时通知相关集团公司的应急指挥中心。应急通知发起时，提供终端消息通知、短信通知和电话语音自动播报三种方式。

2. 应急签到管理

收到国铁集团应急响应通知的各部门及值班人员，通过应急签到设备进行应急签到，可采用人脸识别及手动签名的方式进行应急签到。应急系统提供应急签到情况汇总查询。

3. 应急过程管理

应急过程管理包括盯控国铁集团应急启动过程中的各部门响应进度的功能；国铁集团各部门登记应急处置计划和应急处置实际过程；盯控相关集团公司接收到国铁集团应急启动通知后管内的应急处置情况。

4. 应急处置报告

系统辅助生成应急处置报告，包括故障描述、故障影响范围、故障处置方案、预计恢复时间等描述。

5. 应急统计分析

通过图、表两种展示形式，以部门、集团公司和故障类型等多个维度对应急事件进行统计分析，可按时间段进行统计并打印输出。在按部门和应急级别统计的报表上开发钻取功能，通过钻取功能可查看应急预警历史记录。

6. 应急值守

系统提供应急值守人员维护、值守签到、值守排班、值班查询等功能。

7. 集团公司应急联动

集团公司发生应急事件后可通过国铁集团—集团公司消息通道将应急信息传递到国铁集团应急启动终端，国铁集团接收到铁路的应急启动消息后可执行国铁集团级应急启动，将应急信息下发到各个参与应急处置的业务部门实现应急联动。

8. 集团公司盯控

国铁集团级应急调度指挥系统对集团公司应急调度处置情况在线盯控，包括应急启动通知情况、应急进度盯控、应急处置过程、应急处置报告和应急处置统计等。

3.3.5.3 应急基础资料管理

其功能包括对应急文件、规章、应急预案等基础资料进行分类管理、汇总和统计查询。

1. 应急规章管理

（1）文件上传：按部门、岗位规章类别管理维护、上传规章文件，利用文件服务器对文件进行存储。

（2）规章文件编辑：按照分配的用户操作权限，对规章文件进行修改和删除。

（3）文件下载：点击文件条目下载规章制度文件。

（4）规章查看：可按部门、分类、时间段查询规章文件，可按照关键字检索定位。

2. 应急基础资料管理

系统提供应急基础资料的上传、下载、查看、关键字搜索等功能，可进行分部门、分种类的关联查询。

3. 应急预案管理

在系统内可实现以下操作：应急预案电子化、流程化，绘制电子预案流程、部署和编辑电子预案流程；建立电子预案库，汇集国铁集团和集团公司的电子预案库，形成铁路的电子预案库。

4. 应急资料汇总

这一功能可实现以下工作：汇总国铁集团工电、机辆、调度等相关专业的规章制度；汇总集团公司收集的应急资料；集成汇总应急管理系统中的应急基础资料；汇总各应急专家提供的方案并建立铁路统一的应急专家库。

3.3.5.4　风险预警

1. 应急案例库管理

可建立统一的应急案例库，分为成功案例和失败案例两种，可以通过故障类型、响应等级等关键字进行关联和检索。

2. 专项风险预警

现有各类专项系统能够根据天气状况、车辆状态、沿途社会资源等给出具有参考意义的预警信息。调度应急系统对接现有专项风险预警系统实现风险预警综合展示功能。

3. 应急风险预警

通过应急处置历史知识链接，结合专项风险预警系统的提示数据，综合展示风险预警,并将风险预警信息推送至相关岗位和各个关联集团公司。

3.3.5.5 应急预案管理

应急预案管理包括以下两方面的内容:在几种不同的应急处理方案中选择出最适合当前事件的一种应急处理预案;做好该种应急预案的实施工作。

3.3.5.6 应急决策管理

1. 构建信息系统

(1)构建大数据路网视图。以高速铁路线路、接触网、信号等 LKJ 数据为基础,构建 2D 路网视图;将防灾、视频、疏散通道等所有铁路设备设施纳入视图管理;将沿线铁塔、上跨桥、电力线等外部可能侵害因素一并纳入视图管理,将基于 GIS 系统准确定位的山体、河流自然情况和医院、消防、车站等地方救援资源同步纳入视图管理。

(2)搭建音视频互通平台。通过开发、使用眼镜式智能视频语音穿戴设备实现故障现场与应急指挥中心间视频语音的相互传输,同时不影响现场人员作业。在集团公司应急指挥中心配置音视频直播系统;在站段应急指挥中心装设高清摄像机及接入控制系统,并开发手机 App 系统;在现场接入具有综合视频系统、路网通系统、智能视频等功能的语音穿戴设备,打造集团公司、站段、现场三级应急指挥体系,通过音视会议的模式使各方在一个平台进行"会诊"流程及采用处置方案,并自动关联对应的技术图表和参考信息;对铁路和地方救援资源按照"最近距离、最快速度"原则确定救援半径,统一划区、归类管理、自动关联其他信息系统,将车辆组、三乘人员和旅客人数等信息均纳入应急指挥系统数据库管理。

(3)准确映射故障现场信息。发生非正常情况后,通过定位列车位置或故障地点准确映射现场微场,精准描述列车与设备对应关系,帮助调度人员第一时间掌握现场情况,迅速确定最优救援方案。例如,动车组掉分相,以前是根据司机报告的停车位置,通过计算得出列车各受电弓位置,再查询接触网分相区资料,判断各受电弓对应接触网是否有电,还需查询现场坡道、曲线条件,最终确定选择换弓、退行闯分相或越区供电等方案,整个过程既需要大量时间、延误救援时机,又容易发生错算、误判。目前,在高铁路调度应急指挥系统的路网视图上,只需根据列车停车位置即可准确映射列车各受电弓在分相区的位置以及坡道条件,据此直接提供解决方案。

（4）应急处置信息实时共享。集团公司各部门应急指挥人员收集汇总现场最新处置进展信息，并实时推送至高速铁路调度应急指挥系统。调度应急指挥平台通过"可视化""会诊式"的指挥方式，使集团公司调度台和应急指挥中心、站段应急指挥中心、各级应急专家、现场人员在同一个平台上进行应急处置，实现各种信息实时共享，有利于协调各部门同时行动、科学决策、高效处置。高速铁路调度应急指挥系统利用智能穿戴设备和移动互联网技术，搭建集团公司、站段、现场三级应急指挥体系，形成"互联网+应急"的故障处置新模式。发生非正常情况后，调度应急指挥人员能够通过系统第一时间掌握现场情况，并根据技术支持平台，迅速确定救援方案。集团公司和站段各级指挥人员可通过系统直接与现场人员"面对面"交流，实现应急处置信息的实时、透明传输与共享，有效解决现场情况不清、信息流通不畅和处置过程不可控等问题，为高速铁路应急处置提供有力的技术保障。

2. 应急决策方式：智能决策法

智能决策法就是利用当前飞速发展的计算机技术以及人工智能技术进行决策。智能决策法的实施过程为：首先进行事件信息的收集，之后利用计算机进行模型的创建，通过模拟仿真等手段提供几套可供选择的铁路安全事件处理方案，之后结合专家意见进行方案的选择。

（1）专家"面对面"指挥。通过司机、随车机械师等佩戴的"智能眼镜"，随时将视觉范围内的视频及语音信息传送至调度台应急专家组，集团公司与站段应急指挥中心可实时查看现场视频，外出应急指挥专家还可通过办公电脑或手机 App 接入平台，专家组研究确定应急处置方案后，同样以视频、语音、文字等方式将指令信息直接传回现场作业人员，应急指挥专家与现场作业人员"面对面"交流，真正实现了专家判断故障、专家指导现场、专家监控操作。

（2）提供应急处置技术支持。发生非正常情况时，高速铁路调度应急指挥系统通过录入的故障现象自动提取数据库相关信息，自动生成故障判断建议、明示排查项点和排查顺序；待故障原因明确后，自动提取故障的处置流程、关键环节和注意事项，为应急指挥人员指导、卡控现场作业提供技术支持。

（3）应急处置信息自动提取。发生非正常情况时，自动提取车辆编组、三乘人员、旅客人数等信息，自动关联故障（事故）地点相应半径范围内铁路应急资源和周边医院、消防、企业厂矿等应急资源信息，通过关联卫星地图查看周边水文、地形地貌等信息，使应急指挥中心决策者第一时间掌握故障（事故）概况和就近的应急资源，加快处置效率。

3.3.5.7 应急调度指挥管理平台的构建

铁路应急平台以铁路安全技术和现代信息、通信技术为支撑，是铁路应急管理、应急事件处置的工具，是铁路信息交换及应急指挥的场所，是处置突发事件的技术保障系统。铁路应急平台的主要功能包括铁路应急信息报告、实时图像传输、网上会商、应急资源管理、应急预案管理、应急指挥联动、预测预警、总结评估及辅助决策等，可为决策者及时、科学处理应急事件提供全面的信息支持和可视化实战指南。

在应急指挥时，管理部门必须将来自不同源头的数据放在平台上进行去伪存真，多角度验证数据的全面性和可信性，虽然这将导致应急指挥平台收集和处理大数据的复杂度提高，但是大数据的运用为应急指挥平台管理带来了良好前景。例如，在应急指挥平台上，可以通过卫星、传感器、视频监控、移动通信、无线射频识别设备、社交媒体等持续不断地接收与交通有关的数据，通过对这些数据的摄取、分析和分配，可转化为有意义、有价值的微机处理信息，若能对这些大数据进行管理、建模、分享和转化，便能以传统情景所无法实现的方式作出应急决策。大数据信息整合与共享是应急平台系统建设的最基本要求，而云应急系统能对实时的突发事件收集情景感知数据、历史数据、决策支持模型等，这些数据通过标准化接口无缝集成，实现快速全面的挖掘和抽取，并在云应急平台上实现信息和数据的全面整合，根据不同的应急需求、不同部门的服务性质，形成应急协同网络。

1. 铁路应急平台的软硬件层次结构

一个完整的铁路应急平台应包括组织体制、标准规范、信息资源、技术、保障体制等组成要素，关键任务是通过对信息资源的融合、分析处理，实现对突发事件的信息传递、应急响应、应急处置及推演评估等。因此，铁路应急平台必须在组织体系和保障体系的保障下，遵循政策法规、标准规范进行开发、设计及应用。

（1）设备层。铁路应急平台的设备层由网络基础设施、应急现场接入设备、视频系统、服务器存储设备及电话、传真等各类设备组成。网络基础设施是指集团公司域、广域网络资源，如铁路办公网等，同时还包括相应的网络管理体系；应急现场接入设备指用以解决应急现场的通信接入问题的卫星、无线电等不同接入方式的通信系统。

（2）数据层。数据是系统的基础。铁路应急平台的数据资源包括应急业务数据及需共享外部系统数据。应急业务数据包括应急组织体系数据库、救援资源数据库、应急预案数据库、地理信息数据库、基础信息数据库、应急信息数据库、应急救援案例库、应急演习方案数据库、决策支持模型库及知识数据库等。

（3）平台层。平台层由信息共享平台和地理信息系统（GIS）平台构成。

（4）信息共享平台。由于应急平台所需数据来源于多个部门、多个信息系统及不同类型的数据库管理系统，有的可能以文件形式存贮，甚至有可能来源于消防、医院、公安等铁路外部的系统，这种实际情形注定了这些数据的多源性、异域性、异构性。为了便于铁路应急平台对数据的统一应用，实现空间数据及相关属性数据的共享和综合决策分析，必须提供一个可对铁路应急平台内部数据及外部数据进行统一管理并共享的平台，这就是铁路应急信息共享平台。

（5）地理信息系统（GIS）平台。由于铁路运输系统的信息具有内在的空间分布性，以及铁路运输系统的服务对象和服务内容的特点，铁路应急平台的信息可视化表达，与空间位置相关的分析、决策及服务工作，以及与不同业务信息的整合和综合利用等，都需要借助于 GIS 平台。通过 GIS 平台的应用，可充分发挥 GIS 对信息的可视化表达、空间分析决策、信息集成融合等特性，使铁路应急平台同时具备时空信息的可视化展现和集成分析能力，提高对应急事件处理的综合协调能力，合理有效利用各类运营和应急资源。

（6）应用层。应用层是铁路应急平台主要涉及的业务领域的应用实现。其可分为应急管理、应急值守、应急指挥等多个应用领域，每个领域下面包含多个业务应用功能模块，实现应急事件事前预测预警、事件发生过程中的资源调度辅助决策、事件结束后的评估等全过程的信息化。应用模块可以根据发展的需要进行重组和扩充。

2. 铁路应急平台的功能

铁路应急平台的功能可按应急事件处理的时间逻辑分几个阶段，即日常应急管理、应急响应、应急处置中和处理结束后。

3. 铁路应急平台的关键技术

信息资源整合利用技术是铁路应急平台的关键技术。应急平台涉及铁路车、机、工、电、辆等多个业务部门的协同工作，因此，在构建铁路应急平台时应充分利用已建成的相关业务信息系统中的信息资源，按各应急预案要求，提供各专业相关数据信息。铁路应急平台和路内专业信息系统以及国家应急平台的数据共享机制如图3.7所示。根据《铁路信息化总体规划》的统一规划，铁路应急平台和外部相关系统间的数据共享和交换应采取构建应急信息共享的方式进行。应急信息共享平台是铁路应急平台和外部系统间信息交互的枢纽，其提供两种类型的数据共享方式，一类是针对静态数据的共享，采用数据联邦/数据复制技术实现，保证数据的同步和一致；另外一类是针对动态数据的共享，采用Web Service/中间件接口来实现，保证数据的及时交换。

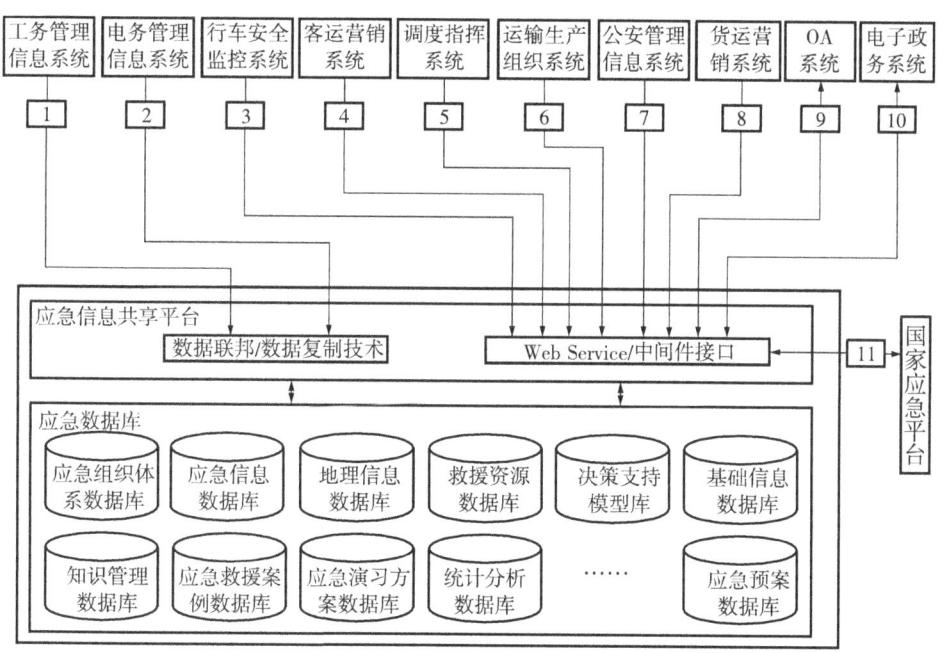

图3.7　铁路应急信息共享平台结构

3.3.6　应急处置仿真系统

高速铁路列车调度员应急场景处置仿真系统的应用主要体现在以下方面：

①在对高速铁路应急处置预案进行设计与优化时,调度部门可利用系统对复杂应急场景、特定应急场景进行场景模拟,通过处置试验,分析出最优处置流程,设计场景应急预案;也可利用系统对既有应急场景进行多种处置方案的推演,根据系统数据中心的分析功能,发掘既有应急预案的可优化点。②以高速铁路列车调度员应急场景处置仿真系统为基础,建立起高速铁路列车调度员CTC仿真模拟实训平台,从而实现提升新入职学员岗前培训效果,提高在职学员设备操作熟练度,增强列车调度员应急处置能力。结合调度部门的运营与培训实际,可以按学员等级、线路特点对用户进行平台类型设计。

1. 应急处置培训仿真系统功能

在调度集中条件下,高速铁路列车调度员承担了更多的责任与风险。此外,大量新技术设备的投入使用,对调度员的业务素质、应急处置水平要求更高,需要他们具有更高水平的技能和更全面的知识结构,对调度员综合素质尤其是学习和掌握新技术的能力提出了更高的要求。因此,为了提高高速铁路调度安全风险管理的系统性和科学性以及应急演练培训质量的保障性,可利用仿真设备来模拟真实的工作环境以实现对列车调度员的培训、考核和评估。

根据调度指挥的实际需求,以安全风险识别、评估、预警与防控为研究重点,应用各种仿真理论和现代仿真技术,实现各调度相关工种的仿真集成环境,建立一个综合、集中、透明的现代化调度指挥仿真系统,为调度员提供先进的调度指挥训练环境,提高各工种协同编制日班计划能力,提高应急处置能力和列车运行调整能力,并实现分析、调度员培训和实作考核功能。作为模拟真实工作环境的调度仿真培训系统,在总体上应具有能够完全模拟真实环境下列车正常运行、恶劣天气和设备故障条件下的安全风险管理与应急处置,支持真实案例的再现和分析,其功能如下。

(1)模拟调度日常工作的基本功能。系统在软件界面和操作方式上应与实际调度台完全一致,能完全模拟调度日常工作的基本功能,包括列车运行计划调整和下达、调度命令下达、临时限速设置、车站控制模式转换、自动排路控制、站场按钮操作等所有CTC系统功能。除此之外,系统可提供操作步骤提示,并具有培训教师介入操作的功能。同时,针对应急指挥中心提供的应急处置辅助决策的最佳方案,还在功能上设定了列车调度员与应急指挥中心之间的信息交互流程以及辅助决策的方案设计功能。

（2）模拟列车运行和故障场景。系统可模拟列车运行的移动红光带，并可自动进行车次号追踪。根据下达的 3～4 小时列车运行调整计划或者定制的模拟场景，自动生成虚拟的列车，按规定设置的速度等级、方向运行。能模拟显示 C0、C1、C2、C3 等多种条件下的各种行车设备信息的联动输出，并可进行各种故障的设置。同时，还应具备根据需要对演练进度进行调节的功能。

（3）支持多种模拟场景。为了满足调度员培训以及技术比武的要求，系统应支持多调度台集成演练和调度台独立演练方式。在多调度台集成演练方式下，系统应为其提供同一模拟环境，演练多个调度台管辖不同的区段，并实现邻台协作的联合演练；在调度台独立演练方式下，系统应能提供完全独立的多个模拟环境，各调度台进行独立演练，保证互相不受影响。

（4）支持真实场景再现。为了满足特定环境下培训和演练的效果，系统应支持从实际 CTC 系统中截取真实的场景环境，纳入培训系统的场景库，可根据需要调取到系统中作为仿真场景运行。

（5）培训和评估。为了配合调度员的日常培训和资格考试，系统应具备理论和实作的学习、培训和评估功能，具备自动生成理论、实作考试试卷，并对调度员的学习、实作进行分析，生成评估结果，并可对风险识别、评估、预警和防控各个环节提出相关业务技术改进的建议。

2. 应急场景处置作业过程

列车调度员作为一个调度区段运输生产的直接组织与指挥者，在应急场景处置中发挥着突出的作用，其作业过程主要是根据应急场景信息、区段综合信息，完成满足规范性与及时性的设备操作、信息交互、处置决策等工作的过程。

其中，应急场景信息包括场景发生的时间和地点，现场的即时情况、故障的影响范围等；区段综合信息涵盖救援力量布局、设备实施信息、在途列车的实时属性等；设备操作涉及列车运行图、列控限速、车务终端、调度命令等；信息交互主要指值班主任、车务应急值守人员、设备管理单位人员、司机、供电调度员间的信息传递与反馈等；处置决策是指运行计划调整、救援力量调动、故障处置等方案的制定。

3. 应急场景处置作业特点分析

（1）应急场景多样。由于高速铁路等级高、设备数量多、线路范围广，因而应急场景类别多，包括固定设备、移动设备故障类以及恶劣环境、应急事件突发类等。

（2）事件触发随机。非正常情况发生的时间、地点、车次、类别等具有随机性的特点，甚至在同地点或同一时间可发生多项故障。

（3）设备操作复杂。调度集中区段，现场行车设备操作权向列车调度员转移，对调度人员的业务和综合素质提出了严峻的考验。应急场景发生时，高速铁路列车调度员需根据具体情况完成列车运行计划调整、调度命令拟写与发布、列控限速设置、车务终端操作等复杂的设备操作作业。

（4）信息交互丰富。作为应急场景处置的核心岗位，列车调度员需主导与值班（副）主任、司机、设备管理单位人员、车务应急值守人员、供电调度员等岗位的沟通、配合，进行联动处置。

（5）处置决策难。完成信息收集与紧急处理等应急处置先期工作后，列车调度员需根据应急场景类型、调度区段在途列车实时属性、运行计划救援力量布局等制定合理的救援决策方案。

（6）作业要求特点多。面对突发情况，列车调度员既要做到处置规范、符合各类规章要求，也要做到反应及时、减少故障延误时间，还要做到与他人沟通顺畅、配合到位。

4. 应急处置场景仿真系统需求分析

依据高速铁路列车调度员应急场景处置总体要求，在硬件方面，要求与实际调度工作环境尽可能保持一致；在软件方面，要求满足列车运行图、调度命令等各子系统全覆盖，而且各子系统的操作界面和功能与现场设备相同；在应用方面，要求系统可达到运行自动化和评判智能化的效果。应急场景处置仿真系统具体需求主要体现在以下几个方面：

（1）平台工况逼真。应以当前正在使用的运营设备为标准进行搭建，复制或高度仿真与调度员应急处置相关联的各系统界面与功能，并符合软、硬件相关要求。

（2）多类别应急场景再现。要进行精细化的场景设计，考虑故障类型、运行计划、故障地点、故障时间、故障触发条件和故障恢复条件等要素，满足场景类型覆盖全面、触发方式多样的特点，涵盖设备操作、信息交互等环节。

（3）关联岗位自动配合。除列车调度员（助理调度员）本岗位外，系统需实现其他岗位（司机、设备管理单位人员、车务应急值守人员等）在场景处置

全过程的自动配合,解决关联岗位多、需要人工替代的问题。

(4)作业过程关键环节辨识与评价。根据调度员应急处置决策难、处置作业要求项点多的特点,对应急处置关键点(如调度命令正确性、运行计划整体方案合理性)进行智能化评判,涵盖规范性、及时性、协作性及处置决策合理性等特点。高速铁路列车调度员应急场景处置仿真系统分为设备操作、应急处置、作业考评、支持系统4个模块,其利用通信服务作为系统的中转站,承接各个模块的信息,并根据指令作出响应。

5. 系统设计

高速铁路列车调度员仿真系统的设计和建立不仅可以模拟高速铁路列车调度员应急场景处置,同时还可以解决实作培训缺乏平台支撑的问题,从而满足高速铁路调度员对各种应急场景下的调度处置培训需求,及时对列车调度员的实作能力水平进行评价,找出其能力短板,不断优化应急处置预案的分析和推演能力。高速铁路列车调度员应急场景处置仿真系统的设计与建立是适应调度部门运输组织精细化、应急处置水平提高、实作培训效果提升、列车调度员科学化管理等需要,为更好地强化提升调度作业水平提供支撑,不断促进铁路安全运输生产。

(1)设备操作模块。

设备操作模块直接与用户接触,包含列车运行图、车务操作、调度命令、防灾系统、调度通信、列控限速等子系统。其中,列车运行图子系统包括基本图加载、阶段计划下达、运行计划调整等功能;调度命令子系统包括场景库建立、命令编辑、受令人及受令处所选择与增补等功能;列控限速子系统包括命令编辑、命令校验、激活校验、命令执行等功能;车务操作子系统包括单站与区段显示、进路序列查看、进路排列与取消等功能;调度监督子系统包括区间设备与站场设备信息显示、列车运行状态显示、临时限速显示等功能;防灾子系统包括雨量监测预警、风速监测预警、异物侵限监测报警等功能;调度通信子系统包括列车通信、车站通信、台间通信、单呼与组呼等功能。

(2)应急处置模块。

应急处置模块主要用于场景设计与关联岗位配合,旨在实现高速铁路列车调度员现场应急处置工况的仿真,在应急场景类型、关联岗位仿真、应急场景触发、故障现象4个方面可实现以下要求。

①应急场景类型。根据高速铁路运行试验的故障模拟及应急演练测试内容,通过研究提出《高速铁路应急场景库》,该场景库涵盖设备故障和突发事件的场景,其中涉及高速铁路列车调度员应急处置场景,具体如下。

设备故障类,如动车组故障包括列车碰异物、受电弓自动降弓等场景;电务设备类,如进站信号机故障、列控限速无法下达等场景;工务设备类,如道岔故障、站内正线断轨等场景;牵引供电类,如接触网停电、SCADA 系统故障等场景;通信类故障,如 CIR 车载设备故障、调度台 FAS 故障等场景。

突发事件类,如动车组救援,包括动车组故障内燃机救援、动车组发生火灾等场景;普通场景包括动车组空调故障、车站发生火灾等场景;恶劣天气主要包括大风监测报警、雨量监测报警等场景。

②关联岗位仿真。在应急场景处置时,系统可模拟替代各关联岗位,完成自动应答、信息交互、按令操作、自主处置等作业。

③应急场景触发。根据应急场景的模拟形式,场景触发可满足立即触发、条件触发这两类需要。场景立即触发满足即时模拟的需要,如设置动车组列控车载设备故障后,列车可立即采取降速措施,降速至 0 km/h。场景条件触发满足场景化模拟的需要,可在线路任意地点、时刻设置故障,具备条件时自动触发,如设置列车在 654G 处发生受电弓自动降弓故障,司机可在列车运行至 654G 时,立即向列车调度员汇报故障情况。

④故障现象。系统 CTC 终端故障现象显示应与实际运营调度台保持一致,如突发大风报警时,防灾系统应有声光报警提示,并根据设定的风速等级对应显示相应限速的提示信息。

(3)作业考评模块。

作业考评模块用于对列车调度员作业信息的采集、评价与反馈,包括列车调度员设备操作、信息交互、处置结果性指标等方面。在功能上,作业考评模块满足考评自动化,考评工作完全由计算机实现;满足评估全景化,系统应可记录列车调度员在实操及信息传递过程中的所有操作过程;满足评价智能化,部分复杂的评价项点可实现智能的偏离度比对;满足数据挖掘与分析,通过建立数据中心,利用数据挖掘与数据分析,发现调度指挥的能力短板,为培训方案的制定及培训场景的设置提供可靠依据。

(4)支持系统模块。

支持系统模块用于外部接口的模拟,通过配置外部系统仿真软件模拟列控系统、联锁系统、无线调度命令传输系统、RBC 系统、车载 CR 系统及室外设备仿真系统,采用虚拟机技术将多个车站的虚拟自律机集中于一台服务器,实现自动排路、人工排路等功能,并与外部系统仿真软件相接。

3.4 案例分析

3.4.1 上海西站 CTC 3.0 综合控制系统的应用

上海西站多方向接发列车作业复杂程度高,而且随着干线列车密度大幅增加,依赖现有的技术设备和传统的按钮排列进路作业模式来确保安全和畅通的难度越来越大。从事行车指挥的车站值班员、信号员在原有班次、岗位设置的情况下劳动强度大、职工精神高度紧张,亟需通过科技创新从根本上做到完全的控制,实现从人控到机控的转变,杜绝错办事故的发生,把作业人员解放出来。

基于 CTC 3.0 车站接发列车综合控制系统(简称 CTC 3.0 系统),铁路局集团公司提出了基于车站级的计划管理、后台的运行图基础数据和《车站行车工作细则》(简称《站细》)卡控数据,利用股道视图的列车车站作业流程控制技术,通过全方位的行车条件校验,推算作业约束条件,检验作业意图的实效性和合理性,避免错误指令发往联锁系统,使车站行车人员按规章、按流程严格执行,实现接发列车安全和合理的目标。

3.4.1.1 系统实施

应用 CTC 3.0 车站接发列车综合控制系统的使用目标是提高车站运输指挥的安全性及效率,逐步实现车站作业的标准化、信息化、自动化、智能化、安全化功能,CTC 3.0 系统实施地点在上海西站,共有 8 条到发线,接发列车共涉及 6 个方向别、10 个接发车口、日均接发列车 148 对,是一个典型的多方向繁忙车站。

3.4.1.2 现状调研

上海西站主要面临阶段性密度高、反方向接发列车多、线别分工复杂、卡控措施繁杂这 4 个方面的接发列车作业风险,亟待使用 CTC 3.0 系统解决上述问题。

1. 阶段性密度高

上海西站每日繁忙时段为日班、夜班的交接班时段。每日7时~9时，平均每小时需要不间断接发21趟列车；每日18时~20时，平均每小时不间断接发20趟列车。平均约每3分钟接发一列列车，作业密度大，风险系数高。

2. 反方向接发列车多

每日需办理反方向列车7列，车站值班员作业用语复杂，卡控作业程序多，与临站办理预告需要的准备措施多，且反方向列车运行间隔时间短。

3. 线别分工复杂

D字头动车组列车开行方向复杂，从京沪上行线光新路站进站的列车既有开往京沪上行线江桥站方向的，也有开往沪昆下行线翔南方向的；城际上行线上海站方向进站的列车既有开往城际上行线南翔北方向的，也有开往沪昆下行线翔南方向的；沪昆上行线翔南方向进站的列车既有开往城际下行线上海站方向的，也有开往京沪下行线上海站方向的。

4. 卡控措施繁杂

上海西站制定了相应的卡控措施，卡控措施相对复繁杂，增加了车站值班员与信号员的工作量。

沪宁城际线与既有线之间的6副道岔在控制台上开通直股单独锁闭；根据作业情况须扳动道岔时，必须认真核对后方可操作，防止错办列车进路。

在办理城际上行去翔南方向的回空动车组列车时，必须将城际下行反向进站信号机按钮钮封；卡控措施用语为"×次预告，计划×道通过，去×方向，单解13/15号道岔，城际下行反向进站信号机按钮钮封"，并在一次作业完成后，方可解封，并按规定将13/15道岔恢复定位并单独锁闭。

此外，线别操作按钮距离过近，信号员点击按钮容易误操作。

动车组列车车机联控由车站值班员办理，既有线列车车机联控由内勤助理值班员办理，不利于车站值班员专心办理预告手续。

3.4.1.3 系统推进

1. 人防保安全

一是组织对四个作业班组进行培训。自2016年8月仿真平台搭建后，车站会同上西车间、卡斯柯公司对每个行车班组分别进行了三次培训，第一次是对作业人员进行系统介绍，并由作业人员上手操作并熟悉界面；第二次是由作业人员对经过两次修改后的软件进行学习与验证；第三次是运输功能实车验证前，作业人员对 CTC 3.0 系统软件进行最后一次学习与模拟操作。培训保证了现场作业人员对操作系统的基本掌握，做到了"心中有数，使用不慌"。

二是组织对管理人员进行培训。自 2016 年 8 月仿真平台搭建后，车站会同上西车间、卡斯柯公司对安全科技管理人员和上西车间管理人员分别针对站细数据维护和列车固定径路（列车运行图）数据维护进行了两次培训。在运输功能试验（实车验证）前让相关管理人员做到了心中有数，保障了系统推进工作的稳步进行。

2. 物防保安全

自 2016 年 8 月起，为了做好 CTC 3.0 系统的学习与培训工作，方便车站管理和作业人员的使用，提前要求系统提供商在上海西站搭建 CTC 3.0 系统仿真平台，并且将仿真平台留存至系统正式实施结束，并且对仿真平台进行了多次测试与检查。

3. 技防保安全

（1）细化上海西站 CTC 3.0 系统作业办法。

根据上海局集团公司《接发列车综合控制系统（CTC 3.0）使用办法（试行）》，针对上海西站独有的特点，车站专门细化制定了上海西站《接发列车综合控制系统（CTC 3.0）使用办法（试行）》。其中的细化内容主要针对铁路局集团公司文件中规定的图定列车临时反方向、动车组变更股道等特殊情况进行了明确，并明确了碰到该项特殊情况时的作业注意事项。

①图定列车、开行时间超过 10 天的长期临客，发车口方向临时反方向出站，无法修改该次列车计划，应重点核对列车车次、接发车口、股道，对信号员进行重点布置，使用 CTC 操作系统进行手工排路，不在车次框内添加车次。

②图定列车、开行时间超过 10 天的长期临客，接车口方向临时反方向进站，应通过计划管理界面修改该次列车计划，重点核对列车车次、接发车口、股道，对信号员进行重点布置，使用占线板、进路序列人工触发进路。

③图外临客，临时反方向运行，应通过计划管理界面修改该次列车计划，重点核对列车车次、发车口、股道，对信号员进行重点布置，使用占线板、进路序列人工触发进路。

④动车组列车变更股道，无法修改该次列车计划，车站值班员应将该次列

车车次、股道、时刻对信号员进行重点布置，使用 CTC 操作系统进行手工排路，不在车次框内添加车次。

⑤列车调度员下发的阶段计划中车次信息文字显示斜体的列车，应重点核对临客开行日计划表，确认该次列车接发车口、股道和属性；若临客开行日计划表内无该列车，应根据相关日班计划、调度命令与列车调度员核对该次列车接发车口、股道和属性。

（2）完善"临客开行日计划表"制度。

针对上海西站开通 CTC 3.0 系统过程中现场对"临客开行日计划表"制度的不适应情况，在铁路局集团公司规章的基础上，要求上海西站将所有图外列车和单机纳入"临客开行日计划表管理"。

自 2017 年 6 月 10 日起，上海西站 CTC 3.0 系统正式启用。这标志着上海西站接发列车作业进入全新阶段，在保障现场接发列车绝对安全的基础上，同时降低了现场作业人员的劳动强度，通过技术，保障了现场的绝对安全与稳定。在上海西站 CTC 3.0 系统的运用过程中，车站实现了三个结合部的消除。

①消除布置进路上车站值班员与信号员的结合部。

只要车站值班员的计划准确，办理预告正确，信号员的错办概率就大大降低，基本杜绝车站值班员与信号员间因沟通不顺畅导致的错办问题。车站值班员的工作重点由严格盯控信号员作业转变为严格审核列车调度员下发的车站阶段计划，对系统提示存在的不合理计划或车站计划内容缺失项进行及时修改，消除布置进路上车站值班员与信号员的结合部。

②消除信号员和连锁机的结合部。

信号员排列进路（开放信号）的方式由传统计算机联锁界面中的始终端按钮转变为点击接发车股道栏内相应的接路（发路）按钮排列进路（开放信号），减少了由信号员点错始终端按钮导致的进路错办问题。同时由于信号员排列进路的方式作业流程相对固化，都是在进路预览界面内选择固定位置的按钮，降低了信号员操作的随意性，消除了信号员和连锁机的结合部，大大提高了信号员作业的安全性。

③消除车站值班员与基本图的结合部。

CTC 3.0 系统的稳定基础来源于车务管理终端内的运行图数据的准确性。采用 CTC 3.0 系统后，车站值班员只要根据系统内的基本运行图数据与列车调度员下达的阶段计划进行比对，不再像以往需要对所有的列车运行计划全盘掌握，减少了车站值班员的工作量，降低了车站值班员作业的风险系数，消除了车站值班员与基本图的结合部，极大地提高了现场作业的安全性与平稳性。

CTC 3.0 系统采用车站计划管理、智能化占线板的车站作业流程控制、进路一键触发、卡控条件的智能分析和提取等技术，实现了计划安全卡控、进路错办卡控、设备条件卡控和作业流程条件卡控等功能。正式开通运行近半年内，系统运行稳定，降低了值班员、信号员接发车作业的工作量，增强了车站作业的安全性。该系统将以往按规章、标准、卡控措施落实的人控转化成自动逻辑检查的机控，减少甚至杜绝了车站接发列车作业事故的发生，提高了工作效率。

3.4.1.4 相关启示

目前，动车组调车作业仍使用传统按钮排路的方式，岗位作业风险较大，安全隐患多，不能满足高铁运输对安全性和效率的需求。基于 CTC 3.0 的高铁车站调车作业，总体设计遵循"以安全卡控防止错排进路为基础，以调度指挥智能化为手段，以提高运输生产效率为目标"的原则，研究对系统构架、硬件平台、应用软件功能进行全面提升，实现动车调车作用的综合管理，提高动车调车作业的安全性和效率，减轻车站人员劳动强度，提升高铁运输组织的智能化水平。

技术关键：研制基于 CTC 3.0 技术条件下的高铁车站调车管理及作业系统，包含数据管理单元、计划管理单元、调车跟踪单元、安全检查单元、动车调车作业综合管理系统。实现动车调车作业的进路错办卡控、设备条件卡控、作业流程条件卡控等进路安全检查防护。

3.4.2 上海虹桥站晚点列车股道占用智能调整系统的构建

3.4.2.1 上海虹桥站基本情况

随着高速铁路不断发展，开行列车将越来越多，人工编制及优化股道运用方案亦将随之向自动调整方向发展。以股道合理运用为调整目标，能够提高车站设备利用率和车站接发车能力，同时由于考虑了进路间的交叉干扰，对车站股道运用计划的抗干扰能力也有所改善。通过智能调整系统的应用，可有效提高高铁枢纽站股道运用计划编制的科学性和智能化水平。

车站股道运用是车站运输组织的一项重要的技术工作，它是车站安全、正点和效率乃至整个运输网络畅通的保障，同时也间接影响到服务质量和运输成本。随着我国高速铁路的快速发展，高铁动车组列车的密度不断增加，车站股道运用方案编制及优化的复杂和难度日益增加。上海虹桥站设高速和城际普速两个车场，规模为16台30线，站台为2个侧式站台和14个岛式站台，共30个站台，股道全部为到发线。其中，高速场10台19线，城际普速场6台11线；上海虹桥高速场一端连着京沪高铁，一端连着七宝线路所沪杭线方向；上海虹桥综合场一端连着上海虹桥北所到沪宁城际方向，一端连着通号院既有车站七宝站；上海虹桥高速场与综合场间有个场联线，两个场还与上海虹桥动车所沪杭长和京沪场有连接走车。车站股道调整作业面临的困扰如下。

1. 大面积晚点列车股道运用调整工作量大

目前，CTC调度集中系统投入运行基本实现了行车调度作业的信息化，对减轻车站行车作业人员的工作量、规范统一传输格式、提高铁路行车计划的稳定性和准确性起到了一定的作用。但是，经过近几年高速铁路线网的迅速发展，高铁枢纽车站成为运输网的制约关键节点。由于天气、设备、环境等客观因素对高速铁路行车造成干扰，导致大量的列车晚点到站，特别是衔接线路方向较多的枢纽车站（上海虹桥站），原有的列车股道运用计划产生冲突，需要车站值班员进行调整，以减少列车的晚点时间和保证行车安全。这种突发的大面积列车晚点大大增加了车站值班员的工作强度，威胁铁路运输安全。

2. 人工调整效率不高、质量参差不齐

面对列车的晚点，目前车站值班员主要根据自身的工作经验进行股道运用方案调整，不同值班员的经验不尽相同，部分值班员工作经验不丰富，或是晚点列车数量过多，造成调整方案考虑因素不周全，列车晚点情况进一步恶化。如春运期间某站要接发大量的晚点列车，原有的车站股道运用计划已经存在冲突，如果不及时调整股道运用计划或是调整方案不合理，就会导致后续列车的晚点时间进一步增加。由于列车在车站的技术作业内容不同，需要的资源条件也有差异，大量的列车晚点需要车站值班员逐一进行调整确认，办理行车作业，满足铁路《铁路技术管理规程》（简称《技规》）和《站细》的作业规范，大大影响行车作业效率与运输安全。

3. 计划信息展现不直观、安全卡控考虑不周全

目前，车站列车计划信息还是以行车日志的表格化方式呈现在车务终端上，

无法直观地了解判断各次列车在车站的时空序列关系，以及相互之间是否存在股道占用冲突的情况，需要车站值班员进行计算判断。同时，对于不满足铁路《技规》和《站细》要求的列车计划，无法以直观的报警提示告知行车作业人员，在晚点列车数量较多的情况下，易导致值班员调整股道运用方案时遗漏部分卡控条件，最后违反相关卡控规定。

上海虹桥站当前采用 CTC 车站控制模式，到发线的运用计划由车站值班员掌控。目前，由天气、设备、环境等客观原因造成的动车组大面积晚点不可避免，而对于晚点列车的股道调整，主要根据值班员的经验进行人工调整；由于值班员经验水平不同，对于调整股道的考虑因素各有差异，晚点列车股道调整方案的质量参差不齐，易使调整后的股道安排不够合理，增加客运作业的风险。例如，调整目标股道与原股距离较大，导致大量的候车旅客调整候车区域，产生流线交叉；而在春运等大客流时期，候车室非常拥挤的情况下，容易给旅客组织带来安全隐患；等等。

为此，上海局集团公司和上海站对此问题保持重点关注，为有效防控风险，确保晚点列车股道运用计划调整方案的及时与准确，保障运输生产安全，急切需要研制一种高铁站晚点列车股道智能调整系统。

3.4.2.2 系统需求

该系统需要满足以下需求。

（1）可接收 TDCS/CTC 下发的阶段计划，并以图形化方式实时显示，以供车站值班员对比参考；并可在图形界面与表格化界面之间切换，方便车站值班员与行车日志进行比对核验。

（2）智能推荐合理股道。对于晚点列车，如果需要变更股道，系统可智能推荐合理股道，并在图形化阶段计划界面提供预览，以供值班员读取参考。

（3）推荐股道冲突解决方案。在列车阶段计划中股道安排出现时空冲突时，能给出推荐解决方案，合理安排股道运用，提高列车作业的抗干扰性，减少咽喉区的冲突干扰，保证接发列车准点等提供可靠支撑。

（4）满足行车安全规章要求。应满足行车安全相关规章、站细要求，车站临时增加列车或增加临时作业时，如面临超限、有无站台、股道连通性等难题或上水、吸污等作业，安排股道时需满足对应站细约束条件，若需强制安排，系统应给出对应合理提示。

（5）考虑站场实际安全卡控。系统开发需考虑当前车站站场实际，包括列车/调车进路冲突检查、封锁、有电无电、股道占用等全方位的安全卡控。

（6）界面简洁优美，风格统一。程序界面应直观反映列车安排的时空排序及冲突情况。在满足功能的基础上做到简洁优美、风格统一。

3.4.2.3 研制思路图

针对以上情况，并根据铁路《技规》与《站细》，考虑当前车站站场实际包括列车/调车进路冲突检查、封锁有电无电、股道占用等全方位的安全卡控和冲突检查情况，优先为晚点列车安排未使用股道，对于已有列车占用的股道，根据其计划发车时间顺序安排后续接车股道。车站行车调度迫切需要开发一种可靠的高铁站晚点列车股道智能调整系统，以便在准确检查各项安全卡控的条件的情况下，直观显示安全检查结果、给出冲突报警提示信息，以及在满足各项安全条件和设备条件的情况下，实时接收车站作业计划，给出晚点列车股道调整方案。结合现有高铁站晚点列车股道调整行车作业管理现状和背景分析，项目研究思路分为以下几部分。

1. 车站列车计划显示模块

首先要解决的问题是车站列车计划的接收与呈现，通过科技手段替代值班员人脑判断时空序列、计算股道运用冲突的现状，杜绝因人为因素造成的冲突遗漏情况，提高列车计划显示的可读性和准确度。

2. 车站晚点列车股道调整模块

为确保晚点列车股道调整方案的及时性与高度准确性，现场技术人员决定只针对一定时间范围内的计划进行调整，以适应阶段计划调整较频繁的特点；同时，在股道调整过程中应遵循现场的调整原则和安全卡控约束条件要求，对不满足要求的空闲股道剔除备选方案，进一步优化系统的股道调整计算能力。

系统基于车站阶段计划对晚点列车股道进行调整，对股道进行调整的前提条件是系统不调整列车的接发车时间；如果在当前计划时间下系统计算没有可用的调整方案，需由值班员手工调整接发车时间，然后系统再根据最新的计划重新调整股道；如果存在多个方案，系统可根据一定的评分规则对各方案进行评价排序，由值班员最后决定采取的方案。

3. 约束条件卡控模块

车站是列车进行各项技术作业的重要场所，大部分的列车在枢纽站均有技术作业要求，如办客、上水、吸污等；而车站的各项设施设备等资源有限，导致有的股道没有站台，部分股道未安装上水、排污设备，有的股道与某一方向口不连通等特殊情况。因此，车站的股道运用计划应该要考虑车站客运行车作业组织特点、上水吸污等技术作业要求、股道与方向口连通性等基础设施条件、铁路《技规》与《站细》规章等安全卡控原则。

高铁站晚点列车股道智能调整系统约束条件卡控模块将上述约束条件进行数据化处理，并保存为文件，部分数据支持车站值班员自行维护。系统启动时自动读取相关数据文件，用于股道调整模块的约束条件和判断依据，保证系统自动调整列车股道结果的可靠性与安全性，增加系统的安全性能，为车站值班员减少工作强度，提高车站行车作业的效率，为铁路运输提供辅助技术支持。业务需求流程如图 3.8 所示。

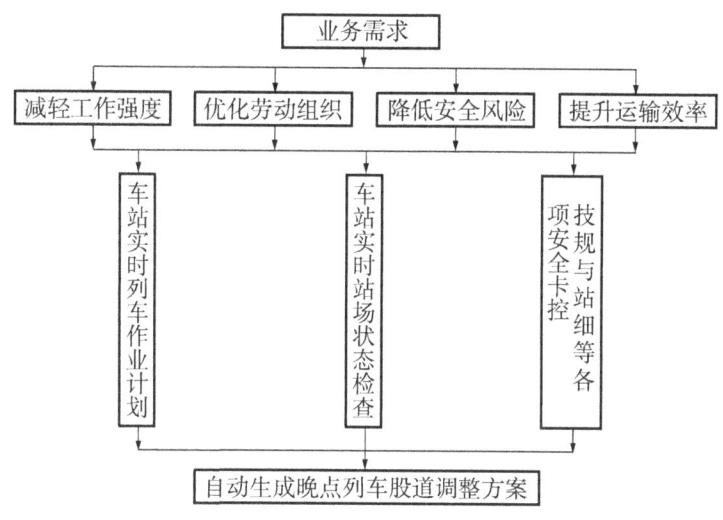

图 3.8 业务需求流程

3.4.2.4 系统关键技术

1. 显示模块

高铁站晚点列车股道智能调整系统显示模块以图形化方式实时显示中心下发的阶段计划，并支持在图形界面与表格化界面之间切换，方便值班员与行车日志进行比对核验。对于晚点列车，系统可智能推荐合理股道，并在图形化阶段计划界面提供预览，以供值班员直观地查阅参考。对于列车阶段计划安排出现时空冲突的情况,系统可给出直观的提示信息并及时给出推荐解决方案,合理调整股道运用计划调整方案,提高列车作业的抗干扰性,减少咽喉区的进路冲突干扰,保证接发列车的准点性和旅客出行便利性,并提供预览。

2. 调整模块

高铁站晚点列车股道智能调整系统调整模块主要根据阶段计划的列车到发时刻、股道及技术作业内容等列车信息,与车站站场实际的实际情况、铁路行车技术作业规范、车站行车作业细则、安全管理规定等相关安全卡控条件,自动进行股道调整,并给出合理、高效的列车股道调整方案。其中,重点的调整原则如下。

(1) 是否满足出入口连接关系,股道运用状态如何,是否满足列车作业需求、《站细》等要求,首先剔除不满足要求的股道,然后选择调整工作尽量少、效率较高的股道。

(2) 尽量避免或减少营业列车同一时间在同站台乘降作业,防止旅客上错车,消除乘降客流、换乘客流对流干扰及作业给站台旅客带来的人身安全隐患。

(3) 由于一站台为基本站台且只有一端有进出站口,且出站闸机只有两台,为便于旅客进站及出站组织,尽量减少营业动车组停靠,尤其是避免安排大编组动车组列车和上下车人数较多的动车组停靠。

(4) 为便于进京列车的二次安检及实名制验证工作,优先考虑将进京列车安排在固定的进站口、站台面,并在同时段内尽可能减少将其他列车安排在这些股道,以便短时间内围蔽候车组织。

(5) 针对进站检票闸机相对较多的站台股道,为有效防止进站旅客排队过长和快速组织旅客进站,优先将大编组始发列车安排至该类股道。

(6) 由于上海虹桥出站口分线群设置,为减轻出站口人员拥堵现象和便于出站口验票工作,同一到达线群终到的列车尽量留有5分钟以上时间间隔,并避免短时间内同线群集中到达终到列车。

(7) 在上述条件均满足的前提下,尽可能将同一去向或同一终点站的列车安排在同一股道或同一站台面相邻的两条股道,以便客运组织和旅客掌握进站信息。

(8) 在营业时间即将结束的低峰时段(22:30至24:00),某些站台面相邻两条股道减少或停止应用,以便于设备单位提前进行日常维修保养工作和减少该站台作业人员的作业时间。

3. 约束条件模块

高铁站晚点列车股道智能调整系统进行智能调整时必须满足一定的安全约束条件，以保证股道调整方案的可靠性和安全性。因此，系统约束条件模块主要结合高铁客运站行车、客运及上水吸污作业要求和站房基础设备设施特点，总结起来，车站列车股道调整须满足以下基本条件。

（1）股道及其附属的设备技术条件需满足列车行车作业要求。如到发线有效长、接触网、信号机设置、停车位置标等。

（2）股道及其附属的设备技术条件满足客运作业条件要求。如站台、雨棚条件，上水吸污设备、照明设备配置等。

（3）一条股道同时只能接发一列列车，列车一旦占用某条股道，至该列车离去为止，表现为不同动车组停放同一股道不会产生时间上的重叠，同时必须留有最小安全时间间隔。

（4）在股道安排时充分利用平行进路提高股道安排的合理性。确保接发列车时，车站咽喉区在同一时间不会产生进路交叉，并留有必要的安全时间间隔，确保实际接发列车的可行性。

（5）股道满足特定方向可接入股道范围限制。如联络线或动车走行线可接入的股道受道岔条件限制，仅可接入车站部分股道。

3.4.2.5 设计原理

1. 系统架构

高铁站晚点列车股道智能调整系统由显示模块、调整模块、约束条件模块三部分组成，如图3.9所示。

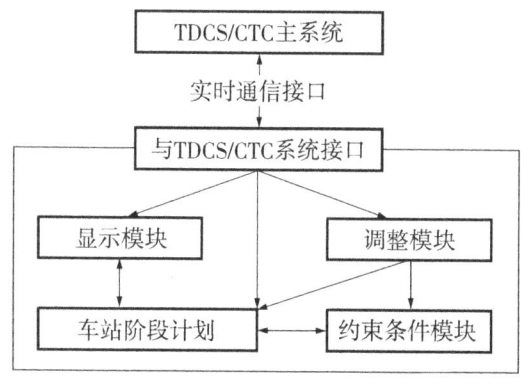

图3.9 系统架构图

2. 系统工作流程

高铁站晚点列车股道自动调整系统终端通过接口服务器主动向 TDCS/CTC 运行图应用服务器申请阶段计划、施工符号、限速符号、列车报点等信息，实时同步显示车站最新列车运行图，并对股道运用情况进行检查，一旦发现股道运用存在冲突，系统即启动股道自动调整任务，同时在调整过程中，如果外部条件发生变化，包括收到股道占用、列车报点等消息，系统对调整过程中的计划进行动态更新，最终形成股道运用调整方案，由值班员确认后，将调整结果反馈至 TDCS/CTC 运行图服务器。系统工作流程如图 3.10 所示。

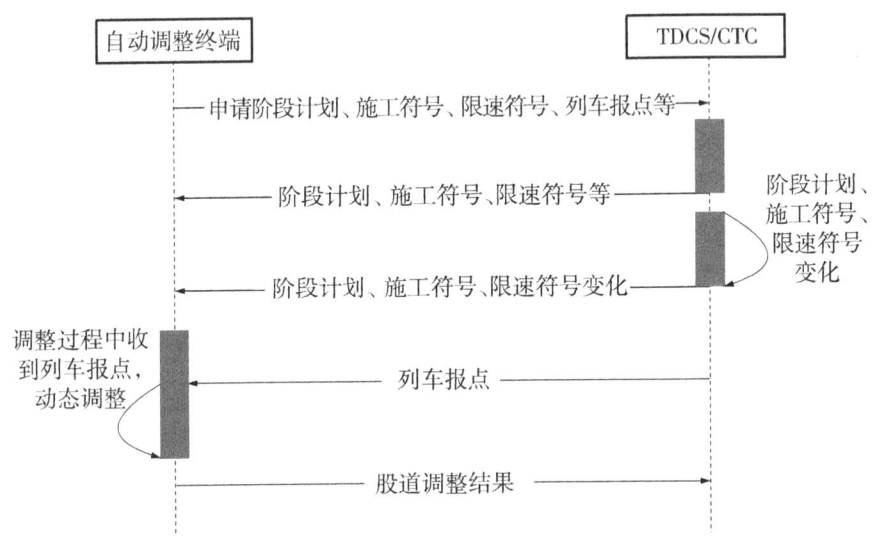

图 3.10　系统工作流程图

3. 系统功能特点

系统具备以下功能特点。

（1）实时接收阶段计划功能。当调度中心下发阶段计划时，晚点列车股道智能调整系统能够实时接收到计划信息，并保存计划信息。

（2）直观显示列车计划功能。晚点列车股道智能调整系统接收阶段计划以后，进行数据解析处理，通过图形化的方式直观显示计划内容，便于车站行车调度人员直观了解车站列车作业计划的时空关系。

（3）列车股道运用冲突检测功能。晚点列车股道智能调整系统根据调度中心下发的阶段计划的股道信息与到发时刻信息，自动检测各次列车的股道运用计划冲突,并给出冲突报警提示信息。

(4)《站细》检查卡控功能。晚点列车股道智能调整系统根据阶段计划中列车的作业内容与车站的设备条件、行车细则、技术规章制度等约束条件判断当前的股道运用计划是否满足各项要求,若不满足作业条件,则给出《站细》冲突提示信息。

(5)列车股道自动调整功能。对阶段计划中存在股道运用时空冲突和《站细》冲突的列车,晚点列车股道智能调整系统能够实时地调整一定时间范围内存在冲突的列车的股道运用计划,并给出最优的几种可行方案。

(6)车底接续自动关联功能。晚点列车股道智能调整系统可以根据列车计划的车底接续关系信息数据,自动关联对应的车次,并在图表界面直观显示对应车次的接续关系。

(7)信号检测功能。当应用程序出现故障,晚点列车股道智能调整系统设置的信号检测数据丢失,程序立即进行报警提示,并不断地自动尝试重新建立连接。

(8)手动输入维护功能。在晚点列车股道智能调整系统中可以管理维护车底接续关系信息与上水吸污列车信息。

(9)数据信息存储功能。阶段计划信息、车站作业计划调整信息、系统日志等信息存储在服务后台,供后期查询、回放、下载等。

该项目在上海虹桥站进行现场试验运行,列车运行计划获取及时准确,晚点列车股道调整方案合理,满足行车技术作业规范、车站作业细则及相关安全卡控,车站行车调度员可在行车室通过晚点列车股道智能调整系统直观查询晚点列车股道运用调整方案,加快完成晚点列车股道运用调整方案的编制,有效减轻值班员岗位工作强度,可减少车站值班员岗位人员数量,提高车站信息化管理水平。系统应用为车站晚点列车的行车调度作业提供了稳定可靠的智能化解决方案,解决了晚点列车股道调整及时性和准确性的难题。

第4章 智能运维

4.1 高铁设备运维智能化系统设计

4.1.1 我国高铁运维现状及存在的问题

预防性维修的概念最早由西方发达工业国家提出，它以设备诊断技术为基础，结合设备故障的历史和现状，参考运行环境及其他同类设备的运行情况，应用系统工程的方法进行综合判断分析，从而查明设备内部情况、故障和异常，预测隐患的发展趋势，提出防治和治理对策，其关键是依靠先进的故障诊断技术对潜伏故障进行分类和严重性分析。预防性维修主要包含三个方面的关键技术：状态检测、故障诊断和状态预测技术。

我国高铁采用"三位一体"的综合养修集成管理模式，即工务、电务、供电三个专业在同一天窗时间内在同一区间进行维修养护，共同以维修成本、维修质量和天窗时间为目标，相互协调完成对基础设施的年度、月度、日维修计划、施工方案、施工组织设计、现场维修工作及完成后维修小结和总结等各方面的整合，通过对专业业务的明晰化、具体化和各方维修配合的管理办法，全面提高高速铁路技术设施维修效率。如铁路局集团公司设置高速铁路维管段，段下辖综合维修车间，综合维修车间下辖综合维修工区，对管辖范围内所有工务、电务、供电设备的安全运行全面负责，按照高速铁路基础设施的技术要求制定维修管理细则，全面落实各项生产任务，综合安排维修天窗，卡控天窗作业的各安全环节，实行周期检查、状态检修，实现安全、稳定、有序可控。这种维修模式改变了原有三个专业工种分别设置专业车间和专业工区的做法，能够充分实现资源统筹共享、安全责任共担、高度融合的一体化目标。维修生产布局经过这一优化，既节约了成本，又提高了劳动生产率。

以上海局集团公司为例，装备在上海高速铁路维修段的综合巡检车，集成了摄像采集、激光扫描、计算机图像处理、RFID 精确定位、智能化分析判断等先进技术,一次开行,可同时对工务、电务、供电三个专业设备同步进行检测、分析、预警。工务、电务、供电三个专业规划实施设备养修作业时,从检修周期的兼顾、检修项目的重组、计划编制的平衡、生产组织的优化、出行方式的统筹等方面进行组合优化,最大限度消除专业间的结合部问题,以最小的成本投入,提供高可靠性的设备质量,实现高速铁路基础设施综合养修的三个专业作业计划统一平衡、劳动组织优化组合、生产资源统筹共享、生产效率显著提高的目的。其中,综合巡检车检测项目内容主要如下。

(1) 轨道检测。综合巡检车具有轨距、轨向、高低、水平、三角坑等轨道几何参数检测功能。其采用捷联式检测系统结构以及多维惯性基准技术,实现了大半径曲线精确测量。

(2) 弓网检测。综合巡检车具有接触网几何参数、弓网动态作用、接触线磨耗和受流参数检测功能。

(3) 轮轨动力学检测。综合巡检车具有车体加速度、轮轨作用力等的检测能力,通过列车动态响应特性评价轨道平顺性。

(4) 通信检测。综合巡检车具有 GSM–R 场强覆盖、应用业务服务质量检测及评定功能,沿线电磁环境干扰检测和分析功能。

(5) 信号检测。综合巡检车具有轨道电路、应答器、车载 ATP 等技术参数检测功能;通过轨道电路、应答器传输模型,实现轨道电路、应答器信号采集和实时分析;解决了动态无接触方式无砟轨道补偿电容状态检测难题。

(6) 综合系统。综合巡检车具有检测列车精确定位和监测信息实时传输等功能。系统利用多种定位技术实现精确定位,实现了各检测系统的空间同步、时空校准、数据交换和集中监控。

高速铁路的安全运营是通过动车组、桥梁、隧道和轨道等装备及基础设施的安全性与可靠性来满足乘客的安全出行需求的。高速铁路的运营与维修性管理目的就是保证高铁系统的可靠性和可用性,从而增加高铁全系统的使用价值。随着运营规模的扩大,对运维管理的要求也越来越高,目前的高铁设备运维管理主要存在以下问题:各专业、各线路分别进行运维管理,存在信息孤岛,各系统的开放性差,专业间、系统间互联互通困难;各系统建设标准不统一,软/硬件、操作系统、数据库种类繁多,重复投资问题突出;数字化、智能化程度低，智能感知水平有限，覆盖范围不全面，制约智能应用和智能辅助决策等。我国高铁运维现状及问题可参见图4.1。

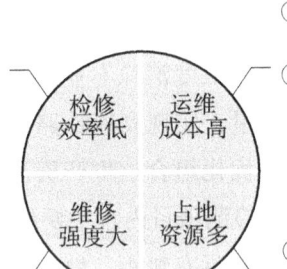

①检修模式与增长模式不匹配；
②设备规模庞大，全寿命周期内数据量巨大；
③人工检查，工单记录数据分散，不利于统计和分析

①轨道交通规模增长，传统模式下用工成本过高；
②用工成本不断攀升，单位负担过重，难以持续发展

①运营车辆服役时间增加，车辆设备老化严重，设备维护频率与要求与日俱增；
②车辆数量不断增长，维修压力增大；
③人工重复操作工作量大

①花费大量资源建造停车库，用地资源矛盾日益凸显；
②轨道交通网络规模大，各维修基地离散，资源紧张

图4.1　我国高铁设备运维现状及问题

根据高铁基础设施健康管理的基本现状观察，我国高铁健康管理目前尚在起步阶段，现行的基础设施健康管理主要表现为智能监测、系统功能、健康新技术和先进的维修技术。例如，在评价分析、故障感知及预测、维修决策等方面都已经智能化，但目前基本上是高校、科研单位各自为政，我国的高铁系统在综合健康管理的体系建设方面，在功能与效率、全维度监测和主动维修的决策协同与响应方面，在理论和实践方面还有较大的距离。京张高铁的装备、基础设施的健康管理工程将成为我国高铁智能维修的示范工程。

4.1.2　智能设备运维系统的设计方案

高铁运维的现状存在检修效率低，运维成本高，维修强度大，占地资源多的问题，因此，高铁运维的发展方向已经从传统的周期性计划维修、事后维修，转变为基于状态的预知维修模式。这种模式的关键是及时准确地获得设备状态，以便预测设备的使用寿命，避免周期性计划检修和事后维修的弊端，防止和减少非正常磨损和突发故障，提高设备利用率，最终实现效益的最大化。

智能运维系统的核心是利用设备状态数据、故障数据、环境数据、管理数据等海量数据信息，借助大数据、云计算和人工智能等技术，综合考虑设备的可靠性和经济性，实现维修管理的信息化和智能化。

1. 智能运维系统功能需求

智能运维系统需具备以下功能。

（1）设备健康状态监测。在设备发生故障时及时预警，提供详细的故障位置、故障类型等信息，同时提供健康维护辅助决策。

（2）设备健康智能管理。通过大数据分析进行故障管理、智能预测及性能衰退分析，减少故障维修的概率。

（3）闭环处理功能。从系统高度上为智能运维提供一个"发现问题—处理问题—解决问题—问题反馈"的作业处理机制，针对不同维护类型监测目前的执行状况，根据不同的维修模式、跟踪作业分别进行工作流程追踪，应用于设备运维的全过程。

（4）设备资产的全生命周期管控。全程进行设备资产的状态监测，包括设备的使用、维修与报废等，如果设备的使用状态发生变化，平台应当及时进行跟踪处理，更新设备资产的使用情况，实现系统化的资产管理。

2. 系统架构设计

高铁设备设施智能运维系统整体架构可定义为4层：数据采集层、接入层、大数据平台层和应用层。

（1）数据采集层。数据采集是整个系统的基础，完成对各线路 ISCS（综合监控系统）、信号、集中告警、AFC（自动售检票系统）、车辆等系统设备的状态数据、故障数据、日志数据、告警数据、配置管理数据、用户行为数据、运维流程类数据、性能指标数据、环境数据等海量数据的统一采集，打破独立感知监控的信息孤岛格局，满足系统数据获取的需求。

（2）接入层。自建线网私有云，各线维修中心接入线网私有云，把各线运维信息上传，接入层对数据进行协议解析及编解码、聚合计算等处理后，把数据上传至大数据平台。

（3）大数据平台层。对信息数据进行存储、分析、计算等，并定义标准化的指标体系。数据存储用于落地运维数据，可根据不同的数据类型、数据消费和使用场景，选择不同的数据存储方式；对运维数据进行萃取，积累大量可用运维数据。数据分析相当于"大脑"功能，利用人工智能算法，根据具体的运维场景、业务规则等，提供实时和离线计算，并作出决策。

（4）应用层。应用层可分为决策层、管理层、业务层和接口层。决策层主要发挥把握企业的发展战略、绩效成本等方面的作用；管理层主要负责制定检修维护流程、维修规程、成本管理等方面的工作；业务层负责根据大数据平台生成的分析结果，对线网系统设备进行状态监测、异常报警、趋势预测、可靠性评估等；接口层预留与列车运行、应急决策、信息发布等应用的接口，便于数据资源的共享，促进不同业务和专业的信息交流。

3. 智能运维的实施步骤

智能运维的建设是从无到有的过程，其搭建不是一蹴而就的，其功能实现是由信息化到智能化的过程，达成最终目标需要经历数据积累、功能完善、功能升级阶段，且需结合城市轨道交通的规划等来考虑。结合目前新技术及智能运维的发展方向，智能运维的实施可以分为以下3个阶段。

（1）大数据平台的建设。数据是智能运维落地的基础。首先需要基于云平台的基础建立大数据平台，采集和存储分散建设的轨道交通应用系统的部分或全部数据，以及轨道交通体系外部的相关数据，完成相关数据的规范化、标准化，实现数据的共享、交换、展现、服务等功能。

（2）设备信息化管理及状态性维修。此阶段实现设备的信息化管理功能。在数据平台建立的基础上，引入先进的、符合本行业特色需求的设备管理模式和管理软件，实现不同线路之间的设备物资统一管理、全线网资产运营、维护成本的统一核算、全线网设备维修维护策略的科学合理制定等，最大限度提高设备物资的管理效率，保证仓储合理化、维修科学化。本阶段最直接的成果为实现维修系统的数字化、信息化，实现基于故障告警的状态性维修，提高维修效率。

（3）智能运维。智能运维是智能运维系统的终极目标。随着数据的积累、设备状态数据的监测，可采用大数据、互联网和云计算等技术实现各运维场景智能化闭环，且智能运维能力与运维管理流程、运维组织架构、运维自动化深入融合。

运维人员不再以发现故障、解决故障作为目标导向，转而专注于业务运行状态，探索运维需求，定义并实现运维场景，丰富智能运维的广度与深度。

4.2 工务设备养护维修

为满足运营期间高铁列车安全、平稳、不间断地运行，尽可能延长设备使用寿命，必须对工务设备进行维修。上海局集团公司针对工务设备养护维修的检查、计划、分析、作业、验收五个环节都进行了探索与优化，形成了"精益管理"的工务养护维修模式。以下以上海局集团公司为例，对工务设备养护维修进行介绍。

4.2.1 创建综合维修生产管理信息系统

综合维修生产管理信息系统的建立，有助于打破专业信息孤岛，共享检测、分析和生产计划数据，提高综合维修计划编制效率，为铁路固定设备管理、维修管理和安全生产提供现代化的管理工具和决策支持手段。

综合维修生产管理信息系统功能垂向覆盖国铁集团、铁路局集团公司、综合维修段、车间和工区五级工务部门，横向涵盖"工电供"三个专业。综合维修生产管理信息系统以安全生产为主线，利用动、静态检测监测数据，结合地理信息系统，通过综合分析，找出设备质量变化趋势，探索修理辅助决策算法，制定作业计划，全程记录作业过程，为指导生产提供决策依据。

1. 检测分析管理

信息系统辅助工电供专业检测数据的规范收集，实现专业联合检查；信息系统辅助工电供专业形成结合部单元量化评定，实现专业联合诊断；系统采用物联网、大数据、移动应用等现代化技术手段，通过对动静态检测数据的分析，综合判断病害成因，为合理制定综合维修生产计划，强化现场安全作业，远程调度指挥，科学、高效管控生产作业过程，实现工电供生产信息的闭合管理提供有效技术支撑。其还实现了工电供设备状态大数据"一张图"，生产组织"一张表"。

2. 生产监控管理

生产监控管理是通过为站段、车间、工区人员配备智能定位终端设备，综合利用无线电通信、卫星定位、电子传感等技术，对现场作业点进行实时监控，全程跟踪作业过程，对作业关键环节进行控制。该功能基于 GIS 地图开发，结合铁路专用地图，实时显示各站段当日作业情况、作业人员的位置、运行轨迹、现场图片、人员上下道情况等，对违规上道作业予以报警提示。其可实现对作业工机具的智能自动化识别管理、作业人员的智能定位、作业门电子锁开关的智能远程控制等功能，可有效防止工机具遗留线路、人员超范围作业，方便工机具的智能管理，并可后期对施工过程进行智能化的视频回放分析。

4.2.2 探索工务设备维修规律

在列车荷载、外部环境和线下基础结构影响的作用下，工务设备会出现不同程度的几何形位偏差和结构伤损，需要采取相应的养护维修措施，即通过调整轨道几何状态和整治结构伤损以恢复线路质量，保证高速列车安全、平稳运行。

传统上，我国铁路工务设备主要采用以"周期修"为主、以"状态修"为辅的维修模式，即当工务设备使用年限达到规定的维修周期，或设备各项技术指标超过相应管理标准时进行相应的修理。"状态修"是从设备实际状态出发开展修理的一种方法，其关键在于对设备状态的及时感知和管理标准的合理制定。由于高铁结构伤损具有随机性的特点，不宜采取"周期修"的维修模式。目前对高速铁路轨道结构（特别是无砟轨道）状态变化规律尚未完全掌握，开展传统意义上的无砟轨道"状态修"也存在一定难度。

因此，在高速铁路对行车安全性要求更为严格的背景下，轨道结构应采取更加积极主动的"预防修+状态修"相结合的维修模式，即在"预防为主、防治结合、严检慎修"的原则下，采用科学先进的监测、检测手段，在设备状态劣化前实施有效的养护维修措施，即依据线路设备实时状态及其变化规律，分等级地采取针对性养护维修措施。

现场养护维修经验表明，线路设备状态变化规律受初始状态、地理环境、养修管理方法等多种因素影响，而表现为一定"记忆性"；而开通前的初始缺陷也是运营后疲劳性结构病害的主要来源。这说明在时间维度上，对于线路设备状态的跟踪及其变化规律的研究不应仅局限于运营阶段，而应在线路开通运营前即对设备初始状态和线路初始质量进行把控。与此同时，在空间维度上，维修的基础是对线路状态的科学评价和维修区段的准确定位。目前无砟轨道的日常检测数据量庞大，包含综合检测车、车载式线路检查仪、便携式线路检查和人工添乘等不同形式采集得到的不同类型和量纲的数据，因此，应将各类几何状态和结构状态检测数据纳入统一的评价体系，综合、全面、准确地反映线路质量状态。为此，上海局集团公司正在积极创建更科学、更精细化的评价方法，进而进行修程修制的探索与实践，实现养修资源的合理分配和利用。

4.2.3 丰富与完善检测手段

掌握设备状态是确保列车运营安全的根本，高速铁路"严检、精检"的原则就是要落实设备动静态检查检测制度，构建动静结合、人机结合的检查监测体系，为科学维修提供依据。检查按照组织方式可以分为静态检查和动态检查。静态检查主要指人工巡检，内容包括几何尺寸和结构的检查。动态检查主要通过确认车、高速列车、探伤车和综合检测车进行检查检测。

根据静态检查主要内容和周期，设备管理单位开展线桥隧等结构检查。由于铁路基础设施要承受列车荷载，要达到"严检"的目的，仅仅依赖人工巡检是远远不够的，因此还需要动态检查。动态检查以综合检测列车和探伤车检测结果为主要依据，车载式线路检查仪和确认车添乘等作为动态检查的辅助手段。除了常规的动静态检查手段外，上海局集团公司还丰富了相关管理措施，研发了相关检测装备，为铁路养护维修及运营安全增添了屏障。

1. 引用轨道检查仪，逐步替代静态几何尺寸检查

轨道检查仪是一个集轨道内部及外部静态几何状态参数测量一体化的高效测量系统，由于安装了陀螺仪，其对轨距、水平（超高）、轨向、高低、正矢、扭曲（三角坑）等内部几何参数检查较为准确。考虑到检查的时效性与准确性，上海局集团公司采用轨道检查仪替代弦线、道尺进行人工检查，不仅效率高，而且精确性好。此外，由于轨道检查仪可模拟计算轨道质量指数（TQI），用这个指标来统计 TQI 大值区段，作为维修作业的参考，较为可靠实用。

2. 研发轨道测量仪，提高检测效率

测量特别是绝对测量是高速铁路线路养修的基准。为进一步提高测量效率，并落实自主创新之路，上海局集团公司自主研发了一款智能轨道检测仪——SIWEI（四维智能轨道检查仪）。因采用动态跟踪模式，变"暂停测量"为"持续测量"，并通过优化接收装置进行大密度数据采集（20 点/米），相比于同期国内外产品，在测量效率方面，提高了 7 倍。另外，SIWEI 采用全站仪绝对坐标测量与惯导系统测量结合，各测量部件均采用主动式数据采集，小波降噪结合平差计算及独特的测段搭接技术，因此在测量精度方面有了较大的提高。

3. 开发智能轨道巡检系统

由于夜间人工检查存在视线不良、作业不便等诸多困难，据此，上海局集

团公司研发了巡检系统，作为静态结构检查的补强措施。该智能轨道巡检系统具备图像采集存储、分析回放和图像智能自动识别等功能，实现对钢轨表面伤损、剥落掉块、擦伤、道床翻浆冒泥以及轨道板裂纹、扣件松落等轨道结构病害的检测，大大提高了检查效率与检查质量。

4. 研发手推式双轨磨耗状态检测仪

高速铁路的钢轨焊接接头不平顺、钢轨顶面周期性不平顺以及钢轨型面的非正常磨损等钢轨表面病害，对高铁的安全、平稳运行影响日显突出。但是现有的钢轨检测技术和设备对钢轨廓形检测是静态、非连续的，钢轨顶面不平顺只能测试二维单线波，各个检测项目是单独的、分离的。针对上述突出问题，上海局集团公司研发了一种高速铁路手推式双轨磨耗状态检测仪，通过工业摄像机拍摄钢轨轨头断面激光线，捕捉轨头断面轮廓线图像，利用图像处理方法解析出轨头轮廓线参数，通过匹配标准钢轨轨头轮廓，求得断面轮廓和磨耗值，设计相关算法求得轨底坡。实现钢轨型面检测、纵向不平顺检测、轨底坡检测的连续同时测量；并利用数学方法，还原钢轨表面状态，形成钢轨三维形态，为评判钢轨状态提供丰富、多维的现场检查数据源。

5. 研发动检数据智能处理与分析系统

综合检测列车每 10～15 天检测一遍，对检测数据进行综合对比，查找单次轨道几何状态均值与峰值，统计设备状态劣化规律，对养护维修具有重要意义，但是由于综合检测历次波形图存在起点不一致、图形不连续等不足，不能放在同一界面上对比。人工按里程筛选，不仅工作量繁重，而且里程误差导致对比没有实际意义。动态检测数据智能处理与分析系统由浏览器、服务器、轨道动静态数据融合与分析软件三部分构成。服务器可实现动态检测波形里程偏差自动修正和对齐、超限数据里程同步、单元 TQI 计算、病害识别、路基沉降识别、线形横移识别等数据处理与分析工作。单机版分析软件基于服务器处理完成的数据，提供最多 20 次波形数据的叠加对比分析，根据线路基础变形引起轨面变化的特征自动识别多种线路基础变形病害等分析功能。该软件的成功运用，极大方便了病害的综合分析与预测。

4.2.4 有序开展日常维修作业

按照"一般问题找规律"的思路，认真总结轨道精调、钢结构涂装等常规作业的作业方法,形成了行之有效的措施和手段。按照"重点问题找措施"的思路,对高速铁路无砟轨道平顺性偏差,通过分析、实践,形成了综合纠偏技术体系。

(1) 轨道精调。轨道精调是实现线路高平顺性的主要途径。在高速铁路无砟轨道精调过程中,通过建立精调智能化测量系统、研发精调智能化管理平台、提出基于智能化方案的精调流程优化方法、建立工程能力指数与波士顿矩阵模型综合评价体系、健全高速铁路无砟轨道精调智能化保障机制,提升了高速铁路运营品质。

在有砟轨道精调中,以新建高速铁路有砟轨道精调为载体,建立了"先轨距调整、后大机整道、再扣件调整"的精调流程,创新了"少捣多稳、低速重稳"的大机作业模式。通过优化流程、固化手段、规范建立评价体系,提前预判动态检测可能实现的指标,做到"心中有数,质量可控"。

(2) 钢结构涂装。钢结构是高速铁路桥梁及其附属的主要结构形式之一,钢结构外部一般采用油漆进行防护,一定年限后需要进行重新涂装处理,上海局集团公司针对涂装作业,采用角磨机、小型空压机等设备提高机械化程度,从而提高作业效率。针对现场实际,制订滚动计划,逐年推进运营高速铁路墩台吊围栏、爬梯等钢结构的整修工作,即采用"多元合金共渗+钝化处理"或热浸锌处理,彻底解决钢结构锈蚀问题,减少日常维修工作量。

(3) 高速铁路无砟轨道线形纠偏技术。线路偏移是影响旅客舒适感的重要原因。运营高速铁路无砟轨道线形偏移主要来自外部施工干扰、堆载、河流开挖等外部因素。

高速铁路无砟轨道偏移一般采用扣件进行调整,当线路偏移超过扣件调整量时,可采用线形拟合结合扣件调整实现线路线形的修正。当路基地段线路发生沉降、超过扣件调整量时,可通过注浆实现线形纠偏。注浆纠偏技术是指通过合理设置注浆抬升孔和注浆孔,在抬升孔中注入临时解粘剂后,临时解除支承层与级配碎石间的约束,通过横向加力顶推,将平面纠偏到位后,再采用高压注浆设备将具有良好充盈性、快速凝结性及膨胀性特点的高聚物注浆材料注入支承层下的级配碎石中,利用注浆压力及浆体的膨胀力,对上部轨道结构进行快速、可控的抬升,并采用高聚物注浆材料和轻质聚合物生态砂浆对抬升后产生的空隙进行完全填充。当桥梁地段桥墩发生倾斜、不均匀沉降时,主要采用移梁进行线形纠偏。移梁纠偏技术是指在梁缝内填塞硬木结合千斤顶加载作为箱梁纵向限位措施；利用箱梁一侧与多向支座、横向支座对应的防落梁钢挡块作为横向限位措施；采用桥墩作为顶升和平移施工的反力系统，通过对箱梁施加竖向顶升力和水平推力，调整梁体位置，实现线形纠偏。

4.2.4.1 高铁工务设备智能化精调管理

1. 构建高速铁路智能化精调管理总体架构

高速铁路精调是一项系统工程，涉及精调测量、方案设计、作业流程等各个环节，应利用系统管理的思想，补强短板、优化流程，并加强体系建设、机制控制，提升高速铁路精调质量。高速铁路智能化精调管理模式坚持系统管理、自主研发、大数据处理、"互联网+"的原则，包括智能化精调测量仪器、大数据精调方案处理中心、智能化精组织体系、精调后评价及改进机制、智能化精调队伍建设五大部分，并从技术功能和时间节点两方面保证了智能化精调管理体系的建设，总体架构如图4.2所示。

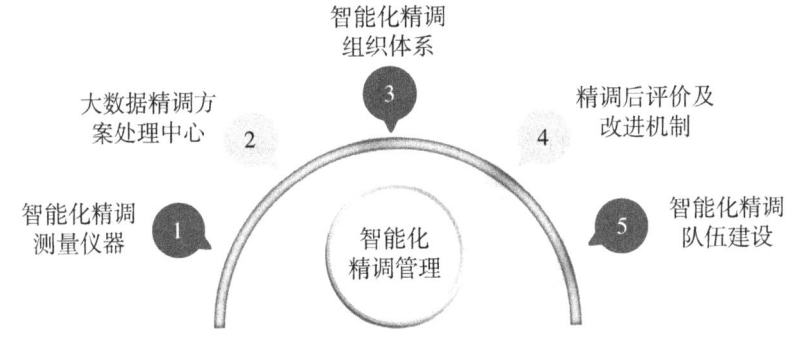

图 4.2　高速铁路智能化精调管理体系

4.2.4.2 研发高速铁路智能化精调测量仪器

上海局集团公司自主研发智能轨道检测仪，命名为 SIWEI（四维）智能轨道检查仪。SIWEI（四维）智能轨道检查仪是以轨道控制网（CPⅢ）、轨道维护基准网（GRN）或任意工程控制网的三维坐标为基准，精密测量线路轨道内外几何状态，并采用严密的数据模型计算出轨道的全几何参数，输出平顺性评价报告及轨道精调方案，用以指导铺轨定位、轨道精调及轨道养护维修作业。系统组成包括多功能车、智能轨道检查仪、测控手簿、全站仪、现场数据采集与数据处理软件、数据分析处理软件等。SIWEI（四维）智能轨道检查仪如图4.3所示。

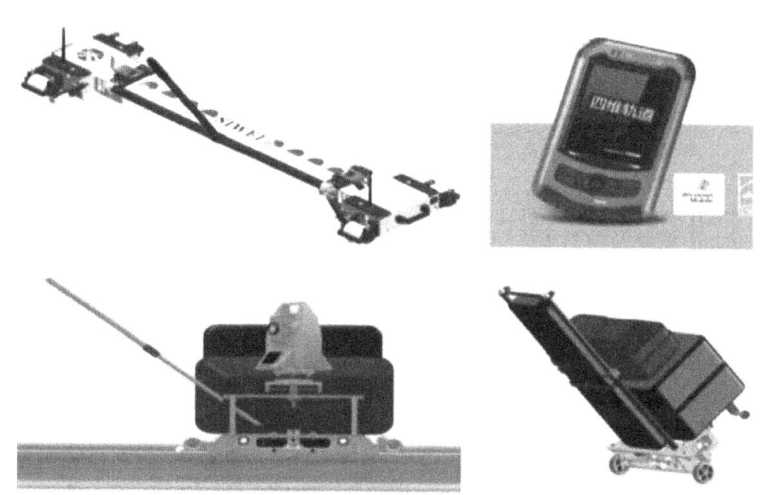

图 4.3　SIWEI（四维）智能轨道检查仪

4.2.4.3　建立高速铁路智能化精调大数据处理中心

1. 构建智能化精调数据处理中心

高速铁路测量作业产生大量的数据，这些数据是钢轨在空间中实际位置的客观反映，也是计算钢轨实际位置与设计位置间调整量的基础。上海局集团公司建立了高速铁路智能化精调大数据处理中心，数据中心构架如图 4.4 所示。其通过数据处理中心把传输收集的数据及设计的数据转换成人工识别的数据，根据线路平顺性的指标要求设置好边界条件；采用最小二乘法进行精调方案设计，使两根钢轨在空间中的位置不仅满足绝对位置要求（即轨道实际线形与设计线形偏差），而且要满足相对位置要求（即两根钢轨间的相对位置偏差）。

2. 建立智能化精调数据传输流程

利用"互联网＋"，对测量数据和方案下载利用 3G/4G/Wi-Fi 等方式进行无线传输。另外，为了提高传输数据的准确性，在服务器接收端加装了文件完整性筛选软件，对测量误差超限的文件进行警示，实现对作业数据的有效性检验，并对测站的测量结果进行精度分析。检验合格的计算成果上传至系统服务器直接入库管理，同步上传保存的还有原始作业文件，对检验不合格的作业文件，程序提示详细的出错信息并拒绝接收。通过建立基础数据表，设立专人集中式统一维护和管理，保证基础数据的统一性，有效避免了系统误差、实现了搭接数据的准确性。

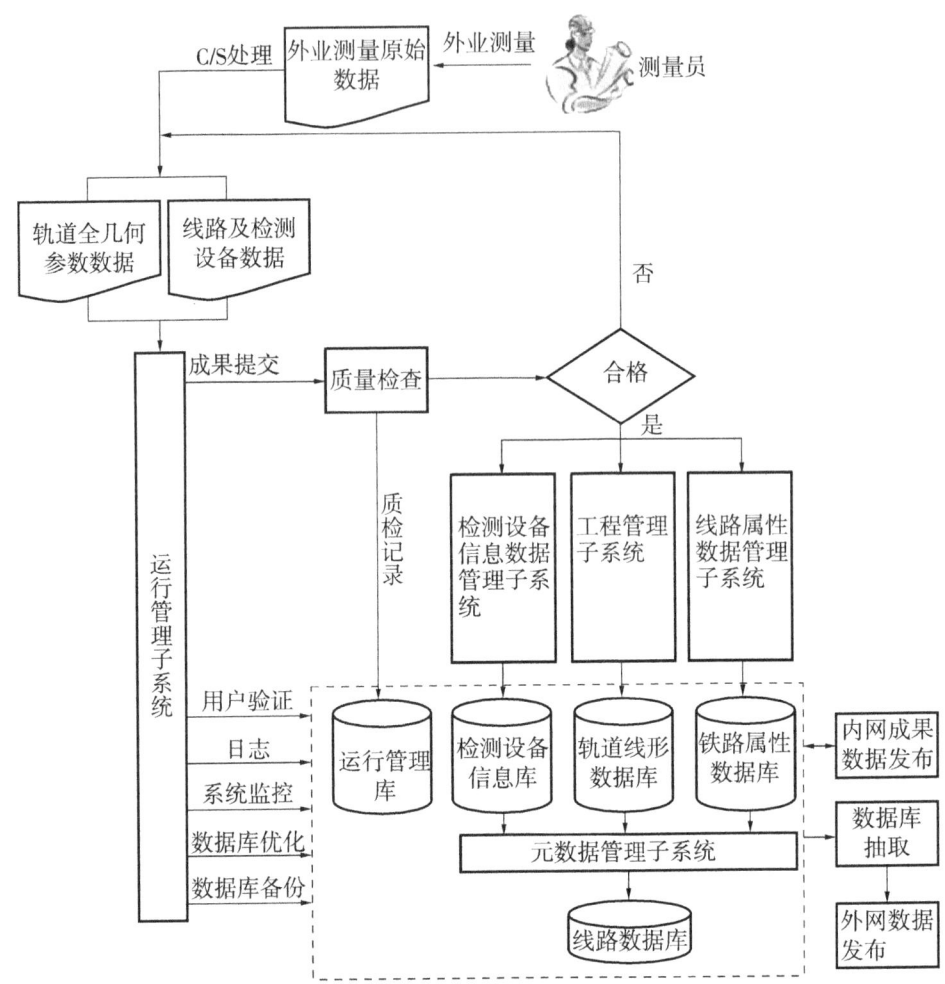

图 4.4 高速铁路精调大数据处理中心构架图

3. 定制智能化精调现场操作方案

在高速铁路精调中,首先选用任意一股钢轨作为基准股,将其实测数据与设计线形对比得到横向、垂向偏差,选用超大半径曲线,利用最小二乘法进行拟合,得到基本符合调整量最小原则的初始方案。其次,根据平顺性指标及扣配件调整量限差对初始方案进行优化,形成该股钢轨的调整方案。另一股钢轨的调整方案则通过内几何参数推算得出。精调方案自动生成软件可提供每个承轨台的现场里程、设计贯通里程和测点单元号与承轨台号标识,以便现场精确查找;并提供左、右股承轨台的扣配件安装型号,用醒目颜色突出标识需要更

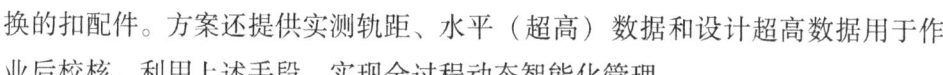

换的扣配件。方案还提供实测轨距、水平（超高）数据和设计超高数据用于作业后校核。利用上述手段，实现全过程动态智能化管理。

4. 实现全寿命智能精调数据管理

高速铁路精调大数据一方面是为运营管理阶段提供准确的基础资料；另一方面从设备状态"记忆性"的角度出发，对外部环境重点地段、与设计线形偏差较大地段、扣件调整极限地点等信息的提前记录和管理，为高速铁路线路全寿命周期管理提供了可能。

4.2.4.4 优化高速铁路智能化精调组织管理模式

1. 调整智能化精调组织体系

为实现精调作业的有序开展、优质高效完成，上海铁路局集团公司适应性地建立了三级组织机构。第一级为现场精调指挥部，由业务处室工务处负责。第二级为外几何参数测量组、精调组和材料供应组，其中测量组由铁路局集团公司测量公司负责，精调组由工务段负责，材料供应组主要负责提供现场精调所需要的精调扣件，由参与施工的施工单位组成。在各精调组下面设第三级机构，即技术班组、内几何参数测量班组和作业班组。

2. 优化智能化精调作业流程

通过理念提出、现场试验、理念修改、现场再试验的过程，创造性地提出了"先基准股后非基准股""先整体后局部"的轨道精调流程，即先把基准股调整到位，再进行非基准股的调整；对同一股钢轨先调整高低、轨向，再调整轨距、水平，实现精调作业的流程规范化。高速铁路智能化精调作业流程如图4.5所示。

3. 实施步步校核的闭环管理

为避免反复调整、费时费力的调整方法，上海铁路局利用 SIWEI 智能轨道检查仪的相对测量系统，并充分发挥其优于道尺、弦线的技术优势，建立步步校核的闭环管理。先利用 SIWEI 轨道检查仪绝对测量方案进行基准股调整，再利用其相对测量方案对基准股进行修正，SIWEI 智能轨道检查仪的相对检测数据既是对基准股作业质量的回检，同时也为制定非基准股作业方案提供了依据。通过以上作业，最大限度地把基准股调到设计线形或模拟线形，然后利用基准股作为参照系进行非基准股的调整，而不是依靠绝对测量方案作为调整依据，最大限度地降低了内几何尺寸误差。

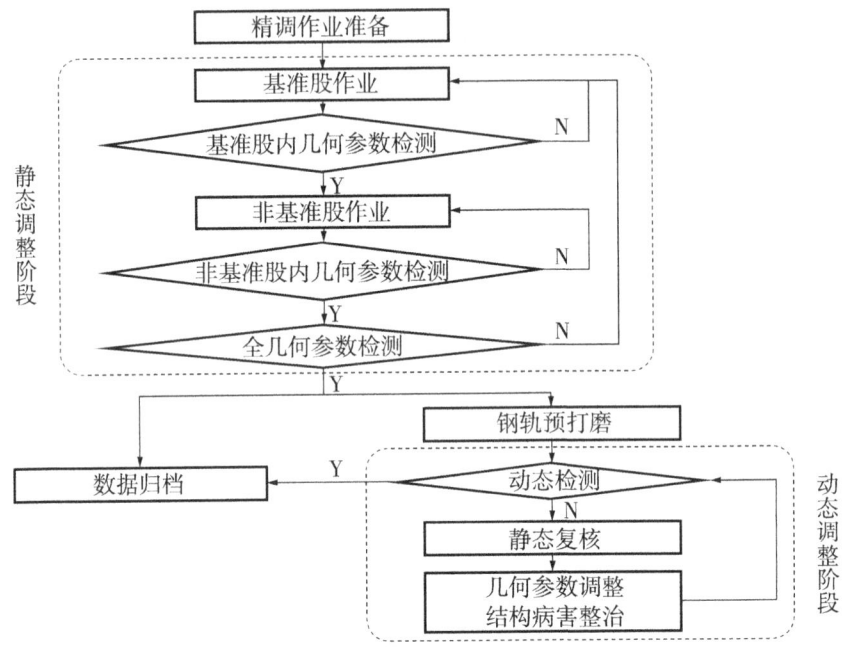

图 4.5　高速铁路智能化精调作业流程图

备注：①内几何参数是指两股钢轨间的距离、水平、扭曲及单根钢轨的高低、方向等指标；②外几何参数是指两股钢轨在空间的三维位置；③全几何参数是指内、外几何参数的合称。

4.2.4.5　创建高速铁路智能化精调评价及改进机制

1. 建立轨道精调质量评价指标体系

轨道精调评价体系采用质量评价与经济评价相结合的形式。质量评价方面，传统上，轨道平顺性的主要评价指数是轨道质量指数（TQI），上海局集团公司在沿用传统轨道质量指数的同时引入工程能力指数，丰富了质量评价指标，可对轨道精调前后的轨道几何状态进行评价。经济评价方面，通过计算成本投入与线路质量改善量之间的关系，进行经济评价。高速铁路精调后评价指标体系如图 4.6 所示。

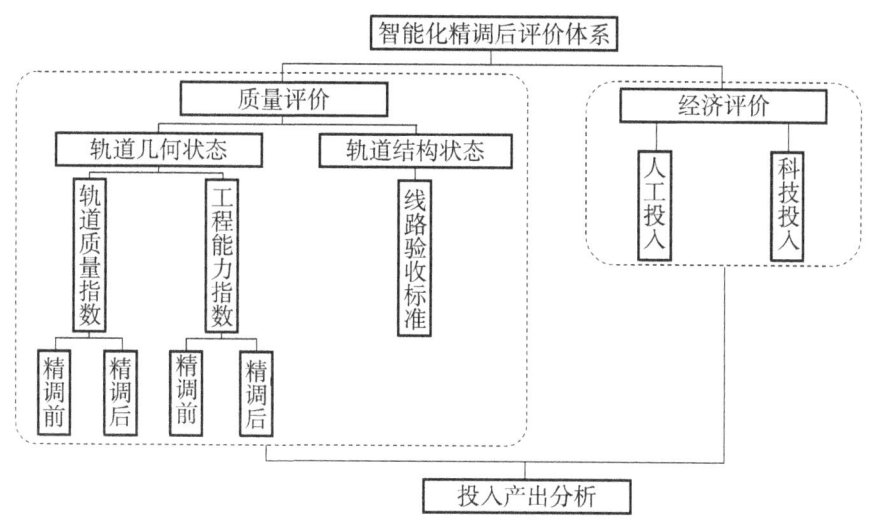

图 4.6　高速铁路精调后评价指标体系

2. 基于工程能力指数评价的质量优化

以六西格玛管理为指导思想的工程能力指数评价方法，能够反映轨道精调过程中的不足并据此进行优化。引入工程能力指数后，将样本的均值、标准差、上规格极限、下规格极限以及计算统计量考虑在一个计算指标中，通过 Minitab 软件高效快速地计算精调作业前数据的工程能力指数，对于工程能力指数高的单项指标，参考后续经济性评价分析结果，在确保质量的前提下降低成本；对于工程能力指数低的单项指标，努力提高作业队的精调作业水平。例如，精调过程中的轨距指标，在精调作业中存在调整不到位的情况，均值和标准差偏大，虽然其都满足现有规范要求，但在上规格极限、下规格极限不变的情况下，轨距指标的工程能力指数会有一定比例在六西格玛范围之外。据此，在现场精调作业中通过收紧标准、注重细节等措施进行调整，以满足线路开通及后续运营要求。

3. 基于波士顿矩阵评价的成本改进

为完善轨道精调作业评价体系，引入相应经济评价指标。通过投入产出比评价精调作业效果，将精调作业每公里的人工费和材料费之和视为精调作业投入。其中，每公里人工费由工人工资、人工数量计算得到；每公里精调作业的材料费投入由每公里内各轨枕所需更换的扣配件数量及其单价计算得到。将精调作业后轨道质量指数改善量视为产出，将精调前后的 TQI 公里差值定义为线路质量因轨道精调作业而得到的 TQI 改善量。利用每公里精调作业经济投入与精调后 TQI 改善量计算精调作业的投入产出比，投入产出比值越高，精调效果越差，投入产出比值越低，精调效果越高。

建立波士顿矩阵评价模型，将波士顿矩阵图分析法引入精调作业中，将模型中销售增长率和市场占有率替换为精调作业中的经济投入和 TQI 改善量，以单公里经济投入平均值及 TQI 改善量平均值为界可以划分为高投入高产出、高投入低产出、低投入低产出、低投入高产出四个区域。

4.3 电务设备养护维修

4.3.1 电务运维目标

电务运维的主要目标有 3 个。

（1）运维自动化。通过机器设备、系统在没有人或较少人的直接参与下，按照人的要求，经过自动检测、信息处理、分析判断、操纵控制，实现预期的目标。

（2）提升四个"感知能力"。通过传感器、通信接口获取"触觉"信息；通过工业摄像头获取"视觉"信息；通过语音识别获取"听觉"信息。

（3）实现六个智能化。实现设备状态智能化分析、故障处理智能化定位、应急处理智能化支持、作业流程智能化、检修维护智能化辅助、设备健康智能化管理。

4.3.2 智能电务建设工作措施

增强电务系统故障判断和检修能力，检修维护智能化是必由之路。推动电务工作由传统型向智能型转变、由经验管理向科学管理转变，围绕作业、设备、管理、外部环境四个影响电务安全质量的关键要素，以铁路局集团公司发展规划为指引，以改革创新为动力，大力推进技术标准数字化、管理手段信息化、维修方式机械化、分析诊断自动化建设。坚持以智能电务建设工作思路为指导，大力推进数字化技术标准体系、信息化维修管理体系、机械化维修作业体系、自动化监测监控体系建设。

（1）推进数字化技术标准体系建设。在确保安全性、兼顾可靠性的前提下，按照量化、可操作的要求，将维修的经验转化为维修的流程和标准，便于维修管理人员准确理解和执行。

（2）推进信息化维修管理体系建设。从维修、施工、应急处置等关键作业入手，积极采用信息化、网络化手段强化安全生产过程控制，提升管理效率和效益。

（3）推进机械化维修作业体系建设。围绕节约人力物力、减轻劳动强度、降低安全风险等目标，运用新技术、新工艺等加大工装机具装备研发运用力度。

（4）推进自动化监测监控体系建设。在补强完善既有监测监控功能、推广运用各类成熟先进的监测监控系统基础上，积极开展监测监控智能化、一体化技术研究与运用，更及时准确掌握设备运用质量状态。

（5）实现车载信息的智能采集和分析。目前车载设备运行数据的下载主要靠人工采集，采集效率慢。由于DMS数据不能完全定位故障原因，可能造成途中故障应急处置缓慢。近年来，列车数量不断增加，而检修人员数量增长有限，纯粹的人工检测越来越不适应形势发展需要。因此，必须利用现代化手段实现运行数据的实时下载以及时准确定位故障点，做好应急处置。在设备检修方面，要实现车底设备的自动化检测，解放人力，精确定位车底有无破损、电缆螺帽有无松动等异常问题。

4.4 供电设备养护维修

供电设备包括接触网、牵引变电所等设备，牵引变电所主要功能是将220 kV电压的外部电源转变成高速铁路电气化27.5 kV电压的专用电源，接触网设备主要功能是将电气化专用电能传输给高速铁路动车组，同时保障动车组受电弓高速运行和大电流受电的特性。高速铁路供电设备运行质量直接关系高速动车组运行安全可靠性。接触网运行维修是通过对设备定期检测、分析诊断、质量评价和鉴定，并依据结果实施修理，恢复设备正常运行状态的循环管理过程，主要包括运行、检测、维修等工作内容。

4.4.1 智能运行检修管理系统

智能运行检修管理系统可实现对牵引供电系统的故障预测与健康管理、安全评估、应急指挥、运营安全保障及辅助策等功能。

PHM（故障预测与健康管理）平台完成关键设备故障预警、故障快速诊断、设备与系统健康评估、系统可靠性分析与风险评估及维修辅助决策等功能。

（1）关键设备故障预警。在设备故障的早期或故障处于潜伏期时，及时发现故障隐患，准确预测出故障未来的发展趋势，在故障后果表现之前及时进行预警并排除故障。

（2）故障快速诊断。对于已表现出较严重后果的功能性故障，通过快速的故障诊断算法，准确判断故障位置、故障元件和故障类型，并评判故障程度，有效指导故障抢修的快速、高效进行。

（3）健康评估。通过设定合适的健康指标，对牵引变电所及其关键设备进行从系统级到设备级的健康智能高铁状态评估，以真实完整地反映牵引供电设备及系统的当前服役状态，体现健康状态发展变化的趋势，为状态检修及故障预警提供依据。

（4）可靠性分析与风险评估。从牵引供电设备及系统长期运行的角度，对系统整体及各设备的可靠性水平进行分析评估，预测设备的剩余寿命，结合外界运行环境可能带来的多种风险因素，有针对性地对牵引供电系统采取差异化的防护措施，从而避免故障发生，提高牵引供电系统的可靠性，减轻风险造成的后果。

（5）维修辅助决策。结合前4项功能，利用其输出结果，综合制定出合理的维修策略，确定周期修的最佳维修周期、故障抢修的最佳时机与方式，以及状态维修中各项状态阈值的选取，最终目的是提高牵引供电系统的安全性、可靠性，降低故障发生的概率与减少风险，减少故障影响并缩小影响范围，降低维修维护费用，提高维修维护效率。

4.4.2 供电设备维修管理

智能牵引供电系统可全方位采集电气电量、设备状态、环境视频等信息，形成牵引供电系统大数据。基于牵引供电系统大数据，可以深化研究数据挖掘、数据关联、数据分析等技术，以进一步实现智能化功能，实现牵引供电系统的高效运行。例如，在调度方面，应研究供电调度与行车调度间的相互协调技术，实现供电与行车相融合的大调度模式，发挥更大的运行效率；在运维方面，要充分应用采集到的设备数据，分析数据的变化趋势，预测早期故障，实现状态修与设备寿命管理相结合的运维模式。综合利用智能牵引供电的监控监测数据，从安全可靠、节能环保、运行效率等方面建立运行品质评价机制，为持续改进牵引供电系统的服务品质提供决策依据。

1. 以现代化机械为手段，提升接触网维修效率

接触网维修装备更新经历了车梯+检修作业车到检修列+多功能多平台作业车的更迭，综合作业效率大幅提升。接触网检修列作业平台长达 171 米，能够满足 30 人同时作业的需求。检修列配有 51 处视频、语音监控系统，车上、车下实时联控。接触网多功能作业车双机启动时，车辆最高运行速度可达到 160 km/h，较现有作业车提高了 40 km/h，提升了作业、抢险效率；随车配备的导线拨线装置、升降旋转作业平台、高空作业斗三种作业机具，满足了各种作业环境、作业内容的需求。多功能多平台作业车由三个相互独立操作、独立工作的平台组成，平台 1 可向上移动，主要用于接触导线的检修作业；平台 2 可向上方、向左侧移动，用于承力索和吊弦的检修作业；平台 3 可向上方、向右侧移动，主要用于支柱、支撑装置的检修作业。三平台作业装置可多人多点同时作业，能对接触网线索、悬挂部件、绝缘子和回流线等进行全方位检修和维护。接触网综合检修列和多功能多平台作业车联合作业可全面检修所有接触网零部件，解决了传统检修部分零部件不到位的问题，做到了全覆盖、无死角和零遗漏。以前人工车梯作业 12 个人一台车，作业平台只可满足 2 个人作业的需求，其他人员均负责辅助防护工作，一个天窗仅能检修接触网 0.4 条公里；在过去传统的检修作业车上，司机、防护员等非检修人员约占工作组人数的 70%，现在检修列上仅占 30%，一个天窗可完成检修接触网 2 条公里。检修列+多功能多平台作业车作业模式如图 4.7 所示。

2. 以生产计划为抓手，科学管理生产任务

接触网生产任务计划主要包括年度、月度检测和维修计划，以及周检测、维修实施计划。年度检测、维修计划由供电段制定，于前一年的 11 月底前分别下达至各车间，同时报集团公司核备。月度检测、维修计划由供电段编制后，于前月 25 日前分别下达至运行、检测和维修车间。

（1）生产计划编制原则。以维修车间为主线，优先安排维修工区检修计划。以问题管理为导向，按照"先严重、后一般，先正线、后站线"原则，一看设备评定结果，二查重点设备的问题详情，三要统筹劳力、材料、机具、天

图 4.7 检修列 + 多功能多平台作业车模式

窗等资源,四是安排整治队伍。先保设备安全,后提设备质量,优先解决一级缺陷和严重的设备缺陷。合理安排作业项目及工作量,用足天窗,提高天窗点内作业效率。充分利用天窗资源,通过组织联合作业、集中作业,减少辅助工时,提高作业效率,降低分散作业带来的安全风险。

(2)生产计划提报流程。供电、维修车间根据技术科下达的年度检修计划,分解到月、周,同时根据6C(铁路供电安全检测监测)系统动态检测和人工静态检测等得到的缺陷数据等,综合考虑维修能力、天窗等因素,合理编制月度计划,报技术科审核,作为周计划的申报依据,提高维修针对性。技术科结合上级部门或供电段安排的临时任务,分解纳入相关车间月度检测、维修计划中,平衡、审核后下达次月检修计划。车间需对次月检修任务进行调整时,应将计划变更申请一并报技术科审核,技术科审核通过后方可调整月计划内容,并下达到相关车间,本期未完成的维修计划,须顺延结转至下月优先完成。供电、维修车间根据段下达的月度计划,以及前一周计划完成情况,结合新增设备缺陷、施工配合、专项整治、隐患排查、季节性工作等,编制周计划,维修车间提前将周计划报给供电车间,供电车间平衡、汇总后报技术科审核,提高缺陷处置及时性。

(3)天窗修计划提报流程。由天窗作业主体车间编制维修周计划。维修车间维修周计划由设备所辖供电车间签字确认后,报技术科审核、汇总。供电车间编制维修周计划时要充分考虑配合维修车间工作量,合理编制供电车间维修周计划,报技术科审核、汇总。

（4）施工计划提报流程。由施工作业主体车间编制月度施工计划。维修车间月度施工计划由设备所辖供电车间签字确认后，报技术科审核、汇总。

3. 以精细化为重点，提高接触网维修质量

为提升设备运行品质，推行接触网精细化维修，在全面检测、监测基础上，按照"精细管理、科学检测、全面检修"原则，采用机械化集中作业方式，恢复设备各部件标准值。

（1）精细化维修作业方案制定。为保证修前评估质量，对计划检修的区段，在检修实施前一个月制定维修作业方案，由技术部门牵头采取巡视检查、静态测量、数据分析等方式，重点从设备检查质量、检测监测数据分析诊断、上周期设备运行及检修情况、历年设备故障情况等方面，对每项设备的技术数据及运行状态进行大数据分析，研判设备运行总体趋势和重点风险，发现和掌握各类设备缺陷，提出检修整治的方案，形成维修作业方案报告，提高设备检修的针对性和预见性，防止盲目修、过度修和漏检漏修。

（2）精细化维修作业过程控制。通过作业内容明示化、检修作业分区化、现场监控视频化和检修管理智能化，强化检修作业的过程控制，保证检修质量。

4. 发挥视频作用，推行接触网维修可视化

（1）作业摄像装置运用。为满足管理人员掌握现场设备维修作业情况的可视化需求，从强化现场施工维修作业监控等方面入手，在安全帽上和接触网作业车平台上安装摄像装置，提高现场可视化程度。管理人员可对当日现场所拍摄的音频、视频资料进行分析，及时发现作业班组在接触网检修作业过程中安全管控、现场防护、检修程序和执标情况等方面存在的问题，提出针对性整改意见，切实做到现场施工维修管理安全和设备质量真实可控。

（2）检修列监控装置运用。为有效满足接触网综合维修列全程掌握作业组员作业行为需求，从掌握现场作业标准方面入手，在接触网综合维修列各作业平台上安装视频监控装置，提高现场可视化程度。作业中，在控制台设置专人监控，发现违反作业标准的行为立即纠正；作业后，对视频监控文件进行转储分析，还原作业行为过程，对作业不规范行为及时组织整治。

（3）移动单兵系统运用。为有效满足调度生产指挥中心掌握现场抢修和施工信息需求，从供电设备故障、事故应急处理和营业线施工管理方面入手，通过移动单兵系统将现场画面和通信情况传输至调度端，提高现场可视化程度。

①当供电发生应急故障时，使用移动单兵系统，方便调度生产指挥中心第一时间制定抢修方案，缩短故障应急处置时间。

②营业线施工时，使用移动单兵系统，方便调度生产指挥中心掌握现场施工情况、采取的安全措施和现场施工进度等情况。

4.4.3 供电设备生产组织优化

1. 流程再造，推进接触网修程修制改革

（1）明确运维模式。接触网修程修制改革坚持"预防为主、重检慎修"的方针，按照"定期检测、状态维修、寿命管理"的原则，遵循专业化、机械化、集约化、精细化、差异化、可视化维修方式，依靠6C监测检测系统等手段，建立信息资源共享平台，实行"运行、检测、维修"分开和集中修组织模式，提升接触网运行品质和安全可靠性。

（2）以接触网"运、检、修"分离为重要特征，开展运维模式变革。供电车间负责日常运行管理和应急处置，组织接触网一级修，跟踪验收维修质量。检测车间负责供电段6C系统综合数据处理中心工作，以及供电段6C系统检测装置的维护、运用、管理和检测数据分析。维修车间负责接触网二级修工作，采用集中修方式组织实施。运行工区负责接触网设备日常运行管理，主要是一级修、巡视检查、单项检查、非常规检查、施工配合和应急处置等，对4C（接触网悬挂状态检测装置）检测数据进行全面分析、进行部分6C装置的应用分析，对二级修结果进行质量验收。检测工区负责6C装置的运用、维护，并对6C系统检测数据进行分析，为设备维修提供依据。维修工区按照月度维修计划，负责接触网设备全面检查、二级修和专项整治。接触网运维机构框架如图4.8所示。

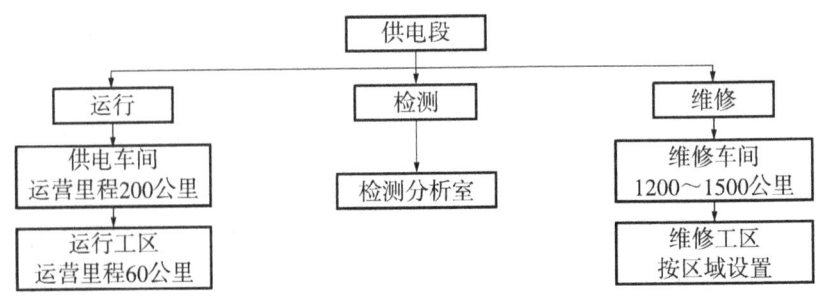

图4.8 接触网运维机构框架图

(3) 细分接触网修程。高速铁路接触网维修分为一级修、二级修、三级修共三级修程。一级修是为了使设备状态保持在限界值以内，对导致接触网功能障碍的缺陷、故障立即进行无事先计划的临时性维修。其主要包括对一级缺陷的临时性修理、危及接触网供电周边环境因素处理、导致接触网功能障碍的故障修复（必要时采取降弓、限速、封锁等处置措施）。二级修是为了使设备状态保持在警示值以内，对定期检测发现的缺陷有组织、有计划地维修，以及设备全面维护保养。其主要包括对二级缺陷集中性修理和设备全面维护保养（必要的防腐和注油等）。综合修可结合全面检查进行，或根据缺陷情况有计划地安排。三级修是指通过检测动态条件下的弓网作用参数，测量静态条件下的接触网几何位置，检验零部件质量状态，依据检测、检验分析结果，全面调整接触网静态几何参数，更换失效或接近预期寿命的零部件和设备，更换局部磨耗接近限值的接触导线，恢复接触网标准状态。

2. 组织集中修，改革接触网设备维修模式

高速铁路接触网维修以提高天窗效率、提高作业效率、提高机具使用率、降低天窗数量、降低劳动强度、降低维修成本为目标，向"集中修"生产组织模式转型，集中调配施工机械、人员和材料，综合利用天窗，在有限天窗时间内集中完成接触网设备维修和技术改造任务，提高劳动效率和设备质量，同时减少施工对运输的整体影响。

3. 车间组织生产，创新接触网生产组织模式

车间组织生产是为了规范车间组织生产管理，充分发挥车间生产组织的主体作用，提高车间组织生产效率，提升接触网设备管理水平。车间组织生产是以车间为生产主体的生产组织模式，细化车间管理责任体系，从"检测、分析、计划、作业、验收"五大环节开展日常生产组织，实现强化车间生产组织能力、全面掌握生产过程、规范现场作业流程、现场安全质量受控的目的。车间承担管辖范围内接触网安全生产管理主体责任，组织实施日常生产任务，统筹年度维修任务、检测缺陷、专项整治、隐患排查、季节性工作等，紧紧围绕"检测、分析、计划、作业、验收"五大生产关键环节，组织开展生产工作。

把握"设备状态是前提，编制计划是关键，车间组织是核心，科技手段是保障"的工作思路，改变工区分散作业、无计划性处理缺陷的组织形式，配齐配强车间管理人员，充分发挥车间管理人员在安全管理、技术管理和组织协调

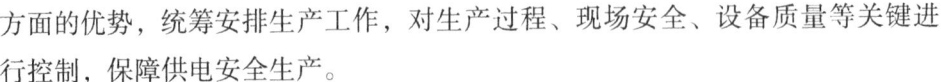

方面的优势，统筹安排生产工作，对生产过程、现场安全、设备质量等关键进行控制，保障供电安全生产。

维修车间负责根据技术科下达的生产计划，组织开展接触网全面检查、二级修、专项整治工作。维修车间应采用检修作业车列（组）配合的集中修方式组织生产。供电车间负责根据技术科下达的生产计划，组织接触网一级修、巡视检查、单项检查、非常规检查、施工配合、专项整治、隐患排查、季节性工作和应急处置，以及部分 6C 数据的应用分析、部分缺陷整治，对二级修结果进行质量验收等工作。供电车间应统筹安排车间内资源，采取集中作业方式组织生产。

4. 以补强监测为基础，推进变电所修程修制改革

开展带电测试、在线监测，强化设备运行状态监测和修前调查，配置红外成像及紫外成像测温设备，提高供电运行监测水平；根据带电测试、在线监测数据，开展横向、纵向对比分析、落实状态检修和试验。开展牵引变电设备集中修，高铁牵引所亭馈线设备结合垂直天窗进行全所停电检修和试验。实施既有牵引变电所无人所改造，落实更新改造、专项整治费用，补强牵引所监测检测手段，配置辅助监控系统和智能巡检，为实现无人值守创造条件。强化新建牵引所源头控制，对于拟建、在建及已建尚未开通的新线建设项目督促建设单位按照"无人值守"牵引变电所和开闭所设备设施技术条件进行设计或补强变更设计，新线开通时达到无人值守条件。制定无人值守变电所运行检修试验管理办法，及相关的作业标准和指导书，健全配套管理制度，逐所研究评估，分步实施，实施后管理规范、运行高效、安全稳定。

4.4.4 案例分析：供电接触网智能化检修

南京供电段在高铁接触网检修管理上，强化专业管理基础，提升检修管理水平，努力构建以计划管理为前提、以安全风险管理为保证、以检修巡视管理为核心、以问题闭环管理为载体、以生产信息系统管理平台为支撑的高铁接触网"互联网＋"检修管理模式，为高铁供电安全提供坚强有力的保障。

4.4.4.1 建立生产信息系统管理平台

生产信息系统管理平台的建设是一个庞大而复杂的综合性系统工程，在包含高铁接触网检修管理的同时，涵盖了供电段所有业务部门的作业支撑以及对

铁路供电业务未来发展的信息化展望,所以在段规划伊始就充分学习研究了国铁集团信息化总体规划以及生产业务相关规程、规范,启动生产管理系统业务部门调研及顶层设计,基本形成了"一平台四中心"的蓝图规划。

1. 建设数据中心

数据中心基于履历、作业和缺陷三大基础信息,集中存储和管理所有生产作业相关动静态数据,整合外围应用和接口数据源,采集、挖掘、汇总、清理各类生产数据和资源,为管理决策提供精确的数据辅助。以设备基础履历入手,结合当前物联网技术,按照接触网一杆一档技术系统要求,建立了所有设备的电子标识,录入相应设备履历信息,基本实现了设备履历电子化的目标。2016—2021 年,共完成了 4 万余张接触网设备电子标签的张贴工作,形成接触网设备履历 74 302 个。

2. 建设流程中心

流程中心结合高铁供电生产规程,通过规范系统流程和固化生产管理过程,充分理解业务需求,把每项工作流程化,让所有工作以流程形式进行流转,保障供电段、车间、工区三级互联互通,使各业务部门的管理形成统一的整体,提升工作效率和运营管理能力。严格执行本级审核制度,流程处理中无法越级处理,严把过程控制,并且在闭环流程管理中,从计划管理、作业过程、安全卡控到新线验收、巡视记录,严格按照流程闭环控制,专业管理干部利用流程闭环管理,了解现场作业情况,确保现场作业按标执行。

3. 建设业务中心

业务中心围绕生产管理核心业务,以设备履历为中心,将设备履历与生产计划相对接,并将现场作业工作票与设备直接关联,从生产计划、工作票、检修保养、缺陷问题库等供电生产过程进行设备全生命周期的管理。借助移动互联网、物联网和 GPS 定位技术,克服时间和空间的影响,实现供电生产现场的移动化作业和安全管控,提升供电作业运行管理的精准化程度,从而实现基础履历至现场作业过程,实时动态关联,使原来的静态孤岛数据,真正动态掌握,使设备基础数据处于动态更新状态,实现设备履历全生命周期的动态管理。

4. 建设决策中心

决策中心负责抽取数据中心的业务数据和管理数据,进行统计分析、管理监督、决策辅助工作,以个性化、图形化动态展示各类信息和数据,提供更直观的接触网运行状况,加快决策响应速度。系统以 SOA 开发平台为基础进行平台开发,根据现场业务、管理文件的不断变化,系统可适时迅速调整,并能灵活对接其他应用,有效实现生产业务与其他接口系统的信息集成和交换共享。该系统具有标准统一、易于开发、灵活多变的特点,充分降低研发成本,打造了一个标准化、协同化、移动化的企业级信息集成平台。2016 年 5 月正式启动生产管理系统实施工作,经过 10 个月的项目实施,于 2017 年 3 月正式上线使用。系统实施完成功能模块 95 个,功能点 4100 项,PC 端及移动端功能界面 5000 余个,底层数据模型 906 个,全面保障高铁接触网各类运行检修管理工作。

4.4.4.2 加强管理

接触网检修计划是接触网设备管理的重要依据,接触网的全面检修工作均围绕着检修计划执行。建立"互联网+"计划管理,实现了生产计划统一管理、动态管理,改变了过去现场作业班组通过邮件上报电子表格的传统管理模式,不断优化计划管理。

1. 计划管理

(1)提高计划管理准确性。

目前的接触网检修计划管理,主要通过电子表格在接触网工区、车间至段三级中进行流转,其间需要大量的整理与统计,电子表格间的多次传递、表单的重叠极易出现统计的漏项、重复等错误的情况,在计划管理过程中造成较多不便。借助生产信息系统管理平台,充分利用检修计划与设备履历的关联性,各工区按照检修项目选择具体设备,设备选定后,自动形成各工区的检修计划,系统可自动对形成的检修计划进行合理性判断,识别设备重复、遗漏以及检修周期紊乱等情况,有效确保计划上报的准确性。同时建立了计划提报的流程管理,落实逐级审批制度,并自动对各工区、车间的检修计划进行统计汇总,减轻了业务科室在计划审核方面的重复性工作,也保证了各班组提报计划的唯一性与准确性。

(2)提高计划调整准确性。

接触网设备检修管理需要根据实际进度对每月检修计划进行相应的调整,按照目前使用电子表格的管理模式,接触网工区、车间、段管理部门要对调整后的计划进行反复审核,并且人工调整,其操作繁琐、工作效率较低,给计划管理带来了诸多不便。而利用生产信息系统管理平台，检修计划的调整可自动在多个月份间进行同步处理，当月计划调整后，会相应地调整设备存在的原有计划，并且能够自动审核调整后的计划是否符合年度检修计划任务量，解放了原有的工作模式，提高了工作效率。同时调整后计划将自动下发至相关车间、接触网工区，杜绝了检修计划下达过程的错误信息，大大提升了计划调整的准确性。

（3）实现计划下达自动化。

日计划管理，采用"集团公司—段—车间—工区"的传输模式，基本以点对点的单线传递为主，需要段调度员及时查看集团公司每日计划下达情况，进行相应计划的逐级转发，牵扯了调度员的较多精力与时间，并且易出现查看不及时、不到位而导致的遗漏现象，一定程度上影响检修工作开展的效率。现通过与集团公司相关计划管理系统的接口对接，自动获取有效信息，通过数据识别匹配，调度员对获取到的集团公司公布的施工维修日计划自动按线别下发至各工区，无需再通过挂网公布或以邮件及其他即时通讯软件将日计划手动传递至作业工区，提高了计划管理的准确性；并且通过流程机制，能够及时查看计划下发签收情况，免去了电话确认的下达跟踪步骤，提升了计划管理的效率。经测算，日计划的下发流转从原本 1 到 2 小时的传递时间，已可有效控制在 15 分钟内自动处理，切实提升了调度生产计划的管理效率。

2. 检修管理

接触网系统作为高铁动车组列车动力的唯一来源，其设备质量的好坏直接影响到高速铁路的运输能力，而接触网检修作业是保障设备运行稳定的重要手段。为此国铁集团、上海局集团公司对接触网系统的设备检修制定了详细的检修标准，对其包含的 4 类基本零部件、17 项单体设备逐项编制了作业标准及相应的检修记录表格，严格确保检修质量。通过"互联网+"检修管理，在严格按照相关要求的前提下，重塑作业过程，卡控作业标准，提高检修质量与效率。

（1）提升现场作业标准化。在作业过程中，引入"互联网+"应用技术，充分利用手持终端，将需要填写的众多表单项目进行有效固化，规范填写标准。同时将手持终端的时间信息纳入填写过程，及时有效地掌握现场作业动态，规范工作步骤，严格按照要求进行流程化操作。在系统数据库中将接触网设备与作业指导书及相关技术资料相关联，在作业过程中现场作业人员可随时调取查看,有效指导现场检修工作,提升设备检修质量。

(2)提升信息录入效率。接触网工区人员在对接触网设备的检修过程中,需对每项设备进行详细检查并将设备状况填写在纸质记录中,待回到办公驻地后再将其录入电子表格。据统计,在检修工作后,接触网工区人员需对14种接触网电子表格、10项工作票令进行汇总统计,大量的统计工作费时费力,并且会出现重复填写、数据准确性不高的问题。而利用手持终端可将工作票、卡控表、停电工作命令及相关设备检修信息全部与数据库进行实时对接,全面实现作业现场一次录入,避免回到工区驻地后的二次填写情况,释放生产力、提高工作效率,使工区人员能够全心投入到提高设备质量的工作中去。

(3)提升设备检修质量管理。在检修作业过程中,作业人员可通过系统数据库调阅接触网设备的相关历史数据,从前期的检修保养数据、6C问题库数据、巡视问题库数据等,全方面了解设备运行状态,为高质量的检修工作提供数据依据。实现基础履历与现场作业间的动态关联,从单点的设备检修转换为有计划、有重点的作业模式,对可能出现的倾向性缺陷提前预判,将设备隐患消灭在萌芽状态,进一步促进设备检修质量的提升。

3. 巡视管理

接触网具有分布线路长、设备和部件多、管理和维护任务繁重、作业地点不定等特点,因此巡视是对接触网进行检测的重要方式。巡视时如果发现设备有缺陷时,缺陷要纳入问题库,以完成设备缺陷的闭环处理。

(1)实现管内设备全覆盖,避免漏巡。通过运用"互联网+"巡视管理,专业管理干部可以将所有接触网设备的月度巡视计划按照周期性的要求提前录入系统,系统每月按照巡视计划自动进行提示,作业人员通过手持终端扫描现场设备电子标签,自动完成进度统计,未完成的巡视工作量也可在系统进行查询,避免了漏巡现象发生。

(2)实现设备状态实时查询,随时进行比对。通过运用"互联网+"巡视管理,可以将每次动检列车或添乘巡视的视频图像信息上传至系统终端,作业人员能够在系统中随时调取所需的视频和图片信息,通过比对分析及时找出隐患处所,为下一步问题整改提供依据,大大提高了巡视的质量。

(3)实现问题库的自动生成梳理,提高运用水平。通过运用"互联网+"巡视管理,所有巡视问题都可在现场进行录入,录入后,系统将按照线别、缺陷等级、缺陷类别等自动上传至系统问题库中，进行梳理，并在下次本区段检修时提醒现场作业人员落实整改，实现缺陷问题的闭环管理，提高了问题库运用的水平。

4. 问题闭环管理

接触网检修缺陷管理是设备管理的重要组成部分，通过对接触网设备的检修缺陷分析，可全面反映接触网的设备状态及变化趋势，为设备检修提供明确的指导性建议。实现缺陷问题闭环管理，排除相应设备隐患，确保设备达到最优状态下的稳定运行。

（1）构建设备缺陷动态管理。充分整合数据资料，打通信息壁垒，形成资源共享，把设备履历与问题缺陷相关联，达到数据的重新整合，让设备履历从新线验收问题库到巡视问题库以及 6C 问题库，全部关联，建立相应问题库档案，做到设备全生命周期管理。通过对历史数据库的分析，可直观地反映缺陷相对集中的区段及相关的倾向性缺陷，进一步提升接触网设备的质量评定体系，为后续的检修任务编排、检修重点等工作提供真实、有效的管理依据。

（2）实现缺陷问题智能下发。通过"互联网＋"问题闭环管理，结合生产信息系统，让设备履历与缺陷问题相关联，要求缺陷问题自动统计下发。以 6C 问题库为例，原有 6C 分析组在分析 3C（车载接触网运行状态检测装置）缺陷问题时，需要专人盯控 3C 缺陷系统，在问题下发后对相应问题与设备履历进行比对，根据设备所处位置进行相应问题下发，过程需要盯控，各级需要分级统计汇总，需要大量的统计时间；现在管理可自动获取缺陷，自动下达工区，同步推送至处理人手持终端，并与近期测量数据相关联，形成导高波形图，自动根据缺陷等级关联计划提报，支撑状态全流程管理。

（3）达到缺陷问题闭环控制。在日常的管理工作中，缺陷问题的闭环管理需要各级人员的有效盯控。而现在的管理方式，让缺陷问题与检修计划相关联，以流程化管理方式完善闭环管理，缺陷问题下发后，缺陷问题自动关联相应检修计划进行任务布置，管理干部只需查看流程进展情况，就能全面掌握缺陷整改进度；在检修过程中，自动提醒相应工区落实缺陷整改，并且在检修维护完成后，及时清除相关问题，达到问题库闭环管理。

5. 数据分析管理

接触网周期修到状态修的维修管理体制的改革，需要准确的数据支撑，为管理干部提供决策服务。为有效支撑高铁接触网"互联网+"运行检修管理，段建立数据分析中心，以大数据理念驱动各项管理工作，进一步开展数据挖掘，采集时空数据，多维度运用，打造全过程数据管理。

（1）搭设数据分析中心。随着生产信息系统管理平台应用的深入和业务的发展，随之产生的数据会呈几何式增长，数据的类型也会从结构化数据向非结构化数据延伸，除生产管理过程产生的数据之外，6C监测数据、电能电量数据、天气数据等都会以不同的形式对接至生产信息管理平台，积累巨大的数据资源，管理者可以通过对大数据的挖掘和研究，获得对生产管理的评估和参考依据。

（2）加强大数据手段运用。大数据以应用为导向，首先是数据准备，其次是对数据的抽取、清洗和标注，进一步对数据进行探索性可视化分析，根据对业务的了解，选择合适的机器学习工具对数据进行相关的特征工程或数据降维处理，最后利用监督学习、非监督学习、深度学习等算法，对数据进行处理，得到所需要的结果。数据分析中心的搭建，为大数据提供了重要的数据来源。

（3）数据可视化分析。管理平台将大量检修数据转化成直观形象的图表，灵活的图表可以自由切换。管理人员可以找到最合适的数据类型图表，利用数据可视化分析方法，结合趋势性、规律性、关联性、聚类性和异常性的大数据特点，直观提取各接触网区段运行状态，为管理人员提供管理决策服务。比如，在检修完成情况，段调度可以利用年度检修计划中的已完成量和总量的关系，利用图形和表格等形式，直观地表现出相关检修工作的进度情况，让专业管理干部全面掌握现场检修工作进度，指导现场检修工作；专业科室利用数据分析中心，有效预判管辖范围各车间、工区安全情况、各设备的运行状态，让专业管理干部有效监督安全问题隐患、密切关注重点设备。

4.5 动车组运用维修

4.5.1 动车组修程修制现状

近年来，以复兴号动车组为标志的新一代铁路移动装备各项技术指标已处于世界领先水平，高速铁路运行的动力分散电动车组（简称动车组），是由动车和拖车或全部由若干动车长期固定地连挂在一起组成的车组,其中动车具有牵引动力,拖车不具有牵引动力。动车组是当今世界高新技术的集成,采用了机械、材料电子、计算机、网络通信、工程仿真等领域的最新技术,以及高速轮轨关系、大功率牵引、制动控制、列车运行控制、空气动力学工程、可靠性与安全性技术等铁路专业领域的最新重大成果,是高速铁路的标志性装备。

动车组实行以走行公里数周期为主、时间周期为辅(先到为准)的计划预防修。动车组修程分为5级,其中一、二级修为运用修,在动车所内实施;三、四、五级修为高级修,在具备相应检修资质的检修单位实施。

自2007年以来,在我国机车车辆传统的计划预防修制度基础上,结合技术引进4个技术平台动车组的维修方案,创建了特有的一至五级维修制度,体现了维修的计划性,经过十余年的不断完善,目前已基本建成体系。我国动车组的修程修制共分为五个等级,其中一、二级为运用修,三、四、五级为高级修。目前,由18个铁路局集团公司的58个动车组运用所承担动车组一、二级修,沈阳、北京、武汉、西安、上海、广州、成都7个动车段具有承担动车组高级修的能力。

4.5.2 动车组修程修制面临的主要问题

我国动车组高级修工作自2007年开始从零起步,经过近年来的理论探索和运维实践,积累了一定经验。但对装备质量变化规律、运用维修规律的认知仍处于累积过程中,动车组检修工作面临一些亟待破解的难题。

(1)修程修制仍有较大优化空间。出于对安全性和可靠性的考虑,总体原则上,目前我国的修程修制设置偏于谨慎,计划预防修的理念占据主导。对标世界先进同行,我国动车组检修里程间隔偏短,高级修停时偏长,在检修项目和标准的设置上还存在过度检修、过剩检修的问题。

(2)自主修能力有待提升。目前约有60%的整车委托制造企业高级修,由动车段承担高级修的动车组中约有40%的关键系统和部件委托制造企业检修,由于制造企业对运用质量需求研究和掌握的程度不足,检修中常常直接采用新造标准和技术参数,不恰当地提升了检修标准,造成过度修,成本提高。

(3)未建成良性可持续的运维体系。目前我国动车组高级修中约80%的工作量按照原造原修的原则由原造厂完成,这种模式不可避免地造成检修市场垄断，由此而产生的检修技术垄断、材料配件封锁、检修成本偏高、回送修时延长等弊端已严重影响高级修效率和效益，制约了动车组使用管理的良性发展。

（4）未形成合理高效的专业化集中检修格局。我国动车组车型多、配属种类多、部件检修复杂。目前，相关动车段、机车检修段、主机厂都在通过推进自主修、合作修、部件供应商属地修等方式筹建检修点，有的动车段要承担6种技术平台动车组的检修，有的车型和部件分散在7个以上维修点检修，缺少总体布局规划。

4.5.3　构建动车组预警预测及健康管理体系

我国高速铁路的快速发展，对高铁动车组的运用和维修水平提出了更高的要求，如何提升高铁动车组的状态管理和运用能力，提高我国高铁动车组健康管理与运维决策水平，成为我国铁路高铁动车组运用管理的迫切需要。

4.5.3.1　创建以可靠性为中心的维修（RCM）思想

动车组作为复杂的机电一体化大型装备，故障规律不再简单遵从磨损理论，单一的计划预防修已不能很好地满足现代装备维修需求。要研究符合动车组技术特点、发展趋势和管理要求，以设计确定的维修周期和系统部件的寿命周期为依据，通过连续监测装备性能变化，用足装备性能稳定的周期，发挥装备最大效能的维修思想，实施以可靠性为中心的维修（RCM）。

1. 修程修制的正向设计

检修实践表明，科学的修程修制体系应从设计源头进行规划。在机车车辆研发阶段，自觉运用现代维修理论、RAMS（可靠性、可用性、维修性和安全性）技术和全生命周期成本（LCC）方法开展维修顶层规划和正向设计，实施主要系统和部件同检修周期策略和可更换可兼容策略，推行模块化、单元化设计，实现修程修制的"优生优育"，以便在其全生命周期成本优化方面获得事半功倍的效果。

2. 基于大数据和PHM研究的修程修制优化

借鉴航空业利用PHM（故障预测与健康管理）研究对修程修制开展优化的经验，我国机车车辆行业充分运用造修、监测检测大数据开展PHM研究。在运用环节，通过车辆及地面安全监测检测设备实时监控运行状态，实现超前防范；在检修环节，充分利用大数据分析、人工智能和PHM等技术手段，从故障模式、原因、影响、规律等方面全面深入分析运用维修数据，科学确定检修项目和范围，合理选择维修方式和策略，逐步实现计划预防修向精准修的转变。

高速列车是高速铁路典型的现代化技术装备，其检修管理的很多方面都体现了"以养代修"的理念。随着新车型、新技术和新材料的大量应用，传感器技术、计算机信息处理技术乃至各种自动检测技术正逐步投入使用，车辆检测技术正在向智能化、高科技、自动化方向发展，在车辆故障检测方面积极弥补由传统人工检查带来的不足。以往定期、定型及分解的列车检修方式，也正向状态监测、以功能为中心和非分解型的检修方式发展。为推进智能运维工作，在监测分析与标准化、维修模式与修程修制、生产组织与管理模式以及行业运维能力建设等方面，应制定智能运维的技术标准，加强数据共享指导修程修制优化，强化数据应用提升管理效能，并培育专业化的运维服务企业，从检、维、修、管四个方面实现智能运维综合效益。

4.5.3.2 构建动车组运用维护体系

动车组实行的预防性维修体系分定期维修和状态维修两种，对重点设备（如轮对）进行定期探伤，确保动车组性能和运行安全。在动车组运用维护信息管理系统建设方面，该系统以运用、维修、技术、物流四类业务为主线，包括调度、作业、技术、设备、安全、质量管理和动态监控等应用子系统，分为配属、履历、大部件、计划和故障五大模块，形成覆盖国铁集团、铁路局集团公司、动车段、动车所及主机厂的四级框架体系。动车组运用维护信息管理系统已在实施运用，基本覆盖全路的动车组运用检修信息共享及技术管理平台，实现了动车组全路调配运用和网络化维修管理，为动车组安全运用和维护提供了技术支撑。因此，将PHM技术引入到动车组运维管理当中，通过建立多源数据库、故障预警预测模型、应急指挥辅助决策模块，及开展视情维修探索、部件及整车的健康评估，构建起一整套动车组的预警预测及健康管理体系。

基于大数据进行智能运维管理，以故障预测与健康管理为核心，实现关键零部件服役性能状态智能评估、故障诊断及预警报警、故障精确定位、备品备件动态预测、提供运维决策建议，为实现计划预防修向预见性维修转变提供支撑，其框架如图4.9所示。

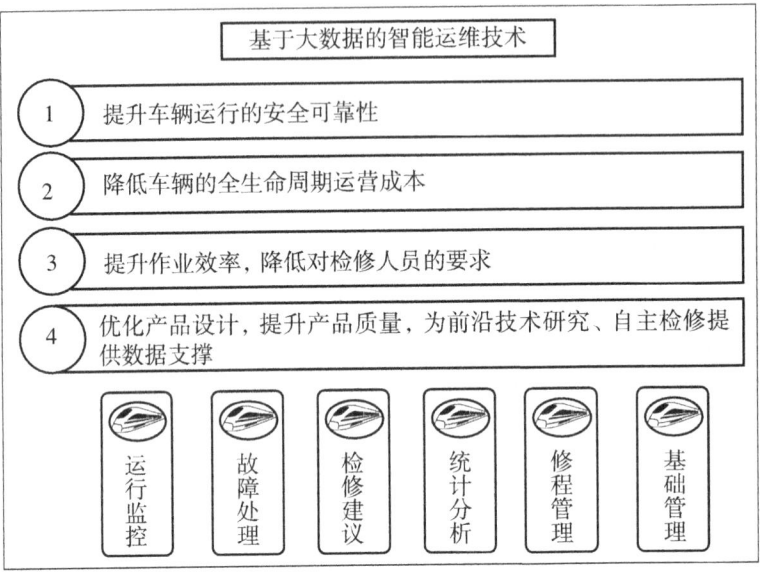

图 4.9 基于大数据的智能运维框架

结合高速无线通信、信息安全、数字孪生等技术的故障诊断和维护技术研究与应用，实现智能巡检、故障精准定位、软件远程升级、趋势分析预测等功能；开展基于边缘计算的智能传感技术研究，实现列车状态感知数据的分散预处理、智能传感的局部试验和考核验证，满足列车健康诊断的轻量化和快速反应需求；研究车辆高度自感知、自诊断、自修复的诊断和维护技术，满足车辆自动化和智能化的进一步需求。

1. 建立覆盖动车组全寿命区间的多源数据库

当前动车组运用检修过程中，存在着大量相互独立的动车组相关信息系统，主要有动车组设计制造厂商的 MRO（维护、维修、运行）系统、铁科院在全路范围内建立的动车组管理信息系统（EMIS）、高速动车组远程无线传输系统（WTDS）、动车组检测设备厂家自有的轮对踏面动态检测系统（LY）、受电弓及车顶状态动态检测系统（SJ）等，这些系统在当前动车组运用管理体制下，相互独立却又息息相关，形成了一个个信息孤岛，对日常使用来说极为不便，同时也无法从整体上进行大规模的数据分析和信息挖掘，无法满足当前动车组配属数量日趋庞大情况下动车组运用部门对信息进行精确掌握的需求。

结合当前的实际需求，对动车组管理信息系统（EMIS）、高速动车组远程无线传输系统(WTDS)、轮对踏面动态检测系统(LY)、不落轮镟机床、空心车轴探伤等系统信息数据进行关联和融合,同时进一步拓展现有的数据采集渠道,通过建立动车组入所在线智能检测系统和加装动车组转向架故障监控系统,采集动车组转向架的状态和振动数据,建立覆盖动车组全寿命周期的履历数据、故障数据、车载状态数据、检修检测数据的数据库,一方面为动车组性能状态的长期跟踪分析和故障应急指挥提供全面丰富的信息数据,另一方面也为动车组故障预警预测和维修决策提供有力的数据支持。

2. 建立关键部件故障预警预测模型

PHM技术应用的一项重要内容就是通过跟踪研究部件的服役性能演变规律,预先诊断部件或系统完成其功能的状态,确定部件正常工作的时间或里程长度,即开展部件的故障预警预测工作。基于搭建的覆盖动车组全寿命区间的多源数据库,对动车组关键部件开展长期跟踪监测,研究其服役性能演变规律,采用可靠性、大数据、机理研究的方法,建立故障预警及性能预测模型,先后建立动车组车轮、轴箱轴承、齿轮箱轴承、牵引电机、转向架整体、客室空调、客室侧门、蓄电池等关键部件的故障预警模型,相关模型的主要建立方法如下。

(1)通过分析车轮多边形与运行总里程、镟后里程、季节因素、平均速度、运行线路等因素的关联关系,采用决策树的算法进行因素分析和模型训练,建立车轮多边形的预警模型,并与现场多边形测试数据进行比对和验证,实现对车轮多边形程度的预测,指导运用部门合理组织开展车轮镟修工作。

(2)通过研究轴承的温度变化情况与动车组速度、环境温度、运行时间、线路情况及个体差异等因素的关系,采用离群因子检测、异常值检测的方法,从绝对温度、同侧温差、等效温度三个维度对动车组轴箱轴承、齿轮箱、电机早期故障进行预警。

(3)通过软件仿真的方法建立高速列车耦合系统动力学模型,基于动车组日常检修过程中对动车组走行部部件的检测参数,对动车组走行部稳定性、车体平稳性、轮对作用情况、转向架振动情况、脱轨安全性等进行计算和评估,并给出相应的预警信息和维修建议。

(4)基于客室空调压缩机高低压、客室温度数据建立客室空调预警模型,对客室空调制冷剂不足、漏氟及其他空调性能异常的早期故障进行预警,结合动车组日常一二级检修过程对报警车组空调进行入库排查,避免途中空调故障带来的巨大影响。

（5）通过对侧门开关门过程中电机电流、电机电压及过程执行时间等参数进行记录和分析，描绘车门动作过程中各参数的变化情况，选取车门电流值、动作时间等参数作为车门动作性能参数，通过置信区间法和奇异值检测筛选出性能异常的车门，并在日常维护中加强维护保养。

（6）通过对蓄电池充放电原理进行研究和分析，结合动车组日常运用规律，基于远程实时数据中环境温度、列车网压、蓄电池电压等数据变化情况判定蓄电池的性能状态，对性能下降的蓄电池单元及时安排进行入库排查。

随着动车组车载感知网络的完善、故障机理研究和数据规律分析的深入，故障预警的范围和准确性将不断得到提高。故障预警模型的研究和应用，推动了运用部门对动车组故障和异常事件从被动响应向主动预防转变，及时对早期故障进行预警，可以更好地保障动车组运行安全和运输秩序。

3. 建立动车组应急指挥辅助决策模块

当前，在应对动车组途中故障的处置过程中通常采用局、段两级应急指挥中心的方式进行处置，极大地提高了各种非正常情况下的应急响应能力，保证了高铁的运营安全。但同时，由于我国高速铁路的建设与运营时间较短，动车组应急指挥建设方面也有如下短板需要补强。

（1）动车组运用维修领域各子系统数据信息基本完备，但互联互通、数据共享还不够，在应急处置过程中大都依靠各种系统的切换来获取信息，不便于快速综合各种信息，制定应急处置方案。

（2）动车组途中故障处理的预估时间只能依靠应急指挥人员的经验进行判断，误差较高，不利于指挥效率的提升及后续应急处置方案的制定。

（3）应急处置方案的制定以及采取何种应急预案主要依靠应急指挥人员人工优选，难度大，要求高。如遇途中动车组发生故障时，如何根据故障发生时具体的故障信息、部件实时数据信息、环境数据、人员信息等选择最优的应急预案，缺乏合理的应急处置方案评估与优选体系。

（4）日常应急指挥过程中产生了大量的指挥经验和应急数据，未能实现结构化存储，没有有效的知识沉淀机制，导致知识流失严重。同时，由于数据孤岛和原始的应急数据处理方式，无法对应急相关数据进行充分挖掘和利用。

动车组应急指挥决策功能模块着重围绕应急处置、科学决策、知识沉淀和应用共享等方面进行构建,通过构建知识引擎、数据挖掘算法、智能检索系统、智能推荐系统等基础组件,提供方案管理、流程管理、决策辅助、统计分析等基础功能,实现应急处置、方案优化、应急监控与管理等应用,通过面向应急指挥决策系统自身以及应急指挥人员、管理人员等提供应急处置记录和相关数据的分析应用,采用预案推演等手段,辅助其优化应急处置流程和预案,实现应急处置的不断自我学习和完善。

4. 开展部分部件的视情维修

随着动车组车载信息感知网络、车地通信技术以及先进的诊断与预测等技术手段的运用,已经具备对动车组部分部件开展视情维修的能力。

4.5.3.3 建立动车组部件及整车的健康评估体系

动车组部件或整车的健康状态评价对动车组的健康管理体系至关重要,通过对健康评估过程中各个维度的研判,可以有针对性地进行故障预测;通过对同类车组健康评价等级变化趋势的研判,可以为高级修周期的优化提供数据支撑;通过对车组健康等级趋势的研判,可以对车组后续健康等级的变化趋势进行预测;同时通过对动车组开展健康评估,可以为动车所在日常生产过程进行选车用车、故障排查及维修时间上下限的调整提供一定的参考。

通过对动车组关联数据的分析,结合现场的运用经验,采用三个维度的数据结果分析合成的方式来进行动车组部件和整车的健康状态评估,三个维度分别为动车组走行公里、故障历史、部件检测参数。这三个维度的具体选取方法采用了一种"仿生"的思路,动车组走行公里反映了动车组的健康状态随时间年限变化的共性规律,故障历史反映了动车组健康状态个体的差异,部件检测参数则能够直接反映动车组当前的健康状态相关性能指标。

由于单个维度的评估是动车组健康状态的一个不充分的证据,合成的本质是综合这些不充足的证据来推断车组的健康状态,达成这一目的的通行的方法是使用 D-S 证据合成,D-S 证据合成算法将自行判断证据充足程度以及各证据之间是否有冲突来动态合成结果。通过采用这种方法将动车组部件和整车健康状态分成"健康""良好""注意""恶化"及"疾病"等 5 个等级,便于动车运用部门开展故障排查、倾向性问题整治及动车组健康状态趋势研判。

例如,郑州动车段依托"三室"建设成果,构建基于大数据应用的综合分析系统,利用高速动车组远程无线传输系统,对动车组轴端温度、齿轮箱温度、牵引电机温度等走行部温度数据进行实时监控分析。充分发挥动车组 PHM 系统作用，完善温度曲线分析模型，对温度趋势和隐患问题做好规律分析，以及预警预判及应急处置，确保高温条件下安全关口前移，为动车组运行安全保驾护航。动车组检修时，郑州动车段发挥智能化检修平台优势，利用一级修综合检测系统 SJ、LY 设备和 TEDS（动车组运行故障动态图像监测系统），对动车组车顶高压设备、车下走行部等关键部件，进行全面检测监测，做到精准检修和重点处置，确保动车组零故障出库。

随着信息化系统的不断迭代升级，铁路调度集中系统也会随着新技术的发展而不断更新，系统未来也将向智能化方向发展，设备的监测数据获取可不增加额外数据采集、传输设备。在降低系统复杂性的同时，增加了智能运维的功能，这将为智能运维的规模化应用、智能维保综合效益的实现提供关键条件。

4.5.4 检测机器人助力动车组检修智能化发展

4.5.4.1 需求分析

我国铁路路网规模和动车组数量不断增长，检修工作量也随之增大。随着我国高新技术的发展与成熟，检修智能化成为动车组维修的趋势。传统的人工检修动车组车底的方式对检查人员的体力和经验都有着很高的要求。以 CRH2 型动车组为例，对车底部分的检查需要依次对车底部、车钩、制动装置、驱动装置、牵引装置、转向架架构、轮轴及踏面清扫装置等部分进行检查。最初，上海虹桥动车运用所一辆 8 编组的动车组需要两名检查员对车底部分进行检查，涉及近 20 000 个零件。同时，检查员必须至少有 2 年的经验，才能在第一时间发现问题。每次检修时间为 80～90 分钟。而在使用动车组检测机器人后，一对机械臂可以完成两个人的工作量，节省时间 10 分钟以上；动车组故障检测机器人系统物理设备构成可参见图 4.10。

采用机器人进行检修工作，可有效避免工作人员长时间工作产生的疲劳、注意力不集中等问题，同时也可避免维修人员在高温天气工作的安全隐患。在提高了动车组检修效率的同时还能保证质量。动车组故障检测机器人系统可以全天候进行检测，从接收检测任务指令开始，按照操作流程依次完成信息采集、上报。动车组故障检测机器人系统业务流程见图 4.11。

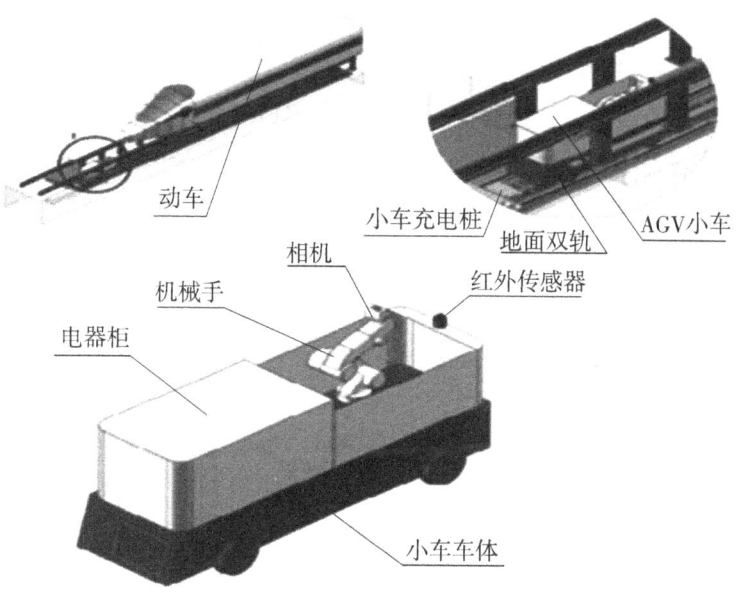

图 4.10 动车组故障检测机器人系统物理设备构成

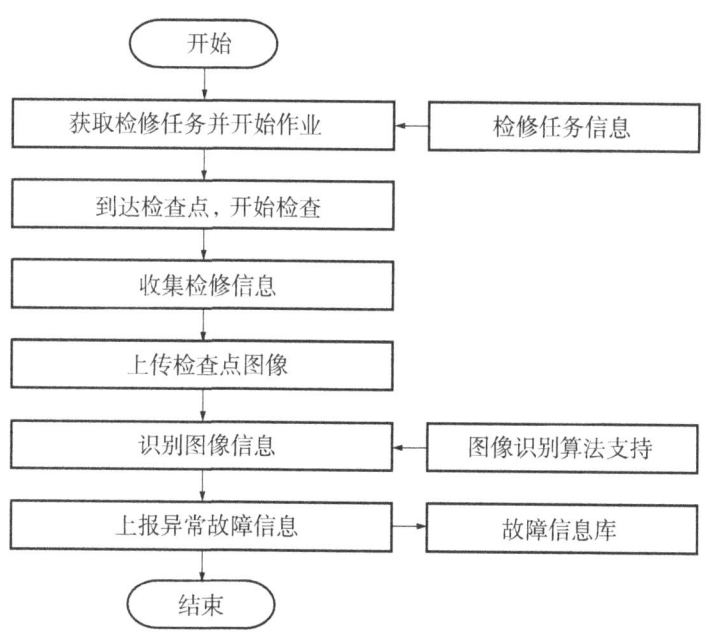

图 4.11 动车组故障检测机器人系统业务流程

4.5.4.2 检测机器人核心关键技术

（1）高精度图像识别技术。

高准确性的动车组故障检测自动报警，可以为运用检修提供有效的技术支撑。利用机器人检测动车组车底故障图像数据研究高效的故障识别技术，是动车组故障检测机器人系统的重要创新技术。通过参考动车组车底原图像与故障图像的自动分析和比对，对异常部位进行有效的差异识别，并自动进行报警等级的标记与分类，以实现动车组车底故障的自动识别与预报，为一级修检修作业、检修管理的高效率监控奠定基础。

（2）机器人智能定位技术。

研究机器人智能导航、智能定位技术是建设检测机器人系统的一项重要基础工作。围绕系统建设目标，根据各型机器人设备的技术特点、接入方式等因素，制定统一的控制流程，提出完整的控制方案，有效降低系统集成的技术复杂度，减少项目研发和实施的总体成本。

（3）机器学习技术。

机器学习是通过机器人对同一故障目标识别的反复训练，通过编程语言改进、故障特征识别准确度的提高，自动改进和完善的图像识别算法。利用机器学习，不断提升机器人故障识别技术判断的准确率，实现高准确率的故障上报，在海量数据支持的前提下，最终实现人工零复核。

（4）海量图像数据传输与处理技术。

针对海量车底故障图像数据与有限网络带宽之间的矛盾，研究制定相应的数据处理与传输方案是解决网络传输瓶颈的重要方法。根据车底故障图像数据的数据特点，设计高清图像压缩传输的技术方式，在保障图像质量的基础上有效地降低图像数据量；研究有限带宽下大数据量传输的网络传输方案，在高效利用网络带宽的基础上，实现海量数据的实时传输。

（5）运用检修与基础管理业务整合技术。

制定动车组故障检测机器人检测作业与管理业务流程的整合解决方案，在保障检修作业的基础上，开发统一的动车组车底故障机器人检测作业平台应用软件，使机器人检测作业、预警与故障处理、故障分析等相关业务流程密切融合，以形成通过多部门协调联动来快速响应预警、及时处理安全隐患和有效地控制事故发生。

动车组车底故障检测机器人的应用效果良好，降低了检修作业工人的工作强度和工作压力，但技术仍未完全成熟，当前的机器人检修准确率约为97%，3%的误判还需要人工消除，距离100%准确率的目标还有一定距离，需要系统进一步的学习和优化以及检修大数据的支持。

4.5.4.3 应用场景

1. 虹桥动车所机器人

（1）动车组一级检修现状

我国动车组实行以走行公里数周期为主、以时间周期为辅（先到为准）的计划预防修，动车组修程分为5级。一、二级检修为运用检修，在动车运用所内进行；三、四、五级检修为高级检修，在具备相应车型检修资质的检修单位进行。动车组一级检修是对动车组的车顶车体两侧、车内和司机室等部位实施的快速例行检查、试验和故障处理的检修作业，以动车组技术状态检查为主，还包括吸污、外皮清洗、室内保洁等整备作业。动车组一级修是涉及多单位、多工种的一体化作业，可以采用"无电（可外接电源）—有电"或"有电—无电—有电"作业模式。检修时短编（8辆编组）由1个作业小组实施，长编（16辆编组）由2个作业小组实施。以CRH380B型动车组为例，每次一级修作业在检修库内需要安排4名作业人员，作业耗时约25小时。各动车组型号一级检修周期如表4.1所示。

表4.1 动车组一级检修周期

车型	一级检修周期
CRH1A/B	≤4000+400公里，或运用48小时
CRH1E，CRH380D	≤5000+500公里，或运用48小时
CRH2A（统）/2B/2C/2G，CRH6A/6F	≤4000+400公里，或运用48小时
CRH2E，CRH380A（L）	≤5000+500公里，或运用48小时
CRH3C，CRH380B（L）/CL/BG	≤5000+500公里，或运用48小时
CRH5A/G，CRH3A	≤5000+500公里，或运用48小时

（2）动车组在线智能检测系统。

为了突破人力检修的生产效率瓶颈，将智能机器人技术应用在动车组检修领域，以提升动车组一级检修效率。通过不断的研究和实践，将智能机器人技术与动车组一级检修工艺相结合,在虹桥动车所研制并布设了一套"动车组入所在线智能检测系统"(简称"检测系统"),基本实现了动车组一级检修作业中的车顶、车、车底相关部件的状态检测和故障自动识别。检测系统主要由动车组入库动态检测装置、库内检测机器人系统等组成。其中,入库动态检测装置布设在虹桥动车所虹高B线踏面诊断库内,实现对动车组车顶、车侧及裙板相关部件的检测,适应列车运行速度5~12 km/h;库内检测机器人布设在检修库J8道地沟内,实现对动车组底板、转向架等走行部部件的检测。同时,辅以信息化管理平台,实现数字化的现场操作和检修信息闭环管理。

(3)人机交替作业模式。

为了更好地发挥检测系统的优势,结合检测系统的特点,提出动车组级检修人机交替作业模式。该模式中,第一次动车组级检修作业由检修人员承担入库动态检测装置作业流程(简称"人检"),下次动车组一级检修作业部分内容由检测系统承担(简称"机检"),人、机循环交替。机检作业时,检测系统负责对动车组车顶、车下、车体两侧实施快速例行检查;检修人员负责司机室的快速例行检查、试验以及故障复核及处理。检测系统的应用逐步实现动车组一级检修作业由"人检"向"人机交替"作业模式的过渡,并形成了一整套功能齐全、运行稳定的动车组检测系统,最终达到在保证安全的前提下,提高动车所检修能力及生产效率的目的。

2. 北京北站机器人

智能型复兴号缓缓停稳在智能京张北京北站后,一级检修人员通过手持终端开始检查智能检修机器人技术状态,确认作业股道环境。随后其按照手持终端操作提示,仔细核对动车组车组号及股道信息,确认无误后,智能检修机器人进入自检模式。一切准备就绪,作业人员在手持终端发送开始作业命令,智能检修机器人缓缓向前,驶向动车组,对动车组车底及关键部件进行快速扫描、识别定位,定位完毕后,机械臂开始工作,从股道重联端向D21-2列位行驶,对每个转向架检修部位进行精确拍照采集、3D处理,开始后续机检作业。自由机械臂可以任意姿态实现对车底关键部件的无死角检查。以上为北站动车组一级修的场景。

在调试阶段,北京北动车所反复对比机检和人机结合的检测结果数据,不断提高智能检修机器人的检测精度,逐步实现动车组一级检修作业由"人检"

向"机检"作业模式的转变。

从自动驾驶到智能检修机器人,从大数据到人工智能,智能京张将再次树起中国高铁的新标杆。该机器人可全自动检测动车组车底和转向架可视部件,实现动车组相关部位零部件外观故障的识别和报警。检测出的数据通过无线传输技术实时传输至图像识别服务器,由图像识别服务器进行分析、诊断。三维图像采集模块采用激光三角法测试,检测精度非常高。在检测过程中,通过无线传输技术将检测结果及故障实时推送至一级作业人员手持终端,作业人员根据故障提示进行现场复核,并将复核结果回填至手持终端,完成结果回传。在作业结束后,由一级班组人员通过动车组入所在线智能检修系统打印机检作业单,由一级工长、质检员签字确认后存档。从动车组车头到车尾,机器人检测需40～50分钟,可完全模拟人工作业,达到人眼分辨率,特别是可以深入作业人员不便进入之处检测。该设备的引入,既分担了部分检修工作,也可以在保证检修质量的情况下更高效地完成检修作业,代表了当前轨道交通领域智能检修的最高水平。

第5章 智能客服

5.1 智能客站

5.1.1 智能客站的功能

智能客站通过集成平台能够实现接发车、旅客引导、广播、检票、作业、人员、设备的自动化控制。未来车站服务将呈现全面感知、自助服务、资源共享、协同联动、主动适应等五大特征，会实现旅客无障碍畅通出行、人性化无缝自助化服务、安全实时监控、生产高效组织、全面绿色环保等五大服务目标。未来云计算、物联网、大数据、人工智能和机器人等关键技术将依据车站的实际需求得到典型应用。

智能客站主要实现以下功能。

(1) 落实作业计划。智能客站作业平台将接收到的调度命令、日班计划、智慧出行服务要求及各级管理及作业要求转化为一项项任务清单，分发到每一个作业人员和相关管理人员手中的移动智能终端、手机、办公电脑等设备上，自动进行工作重点、特殊服务等工作提醒，作业人员的移动智能终端既是任务的接收终端，也是问题的上报终端，通过智能客站作业平台，实现车站各项作业任务的有序落实。

(2) 拟定应急预案。车站正常的业务作业，既有的办公、旅服等系统已经基本满足要求，智能客站着重考虑非正常状态下的作业。目前车站建立了很多应急预案，但仔细分析会发现不少预案最终还是回归到人工作业。智能客站作业平台利用计算机模拟技术将各类应急预案的设计、演练流程化、信息化，例如要客服务在大面积晚点情况下的行走流线等，实现各类应急预案真正可演练、可执行。

(3) 预测、发现非正常和突发事件，进行预处理。智能客站作业平台获

第 5 章　智能客服

取、分析来自智能客运其他业务模块、站内设备、人员以及网络上的各类信息，及时预测、发现非正常情况和突发事件，例如某区域突发的人流聚集、火情、设备设施损坏、临时更换车底或恐怖活动等，并进行预处理，为下一步的快速处置提供条件。

（4）信息快速传递，站内作业灵活调度。智能客站利用物联网、移动互联、融合通信等新一代技术，将车站及各服务单位连接成一个整体，实现作业中发现的问题以及各类突发事件的信息快速传递给相关人员，结合应急预案，并根据事件种类、等级、处理时长等进行有序的升级处理，确保响应的及时性、有效性、完备性。

（5）车站运营成本控制。现在车站定员逐年减少，但服务要求却越来越高，这已成为一对新的矛盾，路局为此投放了大量高价值的设备设施，这些设备设施在解决矛盾的同时，也给车站带来了巨大的成本压力。智能客站作业平台实现设备运维流程化、资产管理智能化，引导、培养旅客建立良好的出行习惯，合理使用客服设备设施，实现节能降耗，降低车站运营成本。

（6）评价及反馈。智能客站作业平台积累的数据，不仅为车站内部人员考核、评先提供依据，同时也为设备运维、保洁单位的考核、清算提供依据，也是各相关单位联劳协作的信息纽带。

5.1.2　客站设备智能管理平台

随着我国高铁车站数量不断增加，大量客运设备设施伴随车站的建成相继投入使用。不同时期建设的设备标准不一致，导致设备种类繁多、制式复杂。成百上千的设备及其附件分布在车站的各个角落，随着投入使用时间的延长，设备的运行状况变得愈加复杂，故障增多，缺乏统一的检测、报警及联动机制。为此，各客站开始探索设备智能管理平台的建设。以南京南站为例，车站开展设备智能化管理系统研发，实现站房内所有机电设备设施及部分客服设备的集中检测、监视和管理；通过与运维管理系统的联动，实现实时报警、故障诊断、检修恢复的闭环管理以及运维策略的实时调整；实现用能检测及耗能分析管理，为车站精细化用能及节能减排提供有力技术保障和统一运维平台；通过统一的设备智能化管理平台，实现对各子系统进行全程集中检测、监视和管理，平台同时收集所有子系统的数据，储存到统一的数据库中，使各个原本独立的子系统可以在统一的平台上展现、分析、决策预警。各设备的运行状态能得到及时、准确的反馈,不但可以保证设备的安全稳定运行、降低设备故障率,而且可以减少人工的劳动强度和巡检过程中存在的安全隐患。平台主要实现以下功能:设备综合监控;综合报警;机电设备预测性运维;环境监测及调控;运维联动;冷热站精准能效分析、诊断、调节;机电设备节能联控;能耗监控与分析;智能消防;运维管理;等等。

5.1.3 客运车站网格化管理系统

智能客运建设为铁路内部工作人员提供规范、智能、高效的生产指挥手段,通过搭建客运作业管理系统平台、建设管理人员作业平台、建设车站小区广播、打造车站应急指挥平台等,实现集生产组织、作业指挥、监控监听、应急处置、智能视频监控等多功能于一体的综合指挥、调度、协调控制中心。

客运车站网格化管理系统以"互联网+"为媒介,以科技创新满足卓越服务,不断强化客运组织管理,提升管理工作水平,提高应急处置效率,为车站的日常管理和应急处置提供了一个图形化、定制化的强大管理工具。按照火灾爆炸、列车停运、大面积晚点、突发大客流、恶劣天气、设备设施故障、客服系统故障等应急预案规定,落实应急处置工作。其中,合肥南站率先提出并实施了车站网格化管理,实现根据现有作业岗位分布、作业班次安排和作业人员分工等情况,对进站区域、售票区域、候车区域、站台区域、出口区域、行包作业区域和其他公共服务区域进行网格划分,并以App的形式进行任务下发、服务接力、应急联动,确保作业现场网格的全覆盖。为保证旅客顺利出行,有效管理客运设施的稳定运行,上海局集团公司也开发了客运车站网格化管理系统,其集三大功能于一体:巡更和故障处置闭环式管理;细致、全面的统计分析;跨区域多类型移动终端互联互通。

客运车站网格化管理系统可以划分为标签管理子系统、巡更子系统、事件处置子系统、通信子系统、数据看板系统、大数据分析子系统、应急处置子系统、网上学院和系统管理。集合九大子系统,网格化管理系统能够集中、实时展示车站各区域客运作业状况、故障设施、突发事件,实现及时预警、闭环解决,为作业分派、作业记录、问题回溯、应急处置、统计分析、效率考核、规章学习等提供技术手段和作业工具。客运车站网格化管理系统详细功能如图5.1所示。

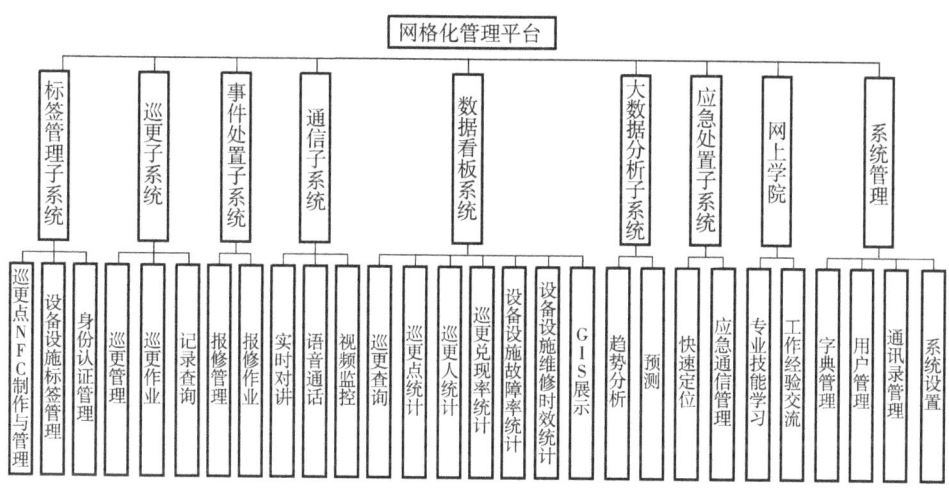

图 5.1 客运车站网格化管理系统功能图

（1）标签管理子系统。

标签管理子系统用于系统使用的巡更点 NFC 标签、设备设施场地 NFC 标签、身份认证卡进行制作和管理，具体模块功能如下。

①巡更点 NFC 制作与管理。分别根据巡更点 ID、地点、区域、自然站或直属站段等数据生成巡更点数据记录，通过 NFC 读写卡器将巡更点 ID 号写入 NFC 芯片完成记录与 NFC 标签的绑定，同时对芯片进行加密，完成巡更点 NFC 芯片制作。在标签管理子系统中可以查看到标签属性、对应网格信息等。

②设备设施标签管理。通过与设备履历系统的接口，调取设备 ID，写入 NFC 芯片，在标签管理子系统中可以查看到设备标签信息、属性及位置等信息。

③身份认证管理。根据姓名查询人员身份认证信息，通过 NFC 读写卡器将人员身份信息写入身份认证卡中，完成身份认证芯片制作。当作业人员处于联网环境时，可使用声纹识别和账号口令登录；当作业人员处于脱网环境时，可使用身份认证卡进行手持终端的登录操作。

（2）巡更子系统。

系统用户在网格巡更系统中，通过巡更计划的制定，由现场人员使用网格巡更手持终端进行巡更作业。网格巡更手持终端将巡更结果提交至数据库，进行统计分析后展示出来，巡更子系统由巡更计划、巡更作业、记录查询模块组成。

①巡更管理。网格管理人员通过网格化管理客户端制定巡更计划，编排特

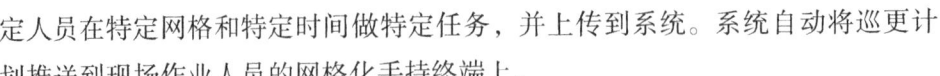

定人员在特定网格和特定时间做特定任务,并上传到系统。系统自动将巡更计划推送到现场作业人员的网格化手持终端上。

②巡更作业。现场作业人员按照巡更计划进行巡更,若当前网络异常,可将巡更信息临时保存至手持终端离线数据库(待上传列表),待网络恢复后再批量上传至后台系统中。巡更结果将直观地体现在管理客户端。对于未按要求进行巡更的网格,管理客户端会在站层中以醒目的颜色呈现,提示管理人员及时处理。

③记录查询。管理客户端可以根据各种条件查询巡更记录及导出查询结果。根据需求,巡更记录属性应包括巡更时间、巡更点、提交时间、巡更人手机序列号、巡更人手机号。

(3)事件处置子系统。

事件处置子系统主要由报修、报修作业两大模块组成。作业人员通过网格报修手持终端,进行现场设备故障报修,后台接收故障信息后,根据报修设备自动或手动分派报修信息至对应维保服务供应商,若维保服务供应商已有故障管理系统,则直接将该故障推送至系统中,并实时获取该故障处理状态,若维保服务供应商无设备故障管理系统,则通过设备故障反馈模块反馈故障处理结果,最终故障及其处理信息将展示在数据看板系统中。

(4)通信子系统。

通信子系统主要提供实时对讲、语音通话、视频监控三大通信功能。

(5)数据看板系统。

数据看板系统是对车站工作人员巡更工作情况的查询与统计分析。

①巡更查询。巡更查询是将巡更记录以清单形式详细地展示出来,包括时间、姓名、车站、网格区域、地点、手机、站段、巡更内容、照片。

②巡更点统计。巡更点统计是按照登录用户车站的巡更人、巡更点位,将巡更次数进行展示。

③巡更人统计。巡更人统计是将车站内的巡更人,按照时间周期进行巡更次数的统计,时间周期可选范围为月、周、日,数值可据实灵活填写,即 N 日(周、月)内。在巡更周期内,支持设置每日巡更次数,以及每次巡更的开始、结束时间。

例:每五天为一巡更周期,第一、三、五日巡更,第二、四日休假,巡更日每天的巡更时段为 8:00—10:00、14:00—16:00、19:00—21:00,各按实际巡更时间填写。

④巡更兑现率统计。兑现率是对个人以日为周期单位的巡更计划,进行每个周期巡更兑现率的统计展示。

⑤设备设施故障率统计。设备设施故障率统计是对车站的所有设备设施统计出一个故障率,如图5.2所示。

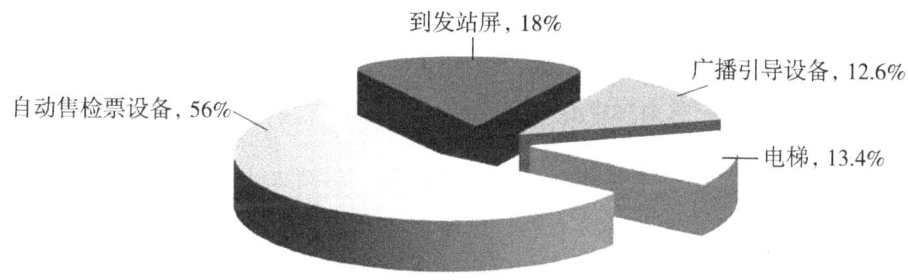

图5.2 设备设施故障率统计

⑥设备设施维修时效统计。设备设施维修时效统计是对车站的所有设备设施从维修指令发出到维修完成所经历的时间统计,并可以按照车站要求进行排序。

⑦GIS展示。通过GIS图形化的方式,将网格运行统计数据和运行分析结果展现在路局和直属站(段)监控中心大屏幕。

(6)大数据分析子系统。

该模块用于趋势分析和预测。客运网格化管理产生的业务数据蕴含着巨大的潜在价值,该子系统能够对数据价值进行充分挖掘,提供统一的数据采集、清理、存储、分析、挖掘、展现服务,通过数据看趋势,通过数据建模进行预测,从而提升客运管理质量,辅助决策。

(7)应急处置子系统。

在客运车站有突发事件发生时并需要启用应急预案时,应急处置模块能够配合车站,实现以下两种功能。

①快速定位。在网格化管理中,客运车站位置信息更加直观,这一优势能够加快突发事件定位速度,当突发情况发生时,网格管理视图中将标记出事件发生的网格位置,标记出网格责任人,并进行告警。

②应急通信管理。应急通信功能实现了宽带与窄带、有线和无线的融合通信,通过语音、文字、图片、视频、GPS定位等多种技术手段,协同处置现场

突发事件。可按组间、组内成员间的不同等级、权限进行灵活设置，应用于现场的指挥调度，提供应急通信机制。其主要包括单呼、临时对讲、视频呼叫、视频监控、视频上墙、视频分发、视频轮循、图片拍照等功能。

（8）网上学堂。

网上学堂主要提供专业技能学习、工作经验交流两大功能。

（9）系统管理。

系统管理主要提供字典管理、用户管理、通讯录管理、系统设置四大功能。

5.1.4 客站应急指挥中心

客站应急指挥中心主要针对高速铁路站发生车站火灾、爆炸事故、线路中断、列车严重晚点、客票系统故障、旅客服务系统故障、恶劣天气等客运突发事件，梳理完善客运各项应急处置预案、应急指挥流程和信息传递流程，做到处置流程清晰顺畅、处置方法适时、易操作；按计划定期组织应急演练，有效提高演练质量；针对旅客从电梯摔落、跌落站台、进入线路、扒乘列车等容易发生的突发事件，制定文字精练、通俗易懂的应急处置流程及措施，方便岗位人员能够快速掌握，提高应急预案的针对性和可操作性。同时把非正常应急处置纳入常态化管理范畴，确保任何情况、任何条件下都能做到让旅客安全出行。重点从强化应急指挥体系，完善应急处置措施，加强日常应急演练，完善引导揭示系统等方面着手，提高高速铁路站班组的应急快速反应和突发事件的现场处置能力。

客站应急指挥中心要为旅客服务建立大型客运服务综合管理平台，为安全服务建立安全应急处置管理平台，为生产服务建立现场作业集中管理平台。将旅客行为数据化，识别危及旅客安全的行为，在现场实时提示、报警、快速处置突发事件。对管理人员检查频次、习惯性行为下达指令性任务，并对执行过程通过卫星定位、岗位巡查、视频通话进行有效控制。同时，做好以下三个方面的创新：

（1）创新信息集成模式，建立以共享应用为导向的综合信息管理平台，实现信息渠道全面畅通、信息资源全面整合。

（2）创新运营管理模式，建立以统一指挥为导向的集中调度指挥平台。

（3）创新应急决策模式，建立以智能决策为导向的快速决策平台；开发客运应急智能决策系统，以提高调度所、客票所决策效率；开发了列车综合查询系统，提高车站应急处置效率。

5.2 电子客票

5.2.1 基本概述

电子客票是我国铁路票制的一次重大变革，是铁路客运提质计划的一项重大服务举措。铁路客票电子化不是简单地减少纸质车票，而是建立更先进的铁路信息系统、更完备的客运服务设施设备、更完善的客运组织流程的支撑和保障，实现资源节约、出行便利、服务升级，为旅客拥有美好出行体验增加了无限可能。结合我国铁路行业特点，全面实施电子客票已经成为更好地服务旅客、推动铁路客运智能化发展的重要载体，是提升人民群众对铁路发展获得感和幸福感的重要举措。

铁路电子客票是以电子数据形式体现的铁路旅客运输合同，与纸质车票具有同等法律效力。旅客在"12306"网站订购车票后，可以凭二代身份证直接进站、过闸机、乘车、出站等，实现"无票乘车"。为提高客运服务质量、增强客运工作效率、减少运营成本，铁路部门正在加大力度推进全流程电子客票工作。在购票环节上，自助售票机和窗口也支持电子客票。在身份证件上，突破二代身份证限制，支持所有有效身份证件。在办理手续上，乘车前，旅客自行打印乘车牌信息；检票时，严格实行第一次身份验证、第二次闸机检验的查验方式。在表现形式上（主要指检票、乘车等环节），支持二代身份证、带芯片的港澳通行证、移动二维码等。在报销凭证上，支持纸质发票和电子发票。

5.2.2 电子客票系统架构与关键技术

电子客票是我国铁路旅客车票票制继硬板票、条码票、磁介质票后的又一重大变革，将纸质车票承载的旅客运输合同凭证、乘车凭证、报销凭证功能分离，实现了运输合同凭证电子化、乘车凭证无纸化、报销凭证按需提供，是客运生产组织和服务流程全面优化和重构的重要基础。

（1）技术方案。

初期优先选择可机读的居民身份证、外国人永久居留证、港澳台居民居住证、港澳居民来往内地通行证、台湾居民来往大陆通行证等证件作为电子客票乘车凭证。后续根据应用及技术发展情况，逐步拓展电子身份证、手机 NFC 和"刷脸"等乘车凭证形式。其他证件可配合电子客票购票信息单二维码实现快速验检票、乘车。

（2）主要业务变化。

实施电子客票应用将给客运业务带来极大变化，主要体现在旅客出行无纸化、客票业务全面自助化、线上线下功能一体化，可有效解决既有纸质票丢失、伪造和倒卖等问题，建立旅客全行程信息档案。

（3）电子客票系统架构。

电子客票系统采用基于"双中心双活"的系统架构（图5.4）；通过引入云计算、大数据处理、人工智能等技术，实现高并发条件下的海量数据处理、基于消费习惯的旅客用户画像、复杂环境下的人脸智能识别等关键应用技术，大大提高了电子客票处理能力、系统可靠性及业务处理的连续性。后续将广泛吸收多种开源技术，结合实际应用不断自主创新，调整系统架构，丰富系统功能，持续保持我国电子客票关键技术的先进性和自主性。电子客票系统架构参见图5.3。

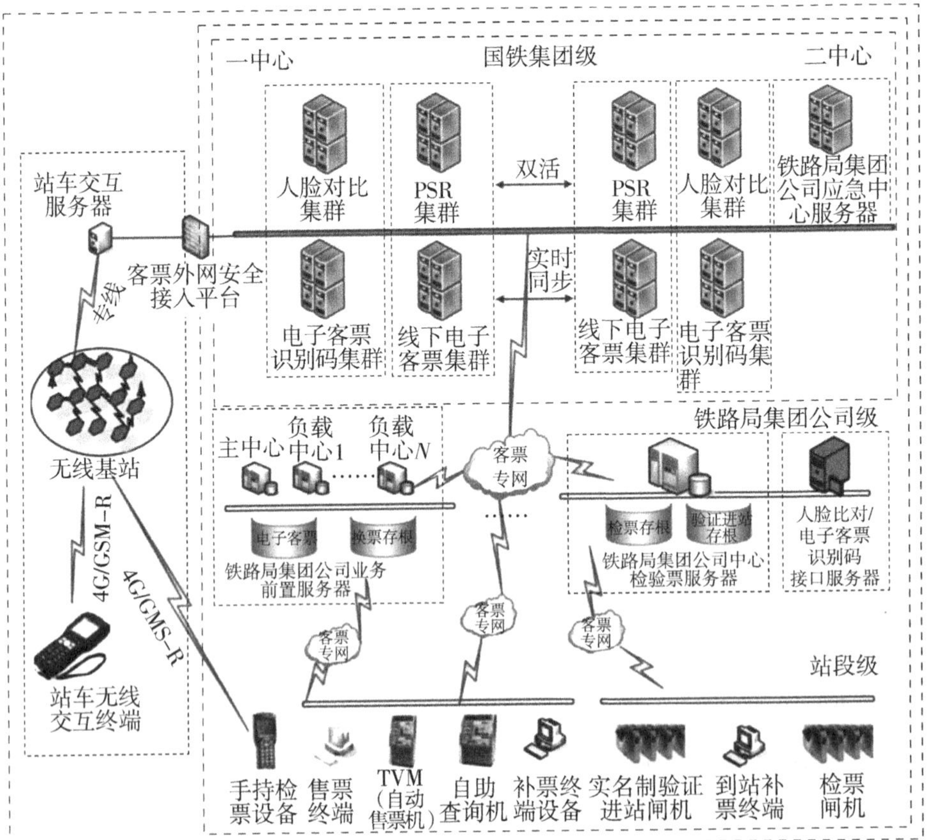

图 5.3　电子客票系统架构

(4) 关键技术。

①大并发条件下的电子客票快速验检票技术。国家铁路集团和中国铁道科学研究院提出旅客服务记录（PSR）概念并构建 PSR 集群，设计了作为我国铁路客运提质计划重要组成部分的铁路电子客票技术方案，在此基础上开展铁路旅客智能出行服务场景的研究与设计，面向旅客出行全过程提供智能化服务。PSR 以乘车人为主要线索，将其购买的车票和服务的信息完整记录和整合，根据服务进度或旅客变更实时进行信息更新，并记录更新轨迹，形成一个完整的行程数据描述。我国电子客票 PSR 技术采用四级架构，分别为存储层、服务层、应用负载层和客户端层，具体技术架构参见图 5.4。

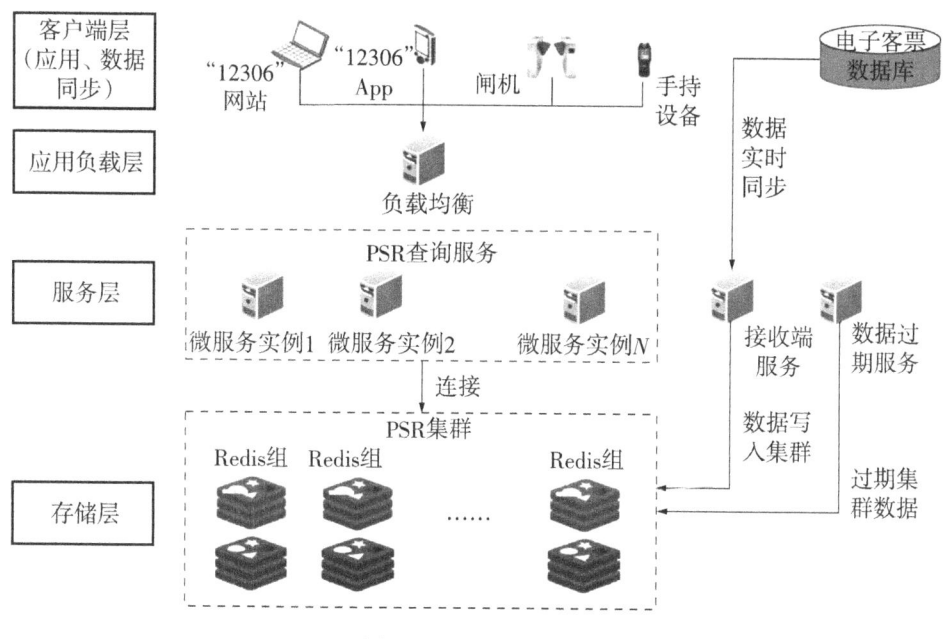

图 5.4 PSR 技术架构

②分布式环境下的异构数据实时同步技术。针对分布环境下的数据实时同步需求，国家铁路集团研发了分布式环境下的异构数据实时同步技术，可根据业务需求，采用基于数据日志文件解析的无侵入式实时同步、基于触发器的实时同步和基于数据统计式的定时批量同步等方式，实现源端数据变化侦听和捕获，并通过分布式传输中间件进行可靠数据传输，经过数据处理和数据加工，形成同步数据，再经目标端数据库适配读取、传输，载入目标数据库。异构数

据实时同步技术架构如图 5.5 所示。

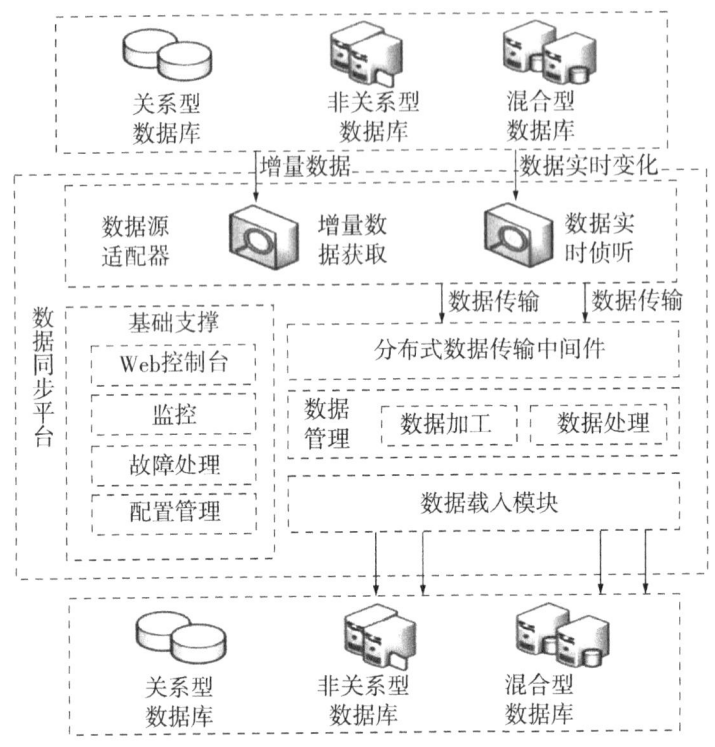

图 5.5　异构数据实时同步技术架构

③动态二维码检票技术。我国铁路首次提出为购买电子客票的旅客提供手机动态二维码检票服务，结合对称加密与非对称加密算法，在服务端对电子客票数据进行对称加密，并将加密数据下发到客户端进行缓存，客户端对请求时间与加密数据进行数字签名，经过加密后生成二维码。动态二维码检票技术架构如图 5.6 所示。

（4）全渠道一体化的人脸识别技术。全路构建了覆盖"国铁集团－铁路局集团公司－车站"三级网络、铁路客票线上线下渠道和各应用场景的铁路客票人脸比对与算法训练统一平台，基于复杂场景、动态适配的人脸识别算法，首次实现基于人像识别的自助核验应用模式，实现了融合图像识别智能化技术的旅客线上线下自助身份核验服务，极大地提升了我国铁路旅客服务的智能化水平。

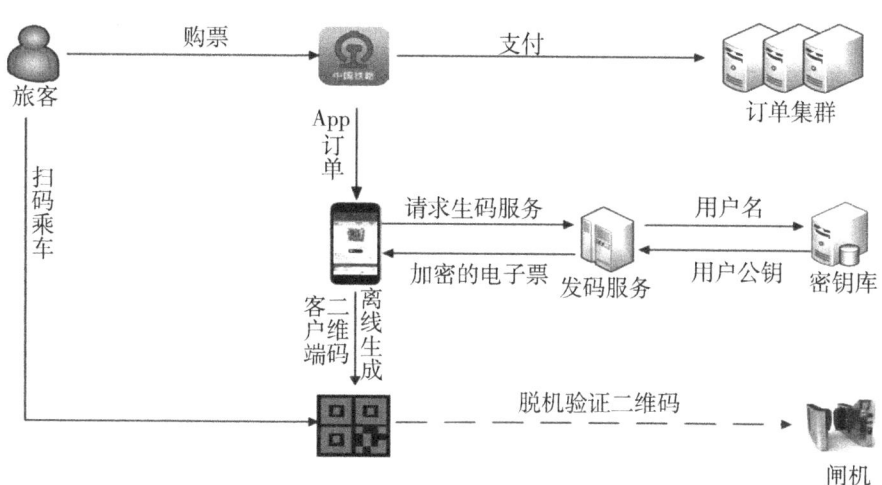

图 5.6　动态二维码检票技术架构

5.3　智能出行

旅客购票、检票、退（补）票是出行过程中非常重要的环节，直接影响旅客的出行顺畅度、出行时长和旅行体验。融合人工智能等多种新兴技术，推行智能出行模式，提供线上线下一体化购票服务、基于多维度身份识别技术的验检服务和面向旅客出行的全过程综合智能信息服务，可以为旅客大大提升出行顺畅度，节约出行时间，改善出行体验。

（1）线上线下一体化购票服务。电子客票打通了线上与线下售票渠道的服务链条，打破了既有客运服务中大部分旅客乘车需要提前取票、线下购票只能线下变更的固有流程，全面支持跨渠道办理车票变更业务，消除线上线下业务办理差异，创建线上线下一体化的新业务规则。丰富了线下渠道的功能服务，使车站的经营模式由目前售检票业务为主，逐渐向提供个性化、定制化、全流程化服务的方向转变，实现客运服务主要内容的全面升级和重新构建。

（2）基于多维度身份识别技术的验检服务。实施电子客票应用的车站验检票融合了 NFC、人脸识别、生物特征识别、大数据分析等多项前沿技术，为旅客进出站提供了多种方式的验检票选择。购票旅客可利用有效身份证件、手机动态二维码、人脸识别直接通过闸机自助完成验检票进站乘车，无需换取纸质车票，为旅客出行省去换票环节，缩短出行时间。出站检票除利用身份证件、手机动态二维码、人脸识别方式外，还将利用多种生物特征识别技术，多方位采集数据，进行大数据的智能分析定位，为旅客提供无感知的出站体验。

（3）面向旅客出行的全过程综合智能信息服务。我国铁路积极开展人工智能、大数据、生物识别、知识图谱等技术研究，通过智能行程提醒、智能在线客服、智能语音客服、智能问询机器人等科技手段实现旅客出行全过程综合智能信息服务，精准高效地响应旅客需求，使旅客出行更加便捷高效。

铁路智能行程提醒是以富媒体短信主动推送消息为载体，通过图文、音频、视频等丰富形式及时向旅客提供行程安排、业务变更、列车延误、目的地指南、发到站天气变化等精准化信息，提升旅客铁路出行体验；智能在线客服实现信息共享、自主学习统计、智能客服及知识库构建，对服务全流程进行记录和反馈分析，自动调整优化服务逻辑，有效降低人工客服工作量，提升客服服务质量；智能语音客服、智能问询机器人实现语音识别与优化、语音合成功能，提供基于语音识别、人脸识别、用户行为分析、语音情感识别等全方位感知功能，并利用客票系统海量数据及大数据分析技术，刻画用户画像，提供不间断、场景化、人性化的铁路客服体验和一致、高效的旅客咨询服务，提升铁路服务旅客的质量及效率。

5.3.1 售票组织

售票组织是高速铁路车站客运服务的重要内容，包括人工售票窗口、自动售票机的设立，自动售票机的安排和开放，以及售票时间和售票人员的组织。合理地根据站房和流线设置售票窗口和放置自动售票机，可以方便旅客购票取票，提高效率，节约劳动力，切实提高车站的服务水平。

高速铁路售票组织工作由国铁集团、铁路局集团公司、站段三层负责。国铁集团是售票组织管理制度和工作标准制定层、售票系统规划和研发层，负责监督、检查、指导全路售票组织工作；铁路局集团公司是售票组织管理和实施层，负责局内售票组织的指导、管理并组织实施；站段是售票组织执行层，负责具体售票、改签、退票、取票、补票、挂失补、实名验证等作业，配备相应设备实施，并提供售票组织咨询、投诉等服务。

由于高速铁路的日发车频率相对较高，运输能力较充分，随到随走成了高速铁路旅客购票乘车的重要方式。同时，高速铁路旅客的整体素质相对较高，接受新事物的能力较强，因此，售票服务自助化成了高速铁路售票工作的主流。售票服务自助化是指通过某些途径或采用信息化、智能化的手段，引导和支持旅客在特定流程下对车票购买、改签或退票进行自定义处理。目前高速铁路开通了网络售票、电话订票、手机订票、车站窗口售票、自动售票机售票、代售点售票等多种售票方式，极大地满足旅客出行需求。车站应保证自动售票机的合理布局，以缩短旅客购票流线的距离。铁路系统还在大部分高速铁路车站预售点、高校等设置自动取票机，并积极推广网络订票、电子客票、自动售检票等方式，最大限度地方便旅客。高速动车组列车的优势体现在列车的速度快和密度高等方面。

高速铁路由于与城市交通衔接便利，旅客能够较好地把握到达车站时间；且高速列车密度大，旅客的等候时间短，要求能够"快进快出"，甚至无需候车直接进站。因此，高速铁路车站候车室的设计思想与传统铁路有较大差别。传统车站候车室强调等候，一般按最高聚集人数确定。高速铁路车站强调通过功能，等候空间成为辅助功能，尽量不影响旅客进站流线。

售票组织工作处在一个具有动态信息的复杂系统环境中，其主要内容是客票合理的预售期制定和科学合理的窗口设计。科学合理的售票窗口开设数量和位置，不仅能够缩短旅客排队购票时间、方便旅客，避免车站售票大厅过于拥挤，还有利于完成客票预售期内的售票组织安排，对客票预售期的执行有着重要作用。售票窗口开设的数量及位置，应根据客运量大小来决定。

5.3.2 站务组织

高速铁路车站的主要作用是组织旅客安全乘降和迅速集散，保证旅客能迅速方便地办理一切旅行手续，并为旅客提供舒适的候车环境和良好的文化生活服务。

1. 实名制验证

依据国家《铁路安全管理条例》，铁路运输企业应当按照国务院铁路行业监督管理部门的规定实施火车票实名购买、查验制度。旅客应当凭有效身份证件购票乘车，对车票所记载身份信息与所持身份证件或者真实身份不符的持票人，铁路运输企业有权拒绝其进站乘车。

实名验证是过去铁路"凭票候车"的深化,在净化车站秩序、改善治安环境等方面起到了关键作用。上海局集团公司实名制验证工作先后经历了人工验证、人机结合验证、自助实名验证三个阶段。

使用实名制验证检票机时,旅客将火车票和二代身份证叠在一起放在自助核验检票机上的读卡区,检票机就会自动读取二代身份证信息和扫描车票上的二维码信息,以此比对完成票证的一致性核验。摄像头还会不断地采集旅客的人脸图像,系统将采集的人脸图像和身份证里面存储的照片比对。若身份证信息、二维码信息、采集图像信息均比对通过,则开启闸门放行,否则报警提示旅客退出验票区。未取票的旅客也可在两款检票机上刷身份证进站,系统会根据身份证信息直接检索旅客的订票信息。系统采用低清人脸识别算法,完美解决低清晰度照片条件下的人脸比对准确性难题,整个人脸识别过程不到一秒,识别准确率超过98%。系统还内置了红外摄像模块,采用人脸活体检测技术判定是否为真实人脸,有效防止持照片或视频进行欺骗、蒙混过关的情况。实名制验证检票机的实名制验票系统还实现了客票系统、旅服系统、公安核查系统的完美结合,并提供了一站式的解决方案。系统通过公安联网控制器隔离的方式,与公安核查系统进行了无缝对接,为公安核对系统实时提供了进站人员信息和乘车信息;系统通过验票进站人数的统计,与检票上车人员的统计,能够准确地计算车站内当前候车人数,为客流高峰期控制站内候车人数提供了强有力的数据。

自助实名制核验是指对旅客车票、身份证件、人脸图像一致性的自助核验。自助实名制核验设备由自助实名制应用服务器、人像比对前置服务器、自助实名制核验闸机(简称自助核验闸机)及实名制公安联网控制设备构成,如图5.7所示。

自助实名制核验服务器集中部署在铁路局集团公司,实现用户管理、设备管理及监控、参数控制、电子客票处理、数据存储、统计分析等功能。人像比对前置服务器集中部署在铁路局集团公司,将自助核验闸机采集的实名制信息加密缓存上传至国铁集团人像比对及算法训练平台,同时实现终端接入认证监控、服务路由和人脸识别算法自动升级等功能。车站部署自助核验闸机,通过网络接受自助实名制应用服务器管理,实现票、证、人一致性核验与通行控制。自助核验闸机将采集的实名制信息加密处理,通过客票网上传至集团公司,并通过实名制公安联网控制设备传送至铁路公安实名比对系统。

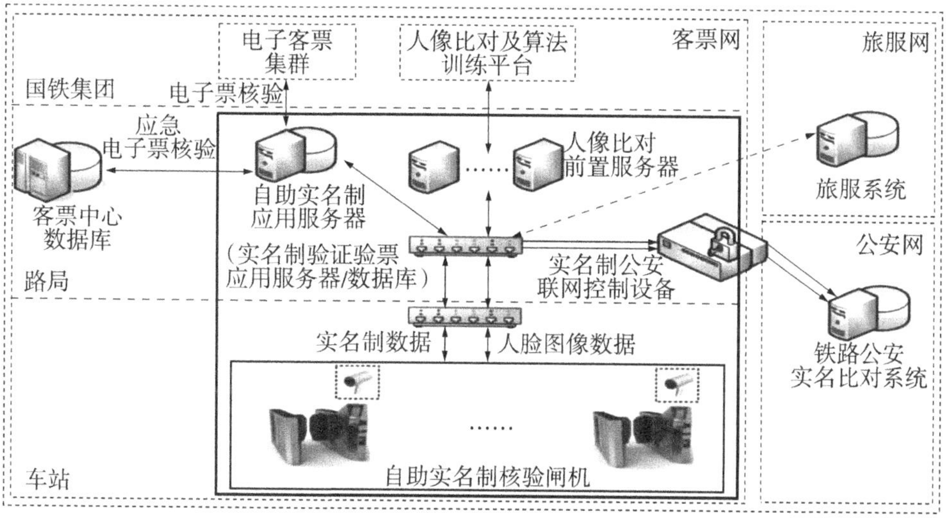

图 5.7 铁路自助实名制核验设备技术架构图

2. 安全检查

安全检查是防止危险品进站上车，保证广大旅客人身安全的必要措施。车站安检通道设置应以"不堵不漏"为目标，充分考虑进站客流大小和最高流量、场地条件的因素，合理确定通道设置数量和设置标准。上海局集团公司在安检区设置上，采取标准化设置，每个安全检查通道设置安检仪、安全门、处置台、弃物箱，安检人员配置手持金属探测器；每个安全区域设置共用防爆毯、防爆罐、防爆叉、约束带、防爆盾牌等用品。

3. 旅客乘降组织

旅客乘降工作组织是指有秩序地组织旅客在站内通行、检票进站，走向列车停靠站台上车，以及到达车站下车旅客在出站口交票出站，是客运站的一项重要工作。高速铁路车站必须装备完善的旅客向导系统，采用多媒体技术在候车区、检票口、进出站口、站台等旅客活动场所设立醒目、明确的电子指示牌等来指出车站各种旅客服务设施的方向和位置、列车到发去向、到发时刻、列车停靠站台、晚点变更等情况，引导乘客方便地使用车站的各种服务设施以及按规定的路径便捷地乘降列车和换乘，使站内旅客便捷地办理各种旅行手续，尽量避免各种流线在站内各类通道上形成交叉干扰。大客运站应从市内交通的停车场起,对入站购票、候车的长途以及市郊客流分别组织。跨线通道是站房与站台之间、站台与站台之间往来的通道。跨线设备的类型、数量和位置对站场内的流线组织起着重要作用,尤其是在大量旅客下车出站时,跨线通道就成了人流疏散过程中的控制地段。高速铁路车站的跨线设备可分为天桥和地道。

为预防闲杂人员通过高速铁路车站站台端部进入线路而产生的安全隐患,研制了"高速铁路站台端部防穿越报警系统"。该系统由穿越探测单元、视频摄录单元、车站报警主机、服务器管理平台、移动接收终端等部分组成,如果有闲杂人员误入高速铁路站台端部报警区域,红外线及雷达扫描会将探测到的信息无线传输给系统管理平台及管理人员的手机终端,系统在给出现场灯光和语音报警的同时,启动摄录一体机取证,为确认侵入行为提供视频依据,管理人员能第一时间通过手机上的视频监控平台和站台防穿越报警平台掌握现场情况并进行处理。

4. 换乘组织

在城市综合枢纽,除了中间站客流需求适合设置枢纽站外,高速铁路的始发站和终到站常常与高速铁路枢纽站设置在一起,因其开行的高速铁路具有速度快、密度高、客发量大等特点,一般定位都是作为一个城市连通其他城市地区的交通出入口、集散点。越是人口密集、经济发达的城市,高速铁路枢纽站的这一特点越是明显。

旅客换乘的方便性也是体现车站工作人性化的重要一面,包括旅客在站换乘,旅客出站与其他交通方式的换乘等都应该成为车站工作组织中的一环。具体的换乘组织方案由于城市规模和综合枢纽站内各种交通方式的引入条件、衔接和疏解方案等不同而不尽相同。国外高速铁路车站和地铁通过在空间上的错层设置,加上站外城市公交、出租车等的合理配置,能够使进站客流或出站客流较好地疏解。而我国只有少数的大城市能够实现高速铁路车站和地铁的衔接。因此,车站工作组织必须高度重视这一工作,主动和城市交通管理部门协调沟通,寻求良好的交通网络体系。例如,上海虹桥和南京南站候车层 A 侧分别安装有 16 台和 15 台出站闸机,并在出站闸机左侧增设了人工检票通道;车站根据新的换乘路线,统一了换乘标志和换乘广播,缩短了旅客中转换乘的路程。从杭州站乘坐 G7362 次到上海虹桥站后,换乘 G598 次到汉口,站内 7 分钟即可完成换乘。上海虹桥站检票口的反向自动验票机,不仅可以正面"读票"进站，也可以让需要中转的旅客反向"读票"出门，只需 5 分钟左右时间。旅客不用出站，只需在下车的站台乘垂直电梯，即可直升至候车厅，省时省力。客运服务变得越来越精细化和人性化。

为方便旅客出行，"12306"网站和"铁路 12306"手机 App 为旅客提供接续换乘的推荐方案服务。旅客购买接续换乘车票时，系统会推荐接续换乘方案供旅客参考，旅客可以按照推荐方案购票，也可以根据自己的需要购票。目前，接续换乘推荐方案仅提供动车组列车换乘动车组列车和动车组列车换乘普速旅客列车两种换乘方式。为了确保旅客有足够的时间换乘，根据不同换乘方式，客票系统中设置了换乘推荐方案最少换乘时间，原则上同站换乘时间不少于 30 分钟，同一城市不同车站间换乘时间不少于 120 分钟。自 2017 年 10 月 12 日起，铁路部门推出"接续换乘"方案推荐及动车组列车"自主选座"两项便民服务新举措，进一步改善旅客出行体验。旅客通过"12306"网站或手机客户端购票，当遇到出发地和目的地之间的列车无票或没有直接到达的列车时，旅客可选择"接续换乘"功能，售票系统将向旅客展示途中换乘一次的部分列车余票情况，如果旅客选择购买，可以一次完成两段行程车票的支付。

为进一步提高客运服务质量，方便高速铁路旅客换乘，缩短换乘旅客走行距离，减少安检、进站等中间环节，解决换乘费时耗力等困难，为旅客提供安全、舒适、快捷的换乘条件，在全路指定便捷换乘车站，对持有该站当日经停的 G、D 字头列车联程车票的旅客试行便捷换乘服务。采取利用站台一侧进站通道（楼梯、自动扶梯、无障碍电梯等）反向进入候车区（室）的换乘方式，车站负责旅客到达车次车票和联程车票的核验。以上海虹桥站为例，车站大量配置自动售取票机、自动检票系统、自动引导系统等自助服务设备。作为上海虹桥综合交通枢纽重要组成部分，上海虹桥站与民航、城市轨道交通、公交、出租车紧密衔接，形成了多种交通方式一体化的现代化综合交通枢纽，实现了旅客"零换乘"。

根据车站各服务处所和服务设备设施的功能、用途设置揭示揭挂，采取电子显示屏、公告栏等方式公布规章文电摘抄、旅客乘车安全须知、客运杂费收费标准、列车运行信息等服务信息。站内设置指示牌，可在车站内用于指引站内及站外周边设施的位置。车站各处具体的信息设置如下：售票处、候车区（室）、出站检票处和补票处设有儿童标高线；售票处、候车区、站台有时钟，显示准确时间;特大、大型车站进站大厅(集散厅)设置进站显示屏,显示车次、始发站、开车时刻、候车区(检票口)、状态等发车信息;候车区内设置候车引导屏,显示车次、始发站、开车时刻、站台、状态等信息;天桥、地道内设置进、出站通道屏,显示当前到发列车车次、始发站、终到站、站台、到开时刻、列车编组前后顺位等信息;站台设置站台屏,显示当前车次、始发站、终到站、实际开点(终到站为到点)、列车编组前后顺位、引导提示等信息;出站口外侧设置出站屏,显示到达车次、始发站、到达时刻、站台、状态等信息;售票处、候车区可设置自助查询终端,显示车站概况、列车时刻等信息。

2019年杭州东站5G网络启用,杭州东站枢纽的室内及周边区域已实现5G网络连片覆盖。杭州东站是杭州市接驳功能齐全的交通枢纽,是杭州铁路枢纽的重要组成部分,每年发送旅客超过4 500万人次,高峰期间单日旅客发送量超过26万人次。客流如此大的杭州东站,也必将是一个庞大的数据流、信息流汇集地,对管理服务数字化、智能化提出了更高的要求。铁路换乘地铁安检单向免检、停车"先离场后付费"、"智慧杭东"App智能指路等项目陆续在杭州东站落地,为旅客出行带来了美好体验。作为杭州推进城市数字化的试验场,杭州市江干区还与杭州移动签订"网络共建长三角高质量一体化数字门户战略合作协议",推动杭州东站枢纽5G基础建设,通过在杭州东站设立5G体验区,让旅客感受5G应用的方便快捷。5G具有高速度、低时延、低功耗的特点,覆盖了5G网络的火车站可为旅客提供更加美好的乘车候车体验。5G网络下,智慧机器人问路、送餐等互动服务也将走进我们的生活。随着5G室内数字系统应用场景多样化,未来的5G车站除了可以满足大量人群场景下的高速上网、随时随地移动支付的需求外,还可以支持4K高清视频通话、超高清多路视频回传等业务,不仅让旅客有更好的体验,同时也为车站管理和服务提供强有力的保障。杭州东站5G网络的启用,标志着杭州东站枢纽的城市大脑建设进入了新的阶段,服务提升工作踏上了新的台阶。

5.3.3 "12306"服务

中国铁路各局集团公司围绕"12306"客户服务中心、车站服务台,打造贯穿旅客旅行全程的线上、线下服务体系。其中"12306"客户服务中心作为客户服务的主要线上平台、信息服务平台,正在发挥着越来越重要的作用,目前上

海局集团公司"12306"客服中心提供以下服务内容。

（1）信息服务。人工在线、自助语音及邮件等方式受理客户信息查询，采用互联网（"12306"官网、微信公众平台、手机 App）、短信、电台等多种渠道，开展信息发布，提供在线信息服务。

（2）服务补救。通过铁路客户服务电话、互联网（"12306"官网、微信公众平台、手机 App、电子邮件）、信函等方式受理客户投诉、表扬、建议等；同时可以受理国铁集团北京铁路客户服务中心流转的各类客户投诉、表扬、建议、咨询、求助、延伸服务等；督办责任单位妥善处理客户投诉。

（3）服务管理。定期汇总和分类统计客户投诉、表扬、建议、咨询、求助、延伸服务等内容，分析铁路服务存在的问题，提出改进意见和建议，报上海局集团公司和国铁集团北京客服中心。

（4）客户关系管理。针对铁路局集团公司管辖范围内的客户实际情况，开展客户关系管理。

以"12306"为核心搭建智慧出行服务平台，整合车站、列车、路内多经企业、路外合作伙伴等资源，依托铁路运营及保障体系，面向市场与客户，从出行的业务全流程出发，提供差异化、精准化服务，在改善旅客体验、取得较好的社会效益的同时，增加商业机会，提高企业盈利能力。智慧出行主要实现以下功能。

（1）旅客需求信息的集散中心。收集旅客通过网络、电话、手机、邮件等各种渠道提出的服务要求，无论是通过手机、网络在线上提出的，还是车站、列车工作人员在现场收到的，或是东航、国旅等合作单位转来的，智慧出行平台都能及时捕获。

（2）差异化服务的定制中心。智慧出行平台根据获取的旅客需求，为旅客提供旅行管家服务，无论是旅程规划、购票还是酒店预订，无论是接送站、餐饮、娱乐还是专用通道、设备等服务细节，或者遗失物品查找等特殊要求，智慧出行平台都能提供差异化的服务。旅客通过智慧出行平台，既可以方便地实现自助旅行，也可以进行服务定制。

（3）服务任务的分解、协调中心。智慧出行平台根据不同服务的特点，协调车站、列车、路内多经企业、路外合作单位等服务资源，将服务转化为工单，通过服务工单的分发、流转、反馈，完成精准服务的落地。

（4）客户关系管理中心及营销分析数据中心。智慧出行平台汇聚了包括客票数据在内的所有旅客出行数据，这些海量数据为市场营销提供了第一手资料。通过旅客行为分析，既可以快速识别常旅客、VIP，根据其消费习惯进行服务推送，更可以从海量数据中分析出不同类型旅客的需求，如季节、天气、社会活动等对旅客出行的规律性影响，以及交通便利度、消费能力等其他因素，为优化、设计服务产品，提供数据支撑。

（5）服务反馈及评价中心。智慧出行平台为旅客提供了投诉、意见、建议、问题处理的渠道，结合旅客评价及服务工单的执行、反馈情况，为评优、考核提供重要依据。同时利用网络爬虫等技术手段进行网络舆情监控，及时发现问题并反馈至各级领导，为各级单位快速响应提供技术支撑。

借助"12306"票务平台，延伸以下几个方面服务。

（1）双网融合。高速铁路网与互联网的"双网融合"，实现了资源共享、优势互补。旅客网购动车组车票时不但可以实现"自主选座"，而且还有"接续换乘"功能可供选择，这让购票旅客从原来的被动接受，变为了自主选择。上海局集团公司将"互联网+"应用到客运服务中来，大力推广自助、网络购票新方式，在主要大站设置互联网购票推广体验区，引导旅客自助购票，互联网购票比率达73.0%。通过"上铁12306"移动客户端，方便旅客查询列车时刻、增开停运、候车和售票等客运信息，并为旅客提供团体预约订餐和重点旅客预约等特色服务，京沪高速铁路复兴号动车组实现了Wi-Fi全覆盖，今后将推广到全部高速铁路。将来旅客搭乘国内任何一列高速铁路列车都能体验到Wi-Fi服务，在漫长的旅途中解闷，提高出行品质。

（2）预约服务。如受理电子支付问题申报，并转报相关部门；开展客户延伸服务工作，如"上铁12306"推出的行李搬运预约服务。2020年11月起，打开"上铁12306"App或微信小程序，点击"行李搬运"模块，输入出行的关键信息后，便可预约南京南、上海、上海虹桥、徐州东4个车站的行李搬运服务。其中，申铁信息公司研发的"小红帽"行李搬运线上预约服务模块在"上铁12306"上线。"小红帽"行李搬运服务在旅客中需求大，但以往只能由旅客到车站服务台进行现场预约或通过电话预约。为进一步方便旅客，上海局集团公司开发出了相应程序，旅客点击进入行李搬运线上预约模块后，只需输入需服务的日期、车次、车厢、出发地点、到达地点、行李件数等信息，便可精准预约服务。"小红帽"只需将二维码出示给旅客，旅客扫描即可完成下单，提升了操作的便捷性。

（3）咨询服务。通过铁路客户服务电话、互联网（"12306"网站、微信公众平台、手机App、电子邮件）、信函等方式受理客户投诉、表扬、建议、咨询、求助、延伸服务等；同时受理国铁集团北京铁路客户服务中心流转的各类客户投诉、表扬、建议、咨询、求助、延伸服务等；督办责任单位妥善处理客户投诉。

（4）支持微信支付购票与中铁银通卡刷卡乘车。持有微信支付账户的旅客，在"12306"网站及手机客户端购买车票时，可以在支付页面选择"微信支付"进行支付，全国各主要城市的车站售票窗口和自助售票机，也将逐步支持微信扫码支付。同时，逐步在全国高铁和城际铁路线路站点开通中铁银通卡刷卡乘车业务；如杭州东站开办中铁银通卡售卡业务，沪杭高速铁路本线"G"字头列车增加杭州东站办理中铁银通卡刷卡乘车业务。

（5）机器人导航。以地处沪汉蓉、合福、合杭、合郑、合蚌、合宁、合武高速铁路交汇处的合肥南站为例，由于车站占地面积大，各功能区域分布复杂，加之旅客乘车赶路匆忙等因素，许多外地旅客甚至第一次乘车的本地旅客很容易成为"站盲"。机器人"小艾"内部植入海量的数据，涵盖站内导航、检票、行李搬运、自动柜员机、寄存柜、餐饮等综合信息，让旅客可以在电子屏上直接点击对应图标查找相关信息，而且还可以用语音回答旅客的问题，为旅客提供更加实用、精准的服务。

5.3.4 其他服务

（1）旅行服务。以广州南站为例，由于建筑面积相当于数十个标准足球场，在车站内找各种设施和入口往往会让人晕头转向；为此，广州南站开放了基于蓝牙技术的室内导航和交通查询等服务，在微信中关注"智慧广州南站"公众号，即可轻松实现室内问询等服务。同时，积极践行"融合、创新、共享"理念，将广州南站停车场部分区域规划成共享汽车专用停车场，对停车场智能系统进行全面升级改造，形成了广州南站智慧生活圈服务平台，打造了"高铁+共享汽车"样板工程。

（2）重点服务。客运其他服务方面包括重点旅客服务等，高速铁路客运站可根据自身特点和实际情况,设立特色品牌的爱心服务专区和贵宾区,安排客运人员负责引导专用通道检票乘车,为老、弱、病、残、孕等重点旅客的出行提供便利和帮助。按照"先重点、后团体、再一般"的原则组织旅客有序检票进站,对重点旅客进行主动帮扶,并做好服务和交接。

(3)人脸识别。人脸识别技术是基于人的脸部特征信息进行身份识别的一种生物识别技术。用摄像机或摄像头采集含有人脸的图像或视频流,并自动在图像中检测和跟踪人脸,进而对检测到的人脸进行分析与识别,通常也叫人像识别、面部识别。人脸识别主要包括人脸检测、特征提取、人脸分类三个过程。简单地说,就是通过人脸检测,对五官进行一些关键点的定位,然后提取计算机能够识别的人脸特征,最后进行相似度的比对,从而得到人脸识别的结果。"刷脸"进站不仅提高了实名制验票的准确率,还缩短了旅客验票时间,只需3~6秒,最大限度地为旅客提供更便捷、更个性化的出行服务。

5.4 案例分析：上海局集团公司智能客户服务体系构建

上海局集团公司智能客户服务体系的建设目标是:以"互联网+"为导向,培养信息化管理思维,运用人工智能理论方法,整合铁路客服业务和现有管理流程的梳理确认、优化重组、清晰可视,从总体上提高铁路客服的运营管理水平;通过信息化建设让数据实现互联互通共享,并且让数据做到可视化、直观化,让数据作用最大化,使铁路客运管理更加科学精细、决策更加精准精确,实现旅客体验更佳、作业效率最高、客运资源利用最优、经营效益更好的目标。上海局集团公司智能客户服务体系主要分为以下四个部分。

1. 建立客服中心数据流转管理机制

(1)升级客服中心服务工单管理平台。

系统升级之前,客服中心与站段调度应急中心之间、站段调度应急中心与车队(自然站)之间有关遗失物品查找、重点旅客预约、投诉件处理、接收表扬等工作,仍通过邮件流转和反馈信息,过程繁杂且时效性不强,导致工作效率不高,影响服务质量的深化和提高,对服务工单管理系统进行升级,可实现信息的快速流转,并且做到数据可视化、流程化,为数据库提供基础数据。

（2）完善工单流转业务流程。

完善工单流转业务流程后，可以实现业务流程配置化、流程处理可视化、数据传输实时化、信息处理集中化、统计分析多样化。三网贯通工单信息化处理效率全面提升，主要体现在数据传输实时化、业务流程配置化、信息管理集中化、统计分析多样化。即数据传输和发送在站点和客服之间实时完成，并且流程处理可视化，使用户在处理业务的过程中，就明晰整个业务流程以及自己当前处理的业务所处的阶段。而用户可以根据前期录入和后面补充的信息分类，并在处理阶段将它们划分成不同数据区块，方便用户集中访问和操作处理。最后还能将各种数据的形式对工单数据进行抽取，使之进入大数据库，便于未来的管理和分析。

2. 拓展非集中式远程客户服务平台

（1）建立远程客户服务平台。

客服中心建立远程居家办公式的全新管理工作模式。在物理设备上新增X86架构的PC服务器、互联网接入设备、智能接入终端、话务员耳机耳麦，这些物理设备（均是日常居家办公通用的互联网接入终端设备，非常容易获得）分别部署在信息所机房与居家坐席办公场地，通过互联网和应用接口接入后台的电订数据库、客服数据库，实现远程客服服务。远程客服系统物理架构参见图5.8。

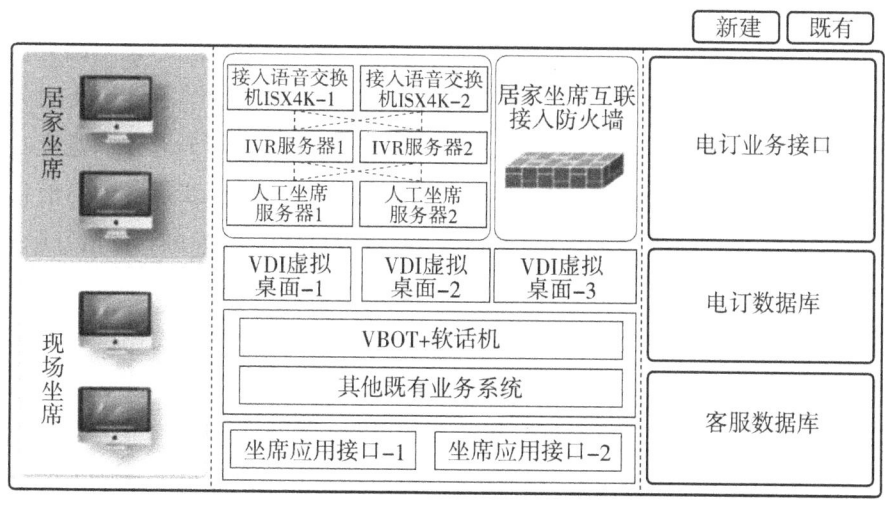

图5.8　远程客服系统物理架构图

(2)建立远程客户服务标准体系。

远程居家工作模式降低了对大型呼叫中心和配备支持人员的需求,远程坐席人员让员工队伍有无限扩大的可能性,也让多样化的工作安排调度成为可能。远程服务标准体系包括现有标准中的对客户的态度、语音、用语和礼仪的要求,以及业务专业性和服务技巧,与客户中心坐席客服要求水平一致。在远程坐席标准中,增加了在线时间和考勤时间的内容标准,居家工作人员需要在家进行打卡上线,并累计完成远程工作时间才算完成远程客服任务。为监督远程坐席,通话过程全程被录音,并且抽查概率高于固定坐席抽查率的50%。在设备系统和功能使用上,远程办公流程和使用系统也与现场办公客服要求一致,使远程客服的服务水平和效率毫不低于现场办公客服,这对于提高客服人员工作效率、减少客服坐席工作压力有巨大推动作用。

3. 升级人工智能平台服务体系

随着网络化、智能化和自动化的发展趋势,客服中心不再是简单地用电话与客户实现互动,而是需要通过网站、App、微信公众号、E-mail、短信、电话、IM工具等多媒体通道与客户实现智能化互动。为适应时代潮流,客服中心引进智能机器人,实行7×24小时智能服务,缓解人工坐席的工作强度,更快捷地与公众进行信息互动。客服中心搭载人工智能体系,主要应用于智能语音服务、智能语音质检、智能机器人、智能知识库四个方面。

①智能语音服务。利用智能语音识别及分析技术,在传统IVR基础上,实时通过语音识别及分析技术构建智能化、人性化、高效率的"智能语音服务系统",实现IVR菜单"扁平化管理",快捷满足客户需求,提升客户满意度。用户进入"语音导航系统",只需"说"出自己的需求,即可获得所需的信息与服务,充分享受以自然语音作为交互媒介的高效、便捷、自然的自助语音服务。

智能语音服务可以通过开放式的提示来询问用户,在交互过程中,用户可以随时说话打断,自然地说出需求,而无需等待提示语结束,使用户和系统间的交流更加快捷、自然。系统能够自动判断用户说话的起止点,配合智能打断并及时停止播放提示语。呼叫导航技术具有全面的自然语言理解能力,通过分析用户自然对话中的关键语义,能够自动判断其需求,从而提供最适当的信息或服务。借助这些领先技术,语音自助服务应用可以提供更自然的交互体验,带来更高的客户满意度,并实现更高的自动化水平。

②智能语音质检。基于语音分析技术,智能语音质检和分析系统提供自动化质检功能,倾听用户心声,挖掘语音价值。通过设置质检策略和规则,对录音数据进行自动筛选,发现服务质量问题,提供给质检人员进行审核确认,以自动化的质检,有效提升质检覆盖率和工作效率。智能语音分析系统将发挥语音分析的指南针作用,通过对重点关注业务的来电原因分析、通话时长分析、满意度分析、重复来电分析等,及时把握客户需求热点变化趋势,发现服务过程存在问题或服务风险,迅速采取有效应对措施,为推动服务和营销提升提供有力支撑。

③智能机器人。智能机器人通过现有系统载体,如微信、手机 App 等,可以完整地传递文字和语音信息,结合图片、文字、音频、视频等媒体给用户最完整的回复,让用户在同机器人愉快轻松地交流的过程中解决问题。机器人可以解决重复率高达 80% 的问题,减轻人工坐席客服人员大量的负担,实现机器人和人工客服无缝结合,发挥各自所长。智能机器人具备自动上下文、有序问题、多意图理解、深度推理等能力,能准确地理解用户的问题,快速准确地为用户推送其所需的服务,其能力框架如图 5.9 所示。通过在微信、App 等互联网电子渠道接入智能机器人,旅客可以像跟人工客服交流一样,有问题直接说、输入文本或者录入语音,智能机器人可即刻答复旅客所需的答案,免去了等候

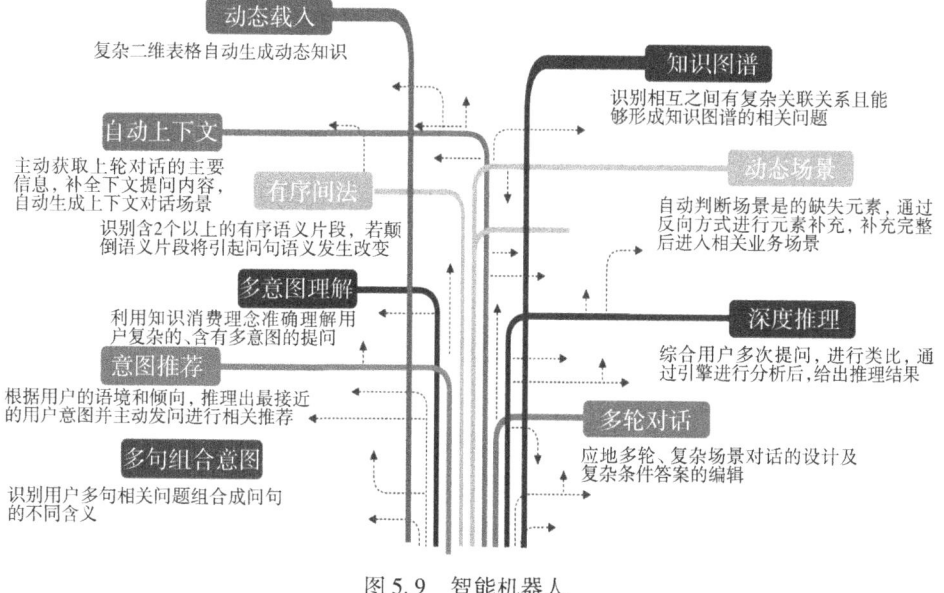

图 5.9　智能机器人

的时间，旅客可将智能机器人的回答保存在手机上进行回顾，提高了旅客的整体服务体验。实体机器人是基于语音识别、语义理解、语音合成、人脸识别和跟踪、体感交互、视觉等多种智能人机交互能力的机器人本体系统，拥有智能感知能力、智能认知能力、智能协作能力、逻辑分析能力和情感表达能力。智能机器人核心功能主要有智能语音交互、舞蹈表演、人脸识别游戏、自动迎宾等。

④智能知识库。搭载人工智能服务系统，开发客服中心员工智能知识库。采集相关业务文档，包含结构化和非结构化的数据，包括但不限于档案、文件、卷宗、指南、年鉴等相关音视频、文字材料，通过扫描加工等换转成电子文档，形成知识库素材。根据业务办理的流程及要求，把相关素材整理成各类知识，采用智能查找引擎查找到结构化或非结构化知识中的关键词要素，供客服代表查找和参考，形成智能知识库。通过智能算法，自动进行多维度的计算匹配关联知识，形成多维的知识关联路径。通过智能化（智能语义、搜索引擎、机器学习等技术）的知识库，实现客服人员知识的高效应用和管理可控。学习培训模块用于将企业知识、业务相关内容，以课程培训形式提供给知识使用人员学习，分为课程和培训两部分，课程生成后在被培训者的个人中心显示。知识库培训考试是基于知识库系统，根据知识库的更新、使用、业务等情况，发起知识的学习、培训和考试，解决传统培训考试与业务学习相互独立、缺少关联的问题，使培训和学习相互促进。

4. 创建人工智能标准服务体系

为规范人工智能作业体系，规范人工智能作业方式，客户服务中心建立了人工智能服务标准体系，包含七个模块：①作业方式模块，集团公司客服中心平台作业方式分人工服务和自动服务，实现客服中心话务、居家异地办公等形式的人工服务，以及自动语音服务、自助信息推送、机器人解答等形式的自助服务功能；②人力资源管理模块，实现人力资源预测、培训考试、话务排班、考勤、绩效管理、人力资源优化等功能；③知识库管理模块，实现语义分析、对话管理、可视化分析、智能采集等功能；④客户管理模块，实现收集和存储旅客基本信息、旅客标签管理、常旅客积分、常旅客回访及记录、旅客征信管理、服务黑白名单等功能；⑤销售管理模块，功能包括铁路客票的购票、订票、送票等票务及延伸服务，订餐、酒店预订、接送车预订等商务销售，订单状态、执行情况等追踪管理，支付方式、支付状态及退款业务处理等功能；⑥服务管理模块，实现遗失物品查找、重点服务预约、会员服务以及投诉、表扬、建议、意见等功能；⑦信息服务模块，功能包括客票信息、旅服信息、调度命令、行车信息、站车人员及岗点信息等信息汇聚与集中展现，灵活的时刻表、席位、票价、余票等票务信息查询，列车动态信息查询，出行常识、服务信息发布，实时公告发布等功能。

5. 开发"上铁12306"手机App多元化服务

为方便旅客日常出行，推出"上铁12306"移动客户端。该App主要提供服务资讯、列车时刻、正晚点、候乘信息、雷锋服务站、失物招领、代售点等信息查询；提供商铺和旅游等产品展示；提供重点旅客预约、贵宾服务及动车组餐饮预订等服务。这一移动客户端可为帮助出行旅客获得更好的服务体验，同时提高铁路客运收益。

参考文献

[1] 曲思源. 高速铁路运营安全保障体系及应用 [M]. 北京：中国铁道出版社，2018.

[2] 曲思源. 铁路运输组织管理与优化 [M]. 北京：中国铁道出版社，2016.

[3] 曲思源. 城际铁路运营组织与管理 [M]. 北京：中国铁道出版社，2017.

[4] 应慧刚. 长三角高速铁路运营管理实践与探索 [M]. 北京：中国铁道出版社，2019.

[5] 曲思源. 高速铁路运营组织与管理系统分析 [M]. 北京：北京交通大学出版社，2019.

[6] 曲思源. 高速铁路运营管理纵横 [M]. 成都：西南交通大学出版社，2018.

[7] 马建军，李平，邵赛，等. 智能高速铁路关键技术研究及发展路线图探讨 [J]. 中国铁路，2020（7）：1-2.

[8] 曲思源. 长三角高速铁路运营管理创新与应用 [M]. 成都：西南交通大学出版社，2019.

[9] 冯小芳. 高速铁路综合运输计划协同编制方案研究 [J]. 铁道运输与经济，2020，10（42）：32-37.

[10] 王勇. 列车运行指挥工作问答 [M]. 北京：中国铁道出版社，2017.

[11] 史俊玲. 国外高速动车技术特点及发展趋势研究 [J]. 中国铁路，2016（1）：95-98.

[12] 靳俊. 高速铁路列车运行控制技术——调度集中系统 [M]. 北京：中国铁道出版社，2017.

[13] 杨光，裴瑞江. 高速铁路客运乘务管理与组织实务 [M]. 北京：中国铁道出版社，2019.

[14] 中国铁路上海局集团有限公司. 高速铁路建设运营管理创新成果选编 [M]. 北京：中国铁道出版社，2019.

[15] 胡启洲，李香红，曲思源. 高铁简史 [M]. 成都：西南交通大学出版社，2020.

[16] 曲思源. 高速铁路运营安全风险管控 [M]. 上海：科学技术文献出版社，2021.

[17] 曲思源. 大国重器——高速铁路技术发展纵横 [M]. 成都：西南交通大学出版社，2021.

[18] 周渝慧. 智慧型京张奥运高铁 [M]. 北京：北京交通大学出版社，2019.

[19] 殷勇. 高速铁路长大隧道应急处置信息系统关键技术研究 [J]. 中国铁路，2020（10）：78-83.

[20] 石硕，倪苇. 基于BIM+GIS技术的铁路工程管理系统研发与应用 [J]. 铁路技术创新，2020（4）：30-34.

[21] 王文峰. 动车组智能技术探索 [J]. 中国铁路，2020（9）：14-12.

［22］王同军. 铁路5G关键技术分析和发展路线（总体思路+建设原则+实施路线）［J］. 中国铁路，2020（5）：1-6.

［23］李新毅，李海鹰，张伦，等. 高速铁路运能评估系统的设计与实现［J］. 铁道运输与经济，2018，4（40）：42-47.

［24］李启翾. CTCS-4级列车控制系统研发关键点分析［J］. 铁路通信信号工程技术，2016，13（1）：1-5.

［25］蒋先国，陈兴强. 智能牵引供电系统现状与发展［J］. 中国铁路，2019（9）：14-20.

［26］袁宏永，黄全义，苏国锋，等. 应急平台体系关键技术研究的理论与实践［M］. 北京：清华大学出版社，2012.

［27］李迎九. 智能建造技术在铁路建设管理中的应用探索［J］. 中国铁路，2012（5）：1-7.

［28］李平，邵赛，薛蕊，等. 国外铁路数字化与智能化发展趋势研究［J］. 中国铁路，2019（2）：25-31.

［29］史天运，孙鹏. 铁路物联网应用现状与发展［J］. 中国铁路，2017（12）：1-6.

［30］陈光伟. 铁路信息系统应用技术［M］. 北京：中国铁道出版社，2017.

［31］黄民. 新时代交通强国铁路先行战略研究［M］. 北京：中国铁道出版社，2020.